Jodie Foster
Ein Porträt

Louis Chunovic

Jodie Foster

Ein Porträt

Aus dem Amerikanischen
von Michael Althen

Die Deutsche Bibliothek – CIP-Einheitsaufnahme
Chunovic, Louis:
Jodie Foster : ein Porträt / Louis Chunovic.
Aus dem Amerikan. von Michael Althen. –
1. Aufl. – Köln : vgs, 1997
Einheitssacht.: Jodie, a biography <dt.>
ISBN 3-8025-2416-0

Titel der amerikanischen Originalausgabe:
Jodie. A Biography. © Louis Chunovic 1995
Published by Contemporary Books, Inc.
Alle Rechte vorbehalten
Abdruck (auch auszugsweise) sowie alle sonstigen
Wiedergabeverfahren nur mit
vorheriger schriftlicher Genehmigung des Verlages

1. Auflage 1997
© der deutschen Ausgabe:
vgs verlagsgesellschaft, Köln
Umschlaggestaltung: Papen Werbeagentur, Köln
Umschlagfoto und Abbildungen im Innenteil:
Filmbild Fundus Robert Fischer
Satz: Kalle Giese Grafik, Overath
Druck und Verarbeitung: Kösel, Kempten
Printed in Germany
ISBN: 3-8025-2416-0

Für Alicia

»Ich bin es gewohnt, analysiert, auseinandergenommen, hin- und hergewendet und in Schubladen gesteckt zu werden. Aber das sagt mehr über den Kritiker aus als über seinen Gegenstand. Damit kann ich leben.«

JODIE FOSTER
INTERVIEW, OKTOBER 1991

»Wenn Gott eine perfekte Schauspielmaschine entworfen hätte, wäre sie Jodie ziemlich ähnlich.«

JON AMIEL
VANITY FAIR, MAI 1994

Inhalt

Danksagung

Mein Dank gilt Linda Gray von Contemporary Books, die mir dieses Projekt ursprünglich vorschlug, mir beim Schreiben uneingeschränkt vertraute und dann das Manuskript elegant durch die Gesetzesdornen und das Genehmigungsdickicht zur Veröffentlichung lenkte.

Einleitung

Es war der übliche Deal, den Reporter in Hollywood jeden Tag mit Presseagenten aushandeln: Bei einem Klienten der Agentur, einem ums Überleben kämpfenden Nachtclub, wurde die Party einer noblen Privatschule ausgerichtet. Wenn ich mit einem Kamerateam käme, um darüber zu berichten, dann, versprach die PR-Frau, würde sie mir die Sache »exklusiv überlassen«.

Sie versicherte, daß Eltern von Prominenten anwesend sein würden und daß die diesjährige Gewinnerin des Oscars als Beste Hauptdarstellerin, Jodie Foster, auch zugesagt habe. Als Absolventin dieser High School war sie einer der Ehrengäste des Abends.

Zusagen dieser Art waren Köder für Idioten, das wußte ich so gut wie jeder Fernsehreporter. In der Hälfte der Fälle tauchten die prominenten Gäste doch nicht auf. Es war nur eine Methode, die Presse anzulocken. Doch der Abend des 2. Mai 1989 war flau, und es war immer besser, selbst nach einer Story zu suchen, als nur in der Redaktion herumzuhängen und auf die große Sache zu warten.

Nur einen Monat vorher hatte ich über die große Oscar-Verleihung berichtet. Ich war einer unter den unzähligen Fotografen und Kameraleuten gewesen, die sich entlang des roten Teppichs aufgereiht hatten, der von der Straße, wo die Limousinen anhalten, ins Shrine Auditorium führt. Selbst bekannte Reporter von großen Sendern mußten sich damit zufriedengeben, vorbeilaufenden Filmstars unpassende Fragen nachzurufen – immer in der Hoffnung, der Hollywood-Adel würde für einen Moment anhalten und ihnen mit einer Antwort oder nur einem Lächeln die Gunst erweisen. Auf den Tribünen dahinter riefen verzückte Fans, von denen einige über Nacht hier kampiert hatten, die Namen der Stars.

Die Erinnerung an die Dankesrede der jungen Oscar-Preisträgerin war noch frisch. Es war mit Abstand die eloquenteste Ansprache gewesen in dieser Nacht voller Selbstbeweihräucherung und Selbstgefälligkeit – »Das ist eine so große Sache«, hatte Jodie Foster bescheiden angefangen, »und mein Leben ist so einfach.«

Die Möglichkeit eines Einzelinterviews war den Zeitaufwand wert und lohnte die zwanzigminütige Fahrt nach Century City, wo die Party der Schule stattfinden sollte.

In Tinseltown gibt es jeden Abend unzählige Partys und Premieren, unter denen die Entertainment-Journalisten auswählen können. Auf einer Werteskala des Showbiz wäre die 25-Jahr-Feier des Lycée Français de Los Angeles, einer zweisprachigen Privatschule, die bekannt ist für ihre strenge Disziplin und klassische Ausbildung, eindeutig eines der zweitklassigen Ereignisse gewesen. Würde ich Jodie Foster nicht »exklusiv« bekommen, wäre das *Anniversaire* des Lycée nicht das Filmband wert, das für die Berichterstattung nötig war.

In dem üppig dekorierten Nachtclub mit der niedrigen Decke ließ eine unmäßig laute Steel Drum Band Reggae-Musik über ein gepflegtes Publikum ergehen. Die Gäste – Männer in klassisch geschnittenen Anzügen, Frauen in teuren, schwarzen Cocktail-Kleidern – nippten an ihren Champagner-Kelchen, während sie im engen Foyer herumschwirrten. Sie ergingen sich in höflichem Geplauder, blickten in kultiviertem Erstaunen auf die Vergrößerungen der Fotos aus den Schuljahrbüchern, die die schwarze Wand bedeckten, und versuchten, das aufdringlich grelle Licht der Kameras zu ignorieren.

Eine leutselige und vor Aufregung glühende Ruth Pointer von den Pointer Sisters erzählte, sie habe ihre Tochter der Disziplin wegen am Lycée eingeschrieben. Anwesend war auch Theresa Russell, die Schauspielerin, die sich auf tragische Bombshell-Rollen spezialisiert (und einmal sogar Marilyn Monroe gespielt) hatte, vor allem in den Filmen ihres Ehemanns Nicolas Roeg, Regisseur von Filmen wie *Wenn die Gondeln Trauer tragen, Insignificance* oder *Track 29*.

Wir drehten zahlreiche Zwischenschnitte, so nennt man Bilder, die man zwischen die einzelnen Interviews schneiden kann: Aufnahmen von Gästen, von Bartendern, die Drinks mixten, von der hüpfenden

Band; Zooms und Rückfahrten von den Schwarzweiß-Fotos, vor allem natürlich von dem, auf dem Jodie Foster als Abschlußsprecherin ihrer High School-Klasse zu sehen war. Die frischen Schulabgänger waren mit Umhängen und quadratischen Baretten fotografiert worden, mit der Schauspielerin in der Mitte. Jodies Barett saß in einem übermütigen Winkel über ihrem selbstsicheren kalifornischen Mädchengesicht. Es war keine Spur zu sehen von der schwierigen Einzelgängerin oder dem toughen Straßenmädchen, deren Darstellung sie ihre Karriere verdankte.

Draußen, auf dem Gehsteig vor dem ABC Entertainment Center, wurden der unvermeidliche rote Teppich und das rote Samtseil von einem finster dreinblickenden Typen mit viel Haar und noch mehr Muskeln bewacht. Er trug einen schwarz-silbernen Jumpsuit im Stile von Michael Jackson. Neben ihm stand ein dünner, nervöser Mann mit Pferdeschwanz, der in seinem übergroßen Anzug fast verschwand und auf einem Klemmbrett die Namen abhakte.

Als Jodie Foster ankam, hätte man sie leicht übersehen können. Sie wirkte nur wie eine weitere der vielen tadellos aufgemachten Frauen, kaum größer als ein Meter sechzig, mit schulterlangem, honigblondem Haar, das, straff zurückgebunden, von einer schwarzen Seidenschleife zusammengehalten wurde. Ihr Gesicht mit dem kräftigen Kinn und der leicht adlerförmigen Nase wurde eingerahmt von einer Designer-Brille aus Schildpatt und einfachen, tropfenförmigen Perlenohrringen. Sie war ebenfalls ganz im Stil dieser Veranstaltung gekleidet, ein schwarzer Rock mit passender Jacke und eine weiße Bluse.

Dem Kameramann hatte ich gesagt, er solle laufen lassen, sobald sie auftauche. Auf einen Fingerzeig hin flutete er jetzt den Eingang des Nachtclubs mit hartem Licht und hatte Jodie Foster im Visier, noch ehe sie hineinkam.

Ein Schatten von Verärgerung flog über ihr Gesicht, vom Spotlight abgewandt – eine Geste, die so klassisch amerikanisch ist wie die konservative Kleidung, die sie für diesen Anlaß gewählt hatte. Völlig zu Recht hatte sie eine private Nacht erwartet, aber als erfahrener Filmstar ließ sie sofort ihre Brille in die lederne Schultertasche gleiten und wandte sich mit einem umwerfenden Lächeln der Presse zu.

»Für wen ist das?« fragte sie direkt in die Kamera.

Ich nannte eine Fernsehstation aus Los Angeles. »Hätten Sie einen Moment Zeit für uns?«

Foster zuckte mit den Schultern. »O.K.«

Solange es dauerte, nach drinnen zu gehen und sich vor dem Abschlußfoto aufzustellen, das die Oscar-Preisträgerin als jugendliche Rednerin zeigte, schaltete der Kameramann das Licht aus. Aber sobald sie sich das Foto von sich und ihren Klassenkameradinnen ansah, machte ich eine kreisförmige »Laß laufen«-Bewegung – und schon ging das gleißende Licht der Kamera wieder an.

Lächelnd drehte sich die Schauspielerin zur Kamera um.

»Was geht in Ihnen vor?« fragte ich und zeigte auf das Foto an der Wand.

Bei Presseleuten hat Jodie Foster einen widerspruchsvollen Ruf. Bei gewissen Themen ist sie sehr zurückhaltend, völlig offen, geradezu redselig bei allen anderen. Sie könne reden und reden, schwärmen Reporter unter sich, und man könnte schwören, daß man den besten Stoff bekommt. Aber wenn man dann das Band abhört oder die Notizen liest, stellt sich heraus, daß sie nichts gesagt hat, was nicht auch im Presseheft gestanden hätte, nichts, was sie nicht schon hundert Male zuvor auch schon gesagt hätte.

»Ich weiß nicht«, begann sie bedächtig. »Es bringt eine Menge Erinnerungen zurück. Um Ihnen die Wahrheit zu sagen, ist dies das erste Mal, daß ich dieses Bild überhaupt zu Gesicht bekomme. Woran ich mich erinnere…«

Während sie sprach, glitt die Kamera auf das schwarzweiße Foto der Abschlußklasse, mit einer Totale der Studenten beginnend, dann langsam darauf zufahrend, bis man die Schauspielerin in Großaufnahme sah. Schließlich folgte ein schneller Schnitt zurück zu Jodie Foster selbst:

»… ist, daß ich zwei Tage vor meinem Abschluß am Kinn genäht worden bin. Ich war auf dem Tennisplatz gestürzt und hatte lauter schwarze Fäden von meinem Kinn abstehen.«

Sie deutete auf ihr Kinn und verzog das Gesicht. »Das war mir sehr, sehr peinlich.«

»Ist das das erste, was Ihnen durch den Kopf geht, wenn Sie dieses Bild ansehen?«

»Ja«, antwortete die Beste Schauspielerin. »Diese schwarzen Stiche.« Amüsiert schüttelte sie bei dieser Erinnerung den Kopf. »Das war großartig.«

»Was haben Sie auf dieser Schule gelernt?«

»Mal überlegen … Eine Menge Leute würden sagen, die Leichtigkeit im Umgang mit Sprachen«, antwortete Foster, die für ihre Mehrsprachigkeit berühmt ist. »Wissen Sie, das französische Schulsystem ist sehr rigoros und strikt und so. Aber wichtiger ist, daß es meinem Wesen entgegenkam, weil es mich das Lesen lehrte – ich meine damit *richtig* lesen«, fügt sie mit einem Lächeln hinzu. »Wissen Sie: wie man Dinge analysiert und auseinandernimmt.«

Jodie Foster ist berühmt für ihre Arbeitswut und ihre Konzentration. »Haben Sie dort Disziplin gelernt?« wollte ich wissen.

Sie schien von der Frage etwas überrascht zu sein und blickte mich fragend an. »Nein«, entgegnete sie dann, »um die Wahrheit zu sagen, diszipliniere ich mich selbst so stark, daß ich mir nicht vorstellen kann, daß mich darin noch jemand übertreffen könnte.« Sie lachte – ein kehliger, musikalischer Klang. »Ich habe auf die Disziplin reagiert. Eine Menge Leute tun das nicht. Ich habe darauf sehr gut reagiert.«

Sie wiegte sich auf ihren Absätzen, lächelte direkt in die Kamera und warf einen Blick zur Seite. Sich einer Unterhaltung, die man nicht führen will, zu entziehen, ist schon im privaten Leben schwierig genug; unter dem unentwegten Starren der Kamera ist es nahezu unmöglich.

Wenn dies eine Premiere oder ein Fototermin oder irgendeine Wohltätigkeitsveranstaltung gewesen wäre, hätte ihr jemand zur Seite gestanden, wahrscheinlich irgendein ungeduldiger Presseagent, um auf den leisesten Wink hin zu lächeln und zu sagen »Letzte Frage bitte« oder »Tut mir leid, Miss Foster, aber wir müssen weiter. Haben Sie herzlichen Dank«. Und sie hätte verschwinden können.

Aber an diesem Abend gab es niemanden, der einen neugierigen Reporter bremsen konnte. »Lassen Sie uns über die kleine goldene

Statuette reden, die Sie kürzlich gewonnen haben«, machte ich unbekümmert weiter. »Würden Sie für unsere Zuschauer noch einmal wiederholen, was Sie damit am nächsten Tag tun wollten?«

Jodie Foster sah mich verblüfft an, auf ihrem Gesicht machte sich erneut ein fragender Ausdruck breit.

»Erinnern Sie sich?«

»Nein.« Sie wich etwas zurück und fixierte mich mit ihrem berühmten eindringlichen Blick. »Was soll ich denn gesagt haben?« fragte sie herausfordernd. »Sagen *Sie* es mir.«

»O.K. Sie wollten sie in einen Videoladen mitnehmen und…«

In den paar Wochen seit der Oscar-Nacht hatte eben jene Geschichte die Runde gemacht, als weiteres Beispiel für das »normale« Leben, das Foster glaubt führen zu können: Die Schauspielerin hatte in der Oscar-Nacht erzählt, daß ihr ein Angestellter in ihrem Videoladen eine freie Ausleihe versprochen habe für den Fall, daß sie gewinnen und die Statue in den Laden mitbringen würde.

»Ja, so war das tatsächlich.« Ihr Gesichtsausdruck hellte sich wieder auf. »Ich habe sie allerdings nicht in den Video-Laden bringen können, weil sie mir noch am gleichen Abend von meiner Familie aus der Hand gerissen wurde.« Sie schien jetzt bester Laune. »Ich habe sie eine ganze Woche lang nicht zu Gesicht bekommen.« Sie lachte und setzte dann zur Pointe an. »Aber ich habe tatsächlich ein Gratis-Video bekommen, und das hat mir dann einen schönen Abend beschert!«

Wieder ein geschickter Schlußsatz von ihr, aber wieder fragte ich weiter. »In welcher Weise hat sich Ihr Leben dadurch verändert?«

Jodie Foster schien erstaunt, vielleicht weil ich mich nicht an die ungeschriebenen Regeln hielt. Sie hatte ihre Oscar-Anekdote erzählt, hatte übers Lycée gesprochen. Im heutigen Hollywood gibt es ein »Hallo-ich-muß-weiter«-Protokoll für Begegnungen wie diese – ein paar leutselige Sekunden, dann weiter auf dem roten Teppich, wo man den Massen zuwinkt, bis man im sicheren Hafen der Premierenfeier oder irgendeines anderen glanzvollen Ereignisses ist. Alles andere muß bei Interviews erst ausgehandelt werden – wobei natürlich Konzessionen erwartet werden.

Nur der Anflug einer Irritation streifte über Jodies Gesicht: Was will der Kerl denn noch?

»Was?« fragte sie zurück.

»Der Oscar«, entgegnete ich. »Schließlich wurden Sie dieses Jahr zur Besten Schauspielerin gewählt ...«

»Eine Folge ist, daß ich mich jetzt gelassener geben kann, ich kann meiner Vorliebe für das Alleinsein besser nachgehen«, antwortete sie. »Ich habe die ersten beiden Wochen nach der Verleihung mit meiner Familie verbracht, wissen Sie, im Jogging-Anzug, Champagner trinken, Kaviar essen.« Sie schmunzelte. »Und mein Neffe hat gesagt: ›Guter Fang, Mommy.‹ Das hat mir mindestens ...« – sie suchte offensichtlich nach dem richtigen Ausdruck – »... sechs Monate gute Laune beschert.«

Sie lachte, aber ich wollte mehr hören und reagierte auf ihre witzige Bemerkung mit einem Gesichtsausdruck, der sie dazu bringen sollte, fortzufahren. »Ich bin sicher, daß auch ich irgendwann einmal arbeitslos sein werde«, fügte sie hinzu, nun ganz ernst. »Ich bin lange genug in diesem Geschäft. Der Oscar bedeutet also genau das, was er bedeuten soll: reichlich Jobs für die nächsten fünf Jahre.«

Das war eine gute Antwort, beinahe klassisch, und ich hätte mich dankbar verabschieden können. Ganz kurz schoß es mir durch den Kopf, Jodie Foster nach ihrem Vater zu fragen. Unlängst hatte es einen mißlungenen Versuch der Versöhnung gegeben, aber Gerüchten zufolge war das Motiv dieser Wiedervereinigung seinerseits Geld gewesen. Auch die Möglichkeit, nach dem »großen Gerücht« zu fragen, stand mir offen: Diese vieldiskutierte Tratsch-Geschichte besagte, daß die zwei weiblichen Stars von *Angeklagt* ein Paar gewesen seien. Doch obwohl die Regeln in Hollywood heißen *alles ist möglich,* und *Klatsch ist König,* kämpfte ich den Drang nieder zu fragen, ob die Geschichte stimme. Auch dem Recht der Öffentlichkeit auf Information sollten Grenzen gesetzt werden.

Trotzdem – das Gespräch wollte ich fortführen: »Was das Alleinsein angeht: Es überrascht mich, daß Sie das aushalten. Die meisten Leute ertragen es nicht, allein zu sein.«

»Oh, das kenne ich nicht«, antwortete sie, offensichtlich von der bloßen Annahme überrascht. »Ich genieße das, immer schon. Ich bin immer eines dieser langweiligen Kinder gewesen. Ich bin eigentlich immer noch langweilig«, fügte sie hinzu. Sie blickte wieder direkt in die Kamera. »Das können Sie mir glauben«, sagte sie mit einem amüsierten Zwinkern.

Es war eine Lüge, aber so charmant vorgebracht, daß sogar der Kameramann lachen mußte. In diesem Moment waren wir beide von ihr hingerissen, wie so viele aus unserer Branche zuvor und danach.

Da dies die Jubiläumsfeier des Lycée war, fragte ich sie, ob sie für unsere Zuschauer etwas auf französisch sagen wolle. Aber sie lehnte es ab.

Es war vorbei. Sie noch länger im Scheinwerferlicht festzuhalten wäre sinnlos und unhöflich gewesen. Ich stellte eine letzte kurze Frage zu ihren Plänen für die Zukunft (Sie sagte, sie habe keine, habe noch keine Rolle gefunden, die sie interessiere), dankte ihr für die viele Zeit, und wir gaben uns die Hände. Cut.

Das gnadenlose Licht ging aus und entließ Jodie endlich auf ihre Party, während der Kameramann und ich zusammenpackten und uns auf den Rückweg ins schäbige Hollywood machten.

Nach fast zwei Jahrzehnten im sonnigen, versmogten, wuchernden Los Angeles, die meiste Zeit davon in Hollywood, glaube ich, daß ich kaum noch Illusionen habe, wenn es um die Bürger von Tinseltown geht. Man könnte sagen, daß ich zuviel Zeit hinter dem Vorhang verbracht habe, wo die Agenten und Produzenten, die Anwälte und PR-Leute und all die anderen dauernd bei Geschäftsessen sitzenden Zauberer der Gegenwart fröhlich an den Hebeln der Traummaschine spielen. Wirklich *beautiful people*!

Ich habe zuviel Attitüden und Zynismus gesehen, zuviel schlechtes Benehmen, zuviel Karrieregeilheit. Die Schöpfer der populären Kultur sind ihre ersten und vollkommensten Opfer, hat ein Dichter einst gesagt. Wie wahr!

Es war also keine Überraschung, daß mir ausgerechnet in der Heimat der Helden und Heldinnen die eigenen Helden ausgingen. Deshalb hat es mich so gefreut, als ich gefragt wurde, ob ich eine Biographie der Schauspielerin, Regisseurin und Produzentin Jodie Foster schreiben wolle. Nicht nur die beiden Oscars haben meine Bewunderung erregt. Ich fand schon immer, daß sie eine bemerkenswerte Frau sei und daß ich wenigstens dieses eine Mal dem Hype glauben könne.

Der Verlag, der mich beauftragt hatte, wußte nicht, daß ich ihr schon zweimal begegnet war.

Über das eine Mal habe ich gerade berichtet. Die zweite Begegnung fand einige Monate nach der Oscar-Verleihung in einem Club in Hollywood auf dem Sunset Strip statt. Ich hatte den ganzen Tag damit verbracht, über die »Wiedergeburt« eines Rock-Gottes zu berichten – über David Bowie. Der Meister der Verwandlung war damals in der Stadt mit einem neuen Look, einem neuen Sound und seiner damaligen Band Tin Machine.

Er und seine Band spielten bei einem jener »unangekündigten« Auftritte in einem kleinen Club auf dem Sunset Strip, einem jener Auftritte, die im Radio angekündigt werden und fanatische Fans zu Tausenden anziehen. Die stehen dann rund um den Block Schlange, in der Hoffnung, an eine der begehrten Eintrittskarten zu kommen. Es war die für Live-Mitschnitte übliche Vorgehensweise: die erste Show war für die Aufnahme, die zweite eine Live-Aufnahme für die Nachrichten. Ich war in dem rappelvollen Club ständig mit Kamera und Mikro unterwegs gewesen. Als fertig gedreht war, lehnte ich mich mit ein paar Kumpels vom Sender zurück und wartete auf den Beginn der Late Show, um Bowie und Band zusehen zu können.

Zwischenzeitlich sah ich mich um und suchte nach bekannten Gesichtern. Einen Augenblick später fing ich Jodie Fosters Blick auf. Weiter hinten, halb verdeckt, stand sie umschlungen mit einem südamerikanisch aussehenden Typen.

Sie nickte mir zu. Ich ging hinüber und sagte Hallo. Wir gaben uns die Hand, tauschten Höflichkeiten aus. Ich erinnerte sie daran, wo wir uns begegnet waren, und sie stellte mich dem dunkelhaarigen Mann vor. Ich erinnere mich nicht an seinen Namen, aber ich erinnere mich daran, was ich damals gedacht habe. Soviel zu Gerüchten und engstirnigen Etiketten.

Es gibt eine Besonderheit an Jodie Foster, die transparent und undurchsichtig zugleich ist. Man kann es in ihren Augen sehen. Man kann es auf der Leinwand sehen, man konnte es sogar schon an ihrer Haltung sehen, als sie noch als Kind im Fernsehen aufgetreten ist. Es ist Intelligenz, eine bedächtige Intelligenz.

»Sie ist verdammt gut. Sie ist eine junge Bette Davis.« So hat Bette Davis selbst Jodie Foster einst beschrieben. Diese scharfzüngige Frau mußte es wissen.

Bei Foster handelt es sich schließlich um eine Schauspielerin, die in dieses Gewerbe praktisch hineingeboren wurde und es dennoch geschafft hat, ihre Unabhängigkeit zu bewahren. Und dabei hat sie die ganze Zeit außergewöhnliche Arbeit geleistet. Stets war sie von Kontroversen und Gerüchten umgeben, aber wie durch ein Wunder scheint sie davon unberührt zu sein.

Die beiden häufigsten Reaktionen der Leute, die wußten, daß ich dieses Buch schreibe, haben mich stutzen lassen. »Wirst du sie heimlich beobachten?« Halb scherzhaft gestellt habe ich diese Frage oft gehört. Aber was jeder wissen wollte, war: »Wirst du sie outen?«

Ich habe darüber nachgedacht. Auf die erste Frage ist die unbequeme Antwort ein zögerndes »Irgendwie schon, ja, indirekt«. Schließlich ist dies keine autorisierte Geschichte, die abgesprochen und bereinigt wurde, sondern eine Biographie aus der Distanz, was vor allem meiner Vorstellung, wer Jodie Foster ist, entspricht. Statt den gespeicherten Lobreden von selbstsüchtigen Karrieristen oder dem giftigen Flüstern zwielichtiger Quellen zu lauschen, habe ich Jodie Foster durch Computer, Kataloge und Microfiches verfolgt und diese Geschichte auf die umfangreichen Aufzeichnungen von fast drei Jahrzehnten, die sie im Blickpunkt der Öffentlichkeit zugebracht hat, gegründet.

Ich habe ihr kurz nach ihrem 32. Geburtstag einen Brief geschrieben, in dem ich ihr von diesem Buch erzählte, ihr versicherte, »aufrichtige« Arbeit leisten zu wollen, und sie um ein Interview bat in jener Zeit, wenn sie ohnehin für *Nell* Werbung machen würde. Es überraschte mich nicht, daß keine Antwort kam. Als bekannt wurde, daß ich an diesem Buch arbeitete, kontaktierten mich Leute aus allen Teilen des Landes, die Informationen über Affären und andere persönliche Intimitäten loswerden wollten. Manchmal hörte ich ihnen zu, meistens nicht. Nichts davon ließ sich im traditionellen journalistischen Sinne beweisen.

Obwohl ich schon vorher an Biographien gearbeitet habe, hatte ich stets meine Zweifel, was die Künste des Biographen angeht. Einerseits sind diese zu reduktiv, andererseits muß es doch einen »fairen« Weg geben, die Geschichte eines Stars interessant und informierend zu erzählen – aus einer Perspektive, die höher als die Gosse liegt.

In dieser Biographie werden Leben und Werk Jodie Fosters beschrieben und eine Interpretation von beidem versucht. Vieles davon in ihren eigenen Worten.

Was die zweite Frage angeht, die jedem sofort auf der Zunge lag, so plädiere ich für Gleichgültigkeit.

Den Aktivisten, die angedroht haben, Foster wegen *Schweigen der Lämmer* zu outen, meinen Bekannten, die Empörung geheuchelt haben (Wie kann ausgerechnet sie in einem Film spielen, der so schwulenfeindlich ist?), und besonders meinen Kollegen und den Überschriften-Textern, die ihre Karriere auf Schritt und Tritt mit Anspielungen verfolgt, aber nie gewagt haben, das L-Wort auszusprechen – ihnen allen möchte ich sagen, daß der ganz normale Anstand und Respekt für die verschiedenen Spielarten der Sexualität, ob Homo oder Hetero, hier jedes Etikett verbietet.

Aber keine Angst, geneigter Leser. Ich weiß, daß ich am Ende nur Ihnen verantwortlich bin.

I

Kinderkram

Die Göre von der Coppertone-Werbung

IN DEM ALTER, in dem die meisten kleinen Mädchen ihre Aufmerksamkeit auf ihre erste Barbie verschwenden, war die dreijährige Alicia Christian Foster, seit ihrer Kindheit Jodie genannt, bereits in den ganzen USA als Werbe-Ikone bekannt. Sie war in den Mittsechzigern das Coppertone-Kind, das sonnige Symbol sommerlicher Unschuld in einer Fernsehwerbung für Sonnenöl, ein strahlendes blondes Baby, dessen niedlicher blasser Popo zum Vorschein kommt, weil ihm ein Hündchen die Badehose herunterzieht.

Jodie wurde am 19. November 1962 als jüngstes von vier Kindern geboren, ein Jahr vor dem Attentat auf Präsident Kennedy in Dallas. Die Sechziger der Fab Four, von Vietnam und Women's Lib standen gerade erst am Anfang.

Jodies Vater Lucius Foster III., ein Air-Force-Offizier und ehemaliger Yale-Student, hatte einige Monate zuvor ihre Mutter Evelyn »Brandy« Almond Foster nach zehn Jahren Ehe verlassen.

Einem Bericht zufolge, der über ein Vierteljahrhundert später veröffentlicht wurde, hatte Brandy, die in den Fünfzigern von Rockford, Illinois, nach Los Angeles gezogen war, gerade an dem Tag, als sie vor dem Scheidungsrichter erscheinen mußte, entdeckt, daß sie wieder schwanger war. (American Film, Oktober 1988)

Brandy hatte als Presseagentin beim Film gearbeitet und kannte sich im Showbusiness aus. Als sie nach Wegen suchte, ihre Familie nach der Trennung finanziell über die Runden zu bringen, fing sie an, ihr ältestes Kind, den einzigen Sohn Lucius, von allen Buddy genannt, zu Castings zu bringen. Bald bekam er regelmäßig Arbeit und erhielt sogar eine Rolle in der Fernsehserie *Mayberry R.F.D.*, die immerhin 25 000 $ im Jahr brachte. (People, 19. Mai 1980)

Baby Jodie »sprach ganze Sätze, als sie zwölf Monate alt war, und man konnte mit ihr vernünftig reden«, erzählte ihre Mutter in einem Interview mit der Zeitschrift Seventeen im Januar 1977. »Sie hat sich mit drei Jahren selbst das Lesen beigebracht. Mit fünf konnte sie unvorbereitet zu Probeaufnahmen gehen und wie ein Erwachsener vorsprechen.«

Foster erinnerte sich an ihre Kindheit in den Sechzigern als eine Zeit, in der ihre Mutter sie ständig Plakate malen und in Friedensdemonstrationen mitmarschieren ließ. »Ich konnte die ganze Woche dieselben Sachen tragen, und es war ihr völlig egal, solange ich nur glücklich war. Ich habe Glück gehabt, weil ich nie einen Vater gekannt habe und es nie Ehekrach in unserem Haus gegeben hat. Ich hatte immer das Gefühl, als hätte ich den Platz des Ehemanns, Mitbewohners, Freundes eingenommen.« (After Dark, Juli 1980)

Im Laufe von fast drei Jahrzehnten ist Jodie Foster Hunderte von Malen interviewt und über jedes nur erdenkliche Thema befragt worden. Über viele Jahre hinweg waren ihre Gefühle über die Abwesenheit des Vaters in ihrer Kindheit einer der bevorzugten Gegenstände der Geschichten über sie – neben dem Konflikt zwischen dem »Normalen« und dem »Besonderen« oder ihrer beharrlichen Auskunft, die Schauspielerei sei nur ein Job unter vielen in einem Filmteam und das Filmemachen ein harter Job für Frühaufsteher.

Ihr »Glück«, in den Sechzigern von einer alleinstehenden Mutter erzogen worden zu sein, war ein Thema, auf das Reporter ebenfalls immer wieder zurückkamen. Jahre später brachte ihre Mutter das Thema zur Sprache: »Es war gerade zu Beginn der Emanzipation, und sie verkörperte das irgendwie als Kind. Sie war stark und alles andere als kokett. Vielleicht kommt das, wenn man keinen Vater hat, der einem sagt: ›Dreh dich mal rum und zeig Daddy, wie hübsch du aussiehst.‹« (American Film, Oktober 1988)

Jodies Karriere begann wie eine jener typischen Hollywood-Ge-schichten: Eigentlich war ihr älterer Bruder Buddy, damals der einzige Schauspieler im Foster-Clan, von der Mutter für das Casting des Cop-pertone-Kids vorgesehen gewesen. Weil ihre Mom keinen Babysitter für Jodie hatte und das Kind aber auch nicht allein draußen im Auto las-sen wollte, nahm sie die jüngere Tochter einfach mit zu dem Termin.

»Ich wäre ohne meinen Bruder nirgendwo hingegangen ... Als sie ihm sagten, er solle sein Hemd ausziehen, war ich hinter ihm«, erzählte Foster Anfang der Neunziger in einem Interview, »und ich zog ebenfalls mein Hemd aus, und zeigte meine Muskeln, so wie er auch – weil ich meinen Bruder liebte. Sie fragten: ›Wie heißt du, klei-nes Mädchen?‹« (Interview, Oktober 1991)

Nachdem sie Jodie gesehen hatten, änderten die Leute von der Agentur auf der Stelle ihre Kampagne und nahmen statt eines klei-nen Jungen das fünf Jahre jüngere Mädchen.

Es folgten Kekse, Frühstücksflocken, Hundefutter, Zahnpasta, Kartoffelchips und vier Dutzend andere Produkte, von Ken-L Ration bis Oreos: »Ich erinnere mich, daß ich den ganzen Tag eklige Sachen essen und mich übergeben mußte. Nachdem ich in einer Shampoo-Reklame aufgetreten war«, erzählte sie weiter, »bekam ich den Scheiß zehn Tage lang nicht mehr aus den Haaren.« (Interview, Oktober 1991) Die Werbekampagne für Sonnenöl hatte ihr den Weg für eine lukrative Karriere in der Werbung geebnet, als sie noch zur Vorschule ging. Die »Mini-Königin der Werbung« nannte ein Journa-list des TV-Guide sie sogar.

Kinder auf Befehl Junkfood essen zu lassen, bis ihnen übel ist, mag den meisten Eltern zwar schrecklich erscheinen, aber auf diese Weise ließen sich die Rechnungen zahlen, und es hielt die Foster-Familie erwiesenermaßen zusammen. Jodies Erinnerungen an jene Jahre sind fast immer von Liebe und Zuneigung geprägt, und ihre Mutter blieb jahrelang nicht nur ihre Managerin und Vertraute, sondern auch ihre beste Freundin.

Als Jodie acht war, schrieb Brandy Foster sie auf dem Lycée Fran-çais ein, einer Privatschule in Los Angeles, in der hauptsächlich die Kin-der von Prominenten eine strenge klassische Ausbildung erhalten.

»Zu Beginn der dritten Klasse, als sie noch eine staatliche Schule besuchte, wurde Jodie für die Begabtenförderung getestet«, erinnerte sich ihre Mutter fast zwei Jahrzehnte später. »Als die Schulleitung die Ergebnisse sah, wollte man sie eine Klasse überspringen lassen und sie auf den wissenschaftlichen Zweig festlegen. Aber ich war dagegen. Ich wollte, daß sie sich an einer neuen Sprache mißt. Also nahm ich sie aus der staatlichen Schule und schrieb sie am Lycée ein.« (Vanity Fair, September 1988)

Formal blieb Jodie die ganze High School-Zeit über Schülerin der französischen Schule, wenngleich sie häufig bei Filmaufnahmen war. Laut Gesetz müssen alle minderjährigen Schauspieler eine Ausbildung erhalten, während sie arbeiten – und das bedeutet Privatlehrer und Hausaufgaben auf dem Set. »Ich machte zwanzig Minuten Mathe, wurde dann vor die Kamera gerufen, um eine Szene zu spielen, machte dann vierzig Minuten Englisch und mußte dann wieder zum Drehort«, erzählte sie später über diese Zeit. »Ich habe dabei gelernt, wie man sich schnell konzentriert.« (American Premiere, Oktober/ November 1988)

Der Direktor des Lycée, der Jodie mindestens einmal auch beim Dreh betreute, nannte sie »intelligent, fleißig und das ausgeglichenste Kind, das mir je untergekommen ist … Für den Rest der Welt mag Jodie ein Objekt der Neugier und Spekulation sein, aber in der Schule ist sie unter vielen Filmstarkindern. Sie helfen ihr dabei, normal zu bleiben.« (Cosmopolitan, August 1977) Die »normale« Mademoiselle Foster wurde sowohl High School-Abschlußrednerin als auch Redakteurin der Schülerzeitung.

Jahre nach der Werbekampagne für Sonnenöl, als der Künstler Andy Warhol im November 1976 der Teenagerin im Café des New Yorker Pierre-Hotels zum ersten Mal begegnete, gestand er, wie »beeindruckt« er davon sei, daß sie das Original Coppertone-Kid gewesen ist. (Interview, Januar 1977)

Die Coppertone-Anzeige war Jodie Fosters erster richtiger Job gewesen, und durch sie war das Mädchen mit starker Präsenz im Unterbewußtsein des Landes verankert, einer Präsenz, die sie erst ein

Jahrzehnt später wieder erreichte: als sich das junge Mädchen in Iris verwandelte, die kindliche Nutte, die in Martin Scorseses bahnbrechendem Film *Taxi Driver* auf zehn Zentimeter hohen Plateauschuhen die Mean Streets entlangstöckelte.

Wenn man Paul Schrader, dem Autor von *Taxi Driver*, glauben darf, dann kannten er und sein Regisseur Scorsese eine Studie, in der »unbewußte Aufforderungen zur Vergewaltigung« untersucht worden waren. Voller Erstaunen hatte man dabei festgestellt, daß Vergewaltiger in Gruppentherapien häufig die Coppertone-Anzeige mit Jodie Foster erwähnten ... So wie Schrader die Analyse der Psychologen zusammenfaßte, hatte die Anzeige tatsächlich etwas Lüsternes an sich: »Sie besaß genau die richtige Mischung aus erwachsenener Sexualität, weiblicher Nacktheit, rektalem Eindringen, Tieren und Gewalt.« (Les Keyser, *Martin Scorsese*, New York, 1992. Das Zitat ist aus Kevin Jackson, Hrsg., *Schrader on Schrader*, New York, 1990)

Daß ihre erste Berührung mit der Öffentlichkeit als kleines Kind diese Vergewaltigungphantasien hervorgerufen haben könnte, ist in der Tat bittere Ironie. Diese Ironie kann der Studentin moderner Literatur später nicht entgangen sein.

Fernsehrollen

Die Neufassung und Weiterverarbeitung von erfolgreichen Kinofilmen durch das Fernsehen ist nicht nur ein Ausdruck der Anerkennung, sondern auch bevorzugte Geschäftspraktik. Das galt vor über zwei Jahrzehnten genauso wie heute.

Im November 1973 kündigte ABC den Plan an, Peter Bogdanovichs Filmkomödie *Paper Moon*, in der Ryan O'Neal und seine Tochter Tatum als Team aus Betrüger und neunmalkluger Neunjähriger in der Depressionsära der Dreißiger zu sehen sind, in eine Fernsehserie zu verwandeln. Und es war keine Überraschung, daß die Rolle des frühreifen Mädchens an die vorlaute, kleine Jodie Foster ging. Wen hätte es Besseres gegeben?

Das Mädchen war ein Profi und lernte schnell in der erbarmungslos harten Schule des amerikanischen Fernsehens. Dort entwickelte
sie, was sie viel später ihre »technischen Fähigkeiten« nannte: »Ich
liebe diese Jahre und bin wirklich glücklich, daß ich das gemacht
habe.« (Village View, Februar 1991)

Ihr Lebenslauf konnte damals bereits neben ihren Engagements in
der Werbung über ein Dutzend Gastauftritte in Fernsehserien vor-
weisen: *Bonanza, Eddies Vater (The Courtship of Eddie's Father), Rauchende Colts (Gunsmoke), Julia, Medical Center, Meine drei Söhne (My
Three Sons), Nanny und der Professor, Die Partridge Familie*, eine Fernsehversion von *Bob & Carol & Ted & Alice* und die kurzlebige *Paul Lynde
Show*, eine Serie über einen Anwalt und seine »unerträgliche« Familie,
in der Jodie in einer Folge als Kind in einer Kommune auftauchte.
1972 hatte sie sogar die Titelrolle in einem leider erfolglosen halbstün-
digen Pilotfilm für CBS, *My Sister Hank,* gespielt. In der einzigen Episode, die jemals ausgestrahlt wurde, ist Henrietta »Hank« Bennett
eine hübsche Göre, die sich diskriminiert fühlt, weil sie nur aufgrund
ihres Geschlechts nicht in der Little League mitspielen darf.

Jodies mediengewandte Mom hatte zu diesem Zeitpunkt bereits
beschlossen, daß es keine Werbeauftritte und Nebenrollen mehr für
ihre Tochter geben sollte, und hatte den Preis von den üblichen 450 $
auf damals unerhörte 1 000 $ heraufgesetzt.

Jodie brachte dieselben frühreifen Hollywood-Kinder-Qualitäten
mit, die Tatum O'Neal einen Oscar als Beste Nebendarstellerin in
Paper Moon eingebracht hatten. Es waren Eigenschaften, die leicht mit
dem Schlagwort »Lebhaftigkeit« abgetan werden konnten, die aber in
Wirklichkeit tiefer gingen.

Ihre ganze Kindheit hindurch hatten Kritiker sie mit folgenden
Etiketten behängt: »ein Ernst, der ihre Jahre übersteigt«, »eine Verbun-
denheit mit der wirklichen Welt«, »selbstbewußt und entschlossen«.
Oder wie es Adrian Lyne, der Regisseur von *Foxes,* Jahre später formulierte: »Es war eigenartig. Man fühlte, daß sie im Grunde reifer war
als ihre Mutter.« (American Film, Oktober 1988) Diese Einschätzung
teilte auch James Komack, dessen Firma die Serie *Eddies Vater* copro-
duzierte, in der Komack auch selber auftrat. »Jodies Mom war nur

eine gutaussehende, umgängliche Frau, die ihrem Kind nicht gewachsen war«, erinnerte er sich. (Cosmopolitan, Februar 1988)

Foster und O'Neal repräsentierten etwas Neues – nicht so sehr Rangen, sondern Kinder einer sich wandelnden Zeit. Die Auswirkungen der Frauenbewegung und der Alternativkultur waren auch im Fernsehland der frühen Siebziger zu spüren.

»Ich hasse die Vorstellung, daß jeder denkt, wenn ein Kind Schauspieler wird, müsse es Shirley Temple oder irgendeine kleine Schwester spielen. Das entspricht nicht mehr der Wirklichkeit«, erklärte Jodie Foster im Januar 1977 in der Zeitschrift Interview.

Und selbst später, als sie mit Anfang Zwanzig an ihre früheren Engagements zurückdachte, meinte sie: »Ich habe nie den Eindruck gehabt, auf die Kinderrolle festgelegt worden zu sein, so daß ich vom Kind zur Frau keine große Wandlung durchmachen mußte.« (San Francisco Sunday Examiner & Chronicle, 11. März 1984)

In ihren Fernsehrollen war es genausogut möglich, daß sie Jungs schlug, wie zum Beispiel bei ihrem einzigen Ausflug zur *Partridge Familie*, als auch, daß sie Jungs küßte. So war es in ihrer Rolle als Joey Kelly in *Eddies Vater*, wo sie ein selbstbewußtes, siebenjähriges Mädchen spielt, das ohne Mutter aufwächst. In einer Folge allerdings stellt Joey dem kleinen Eddie zur Begrüßung auf dem Schulhof auch ein Bein.

Jodies Filmvater Joe ist ein hilf- und ahnungsloser, aber im Grunde anständiger und auf seine Weise liebenswerter Mann, und seine kleine Tochter kocht und sorgt stolz für ihn. 1970 taucht sie in einer Episode auf, um das Wochenende bei Eddie zu verbringen (Ihr Vater sei in der Reserve, heißt es. Nachdem der Vietnam-Krieg jeden Abend in den Nachrichten zu sehen war, kam so etwas auch in Fernsehserien häufiger vor). Sie hat ihren Koffer dabei und trägt ein rotblaues Matrosenkleidchen. Feierlich verkündet der zahnlückige Fratz: »Niemand muß sich um mich kümmern, ich kann auf mich selbst aufpassen.«

Später, als Eddie (Brandon Cruz) Joey fragt, ob sie spielen wolle, richtet sie ihre blaßblauen Augen begehrlich auf sein Aquarium. »Kann ich mit deinen Fischen spielen?« fragt sie mit Unschuldsmiene.

Und als der Junge sie herablassend behandelt, gibt sie ihm einen kräftigen Schlag auf den Oberarm und sagt: »Wofür hältst du mich, Eddie Corbett« – Zack! – »für blöd?«

Nachdem sie noch einmal das Aquarium mit einer Art boshafter Sehnsucht betrachtet hat, sagt sie am Ende der Episode, als sie von ihrem beschwipsten Dad abgeholt wird: »Hey, Pop, laß uns heimgehen. Ich bring dir auch ein Bier.«

Ein anderes Mal, als Eddie im Wochenendlager ist, werden die Pläne seines Vaters für ein romantisches Wochenende durchkreuzt, weil Joey erneut mit ihrem Koffer auftaucht und verkündet, ihr Vater und seine Freundin seien nach Las Vegas gefahren, um zu heiraten. Die kleine Joey bietet Eddies Vater an, ihm das Abendessen zu machen, und sagt einen Satz, der der kleinen Jodie in den Ohren geklungen haben dürfte: Weil keine Frauen im Haus seien, könnten sie »einfach nur ein Kind und ein Dad« sein. Und später, nach dem Essen beim Abwasch, sagt sie mit überzeugend nachdenklichem Ernst: »Mit Pop und mir ist es immer wundervoll.«

So wie in diesem Moment mit Eddies Vater (Bill Bixby) schien sie in jeder Szene mit einem Erwachsenen stets diejenige zu sein, die reifer ist und die die erwachseneren Sätze sagt.

Nehmen wir zum Beispiel eine Episode aus *Kung Fu* mit dem Titel »Alethea«. Die Folge wurde an einem einzigen hektischen Wochenende im Februar 1973 auf der Fox Ranch in Malibu gedreht. Regisseur John Badham drehte später Filme wie *Saturday Night Fever, War Games* oder *Die Nacht hat tausend Augen (Stakeout)*, hatte jedoch damals gerade erst beim Fernsehen begonnen. »Alethea« ist eine Betrachtung über den Verlust der Unschuld im Stil von *Rashomon*.

Foster spielte die Titelrolle, die zwölfjährige Alethea Patricia Ingram, ein lebhaftes Kind des Alten Westens, mit Apfelbäckchen und einem gewinnenden schiefen Lächeln. Dies war keine typische Kinderrolle, die auf Niedlichkeit aufbaute. Es ist etwas Robustes und Erwachsenes an diesem kleinen Mädchen.

Sobald das zehnjährige Mädchen zum Vorsprechen erschien, erkannte das auch Regisseur Badham: »Dieses schöne, dünne Kind hatte spindeldürre Beine und trug ein kurzes, weißes Sommerkleid.

Sie besaß etwas sehr Modernes. Sie war sehr intelligent; man war einfach auf der Stelle von ihr beeindruckt.«

Badham erinnert sich, wie er während der Dreharbeiten nach Hause gekommen ist und zu seiner Frau gesagt hat: »Du wirst das nicht glauben, aber ich habe mich heute in ein zehnjähriges Mädchen verliebt. Ob du es glaubst oder nicht, sie ist einfach sehr sexy.«

Dabei war sie in keiner Weise kokett, wie es manche Kinder sein können, betonte Badham gleichzeitig. »Niemals. Flirten war ganz und gar nicht ihre Sache … Es war einfach jene unerklärliche Sache namens ›Präsenz‹.«

Diese Präsenz, dieses mysteriöse »Etwas« – wie man diese Star-Qualität seit den Stummfilmtagen in Hollywood nennt – ist schwierig genug auf Film zu bannen und läßt sich für gewöhnlich nicht ins wirkliche Leben übertragen. Wenn die Schauspieler von der Leinwand »herabsteigen«, behalten wenige ihr Charisma oder gar ihre Schönheit. Eine solche Präsenz bei einem Kind zu finden, und darüber hinaus auch abseits der Leinwand, kommt ausgesprochen selten vor.

Badham war so begeistert von der jungen Schauspielerin, daß er Jodie Foster Jahre später für die Hauptrolle in einem Thriller vorschlug, auf dessen Romanvorlage er eine Option hatte. Doch alle vier Filmstudios, denen er und sein Partner das Projekt vorschlugen, lehnten ab. »Niemand will einen Film über die Häutung von Frauen sehen. Darum habe ich auch nicht vor, *Das Schweigen der Lämmer* zu machen«, begründete einer der Studio-Chefs seine Absage. Nachdem Badham und sein Partner es nicht schafften, ein Studio für den Stoff zu gewinnen, wurden die Rechte an dem Roman anderweitig verkauft.

Badham erzählt, daß am Ende des ersten Drehtages von *Kung Fu* die staatlich verordnete Privatlehrerin für Jodie ersetzt werden mußte, weil sie nicht gut genug Französisch konnte, um ihre Schülerin zu unterrichten.

Im Gegensatz zu anderen Kindern, sagt er, habe Jodies Aufmerksamkeit nie nachgelassen, und sie sei auch nie abgelenkt gewesen durch die langen Drehtage, Müdigkeit oder die vielen Wiederholungen.

Sie sei stets gut vorbereitet gewesen und habe über die Bedeutung

ihrer Dialoge zuvor nachgedacht, sagt Badham, so daß die Zehnjährige von ihm eigentlich nur noch Anweisungen gebraucht habe »wie
von einem Verkehrspolizisten – ›Stell dich hierhin‹, ›Komm durch
diese Tür rein‹, usw. ... Sie war immer genau auf dem Punkt, genau
das, was man braucht ... Sie hatte eine ruhige Ausstrahlung, und
zwar vor und hinter der Kamera. Man kam sich vor, als befände man
sich in der Gegenwart eines Erwachsenen.« Das war genau das, was
auch ihre Figur in der Fernsehserie selbst ausstrahlte.

Angezogen von ihrem Mandolinen-Spiel, entdeckt der Wandermönch
Caine (David Carradine) Alethea auf einem Hügel an der Straße. Sie ist
gekleidet wie eine Erwachsene, trägt ein braunes Häubchen, das mit
einer großen schwarzen Schleife unter ihrem Kinn zusammengebunden ist, und einen capeartigen Mantel über einem knöchellangen Kleid
und klobigen, schwarzen Schuhen. Es ist das typische Sonntagskir-
chengewand, das man von den gottesfürchtigen Pioniersfrauen aus
zahllosen Film- und Fernsehwestern kennt. Aber an einem Kind
bekommt das Kostüm eine neue und unerwartete Schärfe.

»Ich übe nur, solange ich auf die Kutsche warten muß, die mich in
die Stadt bringt«, erzählt sie dem Mönch mit ihrer berühmten heiseren Stimme.

Auf dieses Stichwort hin erscheint die Kutsche und mit ihr der
von der Fernsehdramaturgie verordnete Konflikt: niederträchtige,
schießwütige Straßenräuber, die die Kutsche ausrauben wollen. Es
kommt zur Schießerei, und Caine stellt sich schützend vor Alethea,
die mit großen Augen zusieht, wie ein sterbender Kutscher Caine
sein Gewehr zuwirft. Im selben Moment erschießt einer der Räuber
den anderen Kutscher. Für Alethea sieht es jedoch so aus, als ob
Caine den Mann umgebracht habe. Nach Art des Fernsehens tauchen
zur rechten Zeit Reiter auf, die vom Sheriff – Aletheas Onkel – ange-
führt werden, und vertreiben die Banditen. Fürs erste nehmen sie
Caine, den verdächtigen Fremden, in Haft.

In einer Rückblende, die in Fernsehserien B-Story genannt wird,
erinnert sich der Wanderprediger an seine Kindheit in einem chinesi-
schen Kloster, wo ihm das Gleichnis von dem Mann, der träumt, er

sei ein Schmetterling, erzählt wurde: Der Mann wacht auf und ist fortan nicht mehr sicher, ob er ein Mann ist, der geträumt hat, daß er ein Schmetterling ist, oder ein Schmetterling, der geträumt hat, er sei ein Mann.

In der ersten der vielen Gerichtsszenen in Fosters Karriere, die in ihrem Oscar-gekrönten Auftritt in *Angeklagt* gipfelten, tritt Alethea bei Caines Verhandlung in den Zeugenstand und erzählt trotz ihrer Zuneigung zu dem Priester die Geschichte aus ihrer Warte. Caine wird daraufhin des Mordes für schuldig befunden und zum Tode durch den Strang verurteilt. Später, als sie ihn im Gefängnis besucht, nennt Caine sie lächelnd »Grashüpfer«, was – wie alle *Kung-Fu*-Fans wissen – der Spitzname des jungen Caine im Tempel der Shaolin war. Caine repariert Aletheas Mandoline, die bei dem Kutschenüberfall zu Bruch gegangen war, und bittet sie dann, für ihn zu spielen.

Das Mädchen nimmt die Mandoline und singt mit klarer Stimme die Shaker-Hymne »Simple Gifts«, die Aaron Copland in *Appalachian Spring* berühmt gemacht hat: »'Tis a gift to be simple, 'tis a gift to be free, 'tis a gift to come down where we ought to be.«

»Sie hatte überhaupt keine Scheu zu singen«, erinnert sich Regisseur Badham. »Sie fing nicht zu spinnen an, so wie es manche Kinder tun, wenn sie solo vor der Kamera singen sollen.«

Während sie singt, sieht es so aus, als ob sie das Instrument wirklich selbst spiele, obwohl die Musik in Wirklichkeit natürlich vom Band kam. Während Alethea singt, werden immer wieder die Männer gezeigt, die auf dem Dorfplatz den Galgen zurechtzimmern. Als das Mädchen über die Ursache dieses Lärms aufgeklärt wird, hört sie zu spielen auf und flieht schluchzend aus dem Gefängnis.

Am nächsten Morgen rettet Alethea Caine im allerletzten Moment vom Galgen, indem sie ruft: »Hört auf! Ich habe gelogen.« (Sie hat natürlich nicht gelogen, aber dies ist schließlich eine Fernsehserie, mit all den zeitlichen und sonstigen Beschränkungen.)

Am Ende, nachdem der Mönch die wirklichen Bösewichter in der üblichen finalen Kampfszene erledigt und seine Unschuld bewiesen hat, reden Caine und Alethea noch einmal kurz über die Schwierigkeit, die Wahrheit von der Lüge zu unterscheiden. Dann marschiert die kleine Alethea über die staubige Hauptstraße des Ortes davon. Die Kamera fährt zurück in eine Panorama-Einstellung, und wir kehren zur B-Story zurück, in der Caines Vertrauen in die Erwachsenen ebenfalls auf eine harte Probe gestellt wird. In den letzten Momenten der Episode im Tempel der Shaolin fragt der blinde Meister den desillusionierten Jungen: »Wie soll dir, Grashüpfer, deine Unschuld wiedergegeben werden?« –Dies ist eine Frage, die viele Mütter von Kinderstars ebenfalls gequält haben mag.

»Ich will Präsidentin der Vereinigten Staaten werden. Ich will auf die Bühne. Ich will nach Rom. Und ich will einen Hamster haben.« Das waren die »vier Ziele« der elfjährigen Jodie Foster, die im Rahmen der Pressekampagne zur TV-Premiere von *Paper Moon* verbreitet wurden. (Los Angeles Herald-Examiner, 26. September 1974)

Natürlich wäre es nicht weiter schwierig gewesen, nach Rom zu fahren, aber fürs erste mußte Hays reichen, ein winziges Kaff auf den Hochebenen von West-Kansas, wo die Fernsehserie im Sommer 1974 gedreht wurde:

»Ich werde ein paar nette Kinder in meinem Alter kennenlernen«, erzählte die kleine Mimin dem TV Guide über ihren Sommer in Kansas und fügte hinzu, daß die Bevölkerung sie dort wegen ihrer kurzen Haare stets für einen Jungen halte. »Das einzige, was mich stört, ist, daß jeder findet, ich sollte wie Tatum O'Neal aussehen. Eines Tages haben Chris [Connelly, der ihren Vater spielte] und ich Frisbee gespielt, und ich bin hinter der Scheibe her auf die Straße gerannt. Da kamen ein alter Farmer und seine Frau und wiesen Chris zurecht, weil er nicht besser auf seinen kleinen Jungen aufpaßt. Aber wir haben Spaß hier. Einmal haben wir nur um fünf Minuten einen Tornado verpaßt.« (TV Guide, 21. September 1974)

Die beiden besten Zeitpunkte, um die Trommeln für eine neue Serie zu rühren, sind seit jeher die Premieren im Frühherbst und die November-Erhebungen, wenn die Einschaltquoten gemessen werden, um Entscheidungen zu treffen, ob man zusätzliche Folgen in Auftrag gibt oder schwache, aber vielversprechende Serien fortsetzt – Serien wie *Paper Moon*.

Da die Einschaltquoten ihres *Moon* von den *Waltons* überschattet wurden, verstärkte man im Herbst 1974 die Medienpräsenz der jungen Schauspielerin, um die Aufmerksamkeit für die Serie zu steigern. Im November 1974 erschienen sowohl im Branchenblatt The Hollywood Reporter als auch im TV-Guide ausführliche Berichte über sie. Der Kolumnist des Reporter zeigte sich sehr beeindruckt von ihr. Obwohl er nicht direkt behauptete, Jodie Foster entdeckt zu haben, erteilte er sich aber immerhin das Eigenlob, sie »vor Jahren in einer Werbung für Crest Zahnpasta gesehen und erkannt zu haben, daß an ihr etwas Besonderes war … Jodie ist eine superbe Schauspielerin und eine außerordentlich intelligente Elfjährige.« (The Hollywood Reporter, 12. November 1974)

Interessanterweise erging sich Foster, die sonst für PR ein so gutes Gespür hatte, zwar in Lob für ihre Lieblingsserien (*M*A*S*H, Maude* und *Multiplication Rock*, die sie »das Beste, was es im Fernsehen gibt« nannte), machte aber gleichzeitig den Western nieder, in dem sie ein Jahr zuvor so positiv aufgefallen war. »Ich mag *Kung Fu* nicht wirklich«, erklärte sie. »Es hat als friedliche Serie angefangen, und jetzt geht es nur noch um Karate und Totschlag. Ich glaube, daß Gewalt im Fernsehen schlecht für Kinder ist. Es bringt sie auf dumme Gedanken, und für die Erzählung ist Gewalt oft entbehrlich, es sei denn, es handelt sich um einen Dokumentarfilm zu diesem Thema. Ich sehe eine Menge Sachen – in New York habe ich den *Letzten Tango* gesehen [*Der letzte Tango in Paris*, ein außergewöhnlicher Film über Sex und Obsession mit Marlon Brando und Maria Schneider, bei dem Bernardo Bertolucci Regie geführt hat]. Das hat mich überhaupt nicht gestört. Nur Gewalt stört mich.«

Unkindliche Bemerkungen wie diese werden bei den meisten Eltern, deren Kinder nicht Profis im Showbusiness waren, besorgtes Stirnrunzeln ausgelöst haben.

»Die Leute denken immer, Kinder zerbrechen daran und sind für ihr Leben verdorben«, war Brandy Fosters Replik auf solche Kritiken, die in einem Artikel des TV Guide veröffentlicht wurde. »Ich glaube nicht, daß Elizabeth Taylor, Jackie Cooper, Shirley Temple oder mancher andere, der in diesem Gewerbe aufgewachsen ist, diesen Unkenrufen Nahrung gibt.« Der Verfasser des Artikels, Terry Galanoy, fügt in einer schnippischen, aber treffenden Bemerkung hinzu: »Judy Garland wurde höflicherweise nicht erwähnt.«

Sechs Jahre später schien es, als wolle Jodie auf solche Kritik antworten und ihre Mutter verteidigen, die immer noch die Karriere ihrer Tochter betreute. Die 17jährige traf eine klare Unterscheidung: »Ich glaube nicht, daß es die Kinder-Stars sind, die Probleme haben … Es sind die Kinder von Schauspielern, die es am schwersten haben. Das Milieu in Malibu, Beverly Hills und im La Scala [ein berühmtes Restaurant mit einflußreicher Kundschaft] kann ziemlich gemein sein. Wenn von einem verlangt wird, alles zu verstehen, ohne daran teilhaben zu dürfen, so kann das ziemlich verwirrend sein.« (After Dark, Juli 1980)

Aber damals – im November 1974, in dem TV Guide-Artikel mit dem Titel »Kinderstars aufziehen macht Spaß und bringt Profit«, der sich auf Jodie und ihre Mom konzentrierte – damals wie heute gab es kein besseres Mittel, das Interesse der Zuschauer an einer nicht so erfolgreichen Serie zu wecken, als ein saftiger Artikel in ihrem TV Guide. Seine Bedeutung in der Novemberausgabe kann gar nicht hoch genug eingeschätzt werden. Die in Medien-Dingen bewanderte Brandy wird genauso wie der Sender und Paramount gewußt haben, daß dies vermutlich die letzte und beste Chance sein würde, die Serie zu retten. Dennoch war der »Aufhänger« der Geschichte – der abwesende Vater und die Theorie, daß in fast allen von Jodies Filmen und besonders in *Paper Moon* die Beziehung zwischen dem Mädchen und der Vaterfigur ein zentraler Punkt der Geschichte ist – für Brandy Foster sicher nicht leicht zu schlucken.

Von der Hauptperson dieser Geschichte selbst tauchen allerdings nur zwei kurze Zitate in dem ganzen Artikel auf, und eines davon ist mit Sicherheit erfunden oder vorbereitet gewesen. (Ein vorbereitetes Zitat ist eine Bemerkung, die vorher geprobt und auswendig gelernt worden ist und auch nicht notwendigerweise vom Sprecher selbst stammt, sondern von einem Agenten erfunden worden sein kann.)

Jodies »Liste der Voraussetzungen für einen idealen Vater«, die sie dem TV Guide gegenüber aufzählte, lautete so: »Der ideale Vater müßte aussehen wie Robert Redford, soviel Humor haben wie Richard Harris [mit dem sie einen Film drehen sollte] und ein Freund sein wie Chris Connelly [ihr Co-Star].«

Jahre später bestätigte Jodie Foster, daß sie keine Ahnung gehabt hätte, wieviel Geld sie damals verdient hat. Zusätzlich zu all den Gastauftritten Anfang und Mitte der Siebziger hatte sie auch noch feste Engagements in den Serien *Bob & Carol & Ted & Alice* und *Eddies Vater*. Außerdem erhielt sie Hauptrollen in *Smile, Jenny, You're Dead*, dem Pilotfilm für die Serie *Harry-O*, und sie spielte in einem Emmy-gekrönten Special für junge Leute: *Das Spiel des Jahres (Rookie of the Year)* sowie in zwei weiteren ABC *Afternoon Specials*.

Ihr Job, so dachte sie damals, sei es lediglich, die Kamera zu becircen, und das erschien ihr als ein großer Spaß. Aber für viele ihrer Altersgenossen gab es nur wenig zu lachen im Showbiz. Ihre Karrieren stagnierten oder sie stiegen aus oder starben als Teenager an einer Überdosis – so wie Anissa Jones, die ebenfalls von einer alleinstehenden Mutter erzogen worden war und in der Fernsehserie *Lieber Onkel Bill (Family Affair)* mitgespielt hatte, an der Seite von Johnnie Whitaker, Jodie Fosters erstem Leinwand-Partner.

Es dauerte fast ein Jahrzehnt, ehe Jodie Foster wieder zum Fernsehen zurückkehrte, für einen mißlungenen Movie of the Week namens *O'Hara's Wife*, eine kleine Geschichte mit Ed Asner als Geschäftsmann, dessen Frau von den Toten zurückkehrt. Eine Klatschkolumnistin mutmaßte, daß Jodie Foster nach ihrem Anfängerjahr im College mit einer Gage von 200 000 $ für *O'Hara's Wife* zum Fernsehen zurückgelockt worden sei – eine für die frühen achtziger Jahre astronomische Summe. Wenn man davon ausgeht, daß die Schulgebühren in Yale damals ungefähr 9 000 $ im Jahr betrugen, dann war das, wie einige Kolumnisten bemerkten, nicht die schlechteste Art, die Sommerferien zu verbringen.

Ebenfalls 1980 war angekündigt worden, Foster werde die Hauptrolle in *The Best Little Girl in the World* spielen, aus dem später ein vielbeachteter Fernsehfilm zum Thema Magersucht wurde. Aber nach einem Besuch der Produzenten in New Haven vermutete ein Branchenblatt, daß »Jodie Foster zu gesund aussieht, um eine Magersüchtige zu spielen, und deshalb ersetzt wird ... [Die Produzenten und Foster] waren sich einig, daß es für die junge Schauspielerin zu gefährlich wäre, zwanzig Pfund abzunehmen (in einer Woche?), um wie eine Magersüchtige auszusehen.« (Daily Variety, 15. Dezember 1980)

Geübte Leser verstanden die Bemerkung, sie sehe »zu gesund aus«, und was es hieß, zwanzig Pfund »in einer Woche« zu verlieren. Im Branchen-Code bedeutete das, daß sie in der Schulzeit zugenommen hatte. Eine Geschichte wie diese konnte leicht Gerüchte entstehen lassen, die eine Karriere beenden konnten.

Filmrollen

Von ihrem ersten Kinofilm an hat Jodie Foster von den wichtigsten Kritikern der Nation kaum ein einziges entmutigendes Wort geerntet. Natürlich mag es geholfen haben, daß sie niedlich, blond und blauäugig war, aber es gab da eben auch immer diese Intelligenz, die bei allem, was sie tat, sichtbar war und die sie vom Rest der bezaubernden Püppchen, die bei jedem Vorsprechen in Hollywood zur Stelle sind, unterschied.

Jodie wurde bereits bei ihrem Leinwanddebüt *Napoleon and Samantha* (1972) als Co-Star aufgeführt. Im selben Jahr trat sie auch in einer viel kleineren Rolle als eines von »K.C.s Kindern« in *Kansas City Bomber* auf, einem den Kritiken zufolge überdurchschnittlichen und effektvollen MGM-Actionfilm mit dem damaligen Sexsymbol Raquel Welch als K.C. Bomber in der Titelrolle, einem streitlustigen, aber sensiblen Star in der Welt des Roller Derby.

In vielerlei Hinsicht war *Napoleon and Samantha* ein typischer Disney-Familienfilm der frühen Siebziger; gezeigt wird die herzerwärmende Geschichte eines kleinen, mutigen Jungen und eines noch beherzteren Mädchens, die »die Gefahren der Natur erleben«, während sie »mit einem [Zirkus-] Löwen davonlaufen und einen Berg

überqueren, um bei einem Einsiedler-Freund zu leben«. (Daily
Variety, 7. Juli 1972)

Der Einsiedler war kein anderer als Michael Douglas, damals
noch ein Zwanzigjähriger, der in seinem vierten Film bereits an
erster Stelle genannt wurde, und der flüchtige Elfjährige wurde von
Johnnie Whitaker gespielt, einem rothaarigen, sommersprossigen
Jungen mit großen Ohren, der nach fünf Jahren in der Fernsehserie
Family Affairs schon so etwas wie ein kleiner Veteran war.

Wenn Jodie Fosters Karriere in der Werbung mit einem kleinen
Hund begonnen hatte, der sie in den Po beißen wollte, dann begann
ihre Leinwandkarriere – eine ironische Parallele, die man besser gar
nicht hätte erfinden können – mit einem Löwen, der ihr unvorherge-
sehenerweise aus demselben Körperteil ein Stück herausbiß. Das
wäre auch beinahe schon das Ende der Dreharbeiten gewesen.

»Es gab zwei Löwen«, erzählte Foster ein paar Jahre später die
Geschichte Andy Warhol, »einer war ein Double namens Zambo, der
andere war 25 Jahre alt und hieß Major. Major hatte keine Zähne mehr
und konnte niemandem mehr weh tun. Es war wirklich heiß, so gegen
vier Uhr nachmittags, und eigentlich soll man nach drei Uhr mit
Löwen nicht mehr arbeiten. Und Major weigerte sich auch, also holten
sie Zambo für die Szene. Schließlich drehten wir die Szene. Ich ging den
Hügel hinauf, und der Löwe war hinter mir, er wurde an einer Klavier-
saite gezogen – nur so konnten sie ihn dazu bringen, sich zu bewegen.
Aber ich ging nicht schnell genug. Er hat aufgeholt und mich gebissen.
Dann bin ich den Hügel hinuntergerollt.« (Interview, Januar 1977)

Der Löwenbändiger habe sie gerettet, erzählte sie dem entgeister-
ten Pop-Künstler, der zuvor noch eine flapsige Bemerkung darüber
gemacht hatte, daß sie keine Sonnenöl-Werbung mehr machen
müsse. Dann fragte er sie, ob sie eine Narbe habe.

»Einen winzig kleinen Kratzer am Rücken«, antwortete Foster.
(Wie beim Schönheitsfleck von Marilyn Monroe hing die Lage und
Beschreibung der Narbe ganz vom Erzähler ab. Nach Aussagen von
Jodies Mutter hatte sie die Narbe an der Hüfte. Manchmal wurden
daraus zwei Bisse, manchmal vier Wunden – zwei vorne, zwei hinten.
In einer anderen Variante griff der Löwe sie an, als der Drehtag zu

Ende war.) »Ich dachte, wenn ich den Angriff eines Löwen überlebe, dann kann ich auch mein Leben lang Schauspielerin sein.« (Interview, Januar 1977)

Es dauerte zwei Wochen (oder zehn Tage, je nach Quelle), bis sie an den Set zurückkehren konnte. »Meine Mom überließ es mir, ob ich weiterdrehen wollte oder nicht«, sagte sie, »aber ich denke, daß sie es für klüger hielt, daß ich weitermachte, so wie man auch wieder auf ein Pferd steigen soll, nachdem man abgeworfen wurde.« (Interview, September 1989)

Ein Jahr nachdem Zambo um ein Haar seinen achtjährigen Co-Star gefressen hätte, spielte der kleine Johnnie Whitaker neben Jodie als Becky Thatcher in einer Zweieinhalb-Millionen-Dollar-Produktion von Reader's Digest und United Artists den *Tom Sawyer*. Dieses Musical war die vierte Verfilmung von Mark Twains Klassiker. Ein Jahr danach sangen die beiden bei der Oscar-Verleihung ein entzückendes Duett, den Song »Love« aus dem Disney-Zeichentrickfilm *Robin Hood*, der für einen Oscar nominiert worden war.

Als Samantha sei Jodie »ansprechend« gewesen, formulierte Daily Variety in seiner unnachahmlichen und oft verhöhnenden Art, ein »weibliches Playmate«. (7. Juli 1972) Ihre Becky, schrieb das Branchenblatt am 6. März 1973, sei »großartig«, und der Hollywood Reporter schwärmte am selben Tag, sie sei »erfrischend ... sie sieht niedlich aus, aber ist ein eher vorlautes Kind.«

Damals wie heute blieben niedliche Kinder mit dramatischem Potential nicht von Klischee-Rollen verschont: In *Ein Kamel im Wilden Westen (One Little Indian)*, einem weiteren Disney-Familienfilm, bei dem sie an zwölfter Stelle genannt wurde, stellte sie bereits »ihr gewohntes vorlautes Selbst« dar als Tochter einer Pionierswitwe, »und hatte nichts von dem traditionellen netten Disney-Mädchen«. (The Hollywood Reporter, 8. Juni 1973) James Garner, mit dem sie zwei Jahrzehnte später in *Maverick* wieder vor der Kamera stand, spielte die Hauptrolle in diesem Western.

In dem Film aus dem Jahre 1973 spielt Garner den Deserteur Clint Keyes, der sich nach dem Versuch, die Zerstörung eines Indianer-

Camps zu verhindern, auf der Flucht befindet. Mit ihm zieht Mark durch die Wüste von New Mexico, ein in Wildleder gehüllter streunender Junge, der kaum Englisch spricht und von Cheyenne aufgezogen wurde. Dazu gesellen sich, weil es sich schließlich um einen Disney-Film handelt, zwei entzückende Kamele, Rosebud und ihr Baby Thirsty. Die vier kommen zu einer einsamen Ranch in der Wildnis, wo Clint und Mark von einer jungen Frau (Vera Miles) und ihrer Tochter Martha (Jodie Foster) aufgenommen werden. Die beiden Frauen bereiten sich gerade darauf vor, die Wildnis zu verlassen und zurück nach Colorado zu ziehen.

Wie so oft in ihrer Karriere spielt Jodie wieder das unabhängige Kind eines alleinstehenden Elternteils. Das Mädchen, das ebenso lebhaft ist wie das kleine Kamel, ist zwar immer im Stil der Zeit in hellgelben oder –blauen Kattun gekleidet, strahlt aber etwas sehr Modernes aus. Sie geht nicht, sondern schlendert oder rennt. Sie sagt, was sie denkt, und läßt sich auch von Erwachsenen oder kleinen Jungen nicht davon abhalten.

Als sie zum ersten Mal das große wiederkäuende Kamel Rosebud sieht, möchte sie sofort aufsteigen und darauf reiten.

»Darf ich, darf ich darauf reiten? Bitte!«

»Du bist ein Mädchen«, protestiert Mark ungerührt, er verschränkt seine Arme und dreht sich voller Ablehnung weg.

»Sie ist schließlich die Mutter«, entgegnet Martha vernünftig und blickt das riesige, sonderbare Tier an. »Sie ist also auch ein Mädchen.«

Natürlich bekommt Martha ihren Willen.

Zwei Jahrzehnte später, nach den Dreharbeiten zu *Maverick*, erinnert sich Garner an den Kinderstar als »damals schon unglaublich präsent – sie war so ein kleiner Profi, daß sie schon damals tun konnte, was getan werden mußte ... Ihre Haltung und ihr Temperament haben sich nicht verändert.« (Vanity Fair, Mai 1994)

Damals war das »vorlaute Kind« bereits eine altgediente Schauspielerin. Man muß nur einen Blick in ihre Filmographie werfen, wie sie im Presseheft zu *Napoleon and Samantha* aufgelistet wurde:

»Meine drei Söhne, Adam 12, Julia, Rauchende Colts, Daniel Boone,

Mayberry, R.F.D., und eine Rolle in *Eddies Vater.* Sie hat etwa 45 Werbe-spots gedreht und ist vor ein paar Jahren in dem Zweiteiler *Menace on the Mountain* aus der Fernsehreihe *Wonderful World of Disney* zu sehen gewesen. In ihrer Freizeit komponiert und schreibt sie Songs, obwohl sie eigentlich Schriftstellerin werden will und historische Romane und Sachbücher liebt. Sie spricht außerdem fließend Fran-zösisch.«

Zur Zeit dieser inhaltsreichen Presse-Biographie hatte Jodie Foster schon seit über einem Jahr für den Unterhalt der Familie gesorgt, und ihre Mutter war ihre Agentin geworden. Jodie war einen Meter und sechzig groß und wog 25 Kilo. Sie war erst neun Jahre alt. Nur drei Jahre später, nachdem sie die kurzlebige Fernsehserie *Paper Moon* bereits hinter sich hatte, bekam sie die Rolle der Audrey in *Alice lebt hier nicht mehr (Alice Doesn't Live Here Anymore)*, einem Warner-Film, der nach einem Buch von Robert Getchell unter der Regie von Mar-tin Scorsese gedreht wurde, damals ein hochaktueller junger Filme-macher aus New York.

Es war die Art von Geschichte, die in Fosters Karriere immer wie-der vorkam: ein Erwachsener mit einem intelligenten Kind, das erwachsene Sorgen hat. Allerdings taucht ihre Mutter nur in einer Szene auf. Und auch Jodie hatte nur vier Auftritte in dem Film. Aber trotzdem stahl sie, die in den Credits erst an achter Stelle genannt wird, beinahe allen die Schau.

Ellen Burstyn, die für ihre Rolle einen Oscar erhielt, spielt die Titel-figur Alice, die nach dem Tod ihres lieblosen Ehemanns mit ihrem Sohn Tommy (Alfred Lutter) Richtung Westen zieht. Sie kommen nach Phoenix, wo Alice ihren Kindheitstraum von einer Karriere als Sängerin verwirklichen will. Aber ihr ausfälliger, gewalttätiger Freund (Harvey Keitel), der auch noch verheiratet ist, zwingt die beiden dazu, nach Tucson zu ziehen, wo Alice als Bedienung in Mel and Ruby's Café arbeitet. Hier gehen die unterschiedlichsten exzentri-schen Figuren ein und aus, inklusive eines anderen Möchtegern-Beaus (Kris Kristofferson).

In Tucson nimmt der gelangweilte elfjährige Sohn von Alice Gitarrenstunden, bei denen er Audrey (Jodie Foster) trifft – »Ich heiße eigentlich Doris, aber ich finde Audrey schöner« –, ein androgynes, feingliedriges Kind in Jeans und T-Shirt, das ihn informiert, daß Tucson die »verrückte Hauptstadt der Welt« ist. Beiläufig erwähnt sie, daß »Dad vor zwei Jahren abgehauen ist und Mom von drei Uhr nachmittags an im Ramada Inn Karten spielt«.

Audrey ist ein verwahrlostes Kind mit einem zotteligen Haarschnitt – eine weitere Variante von Fosters Rollen als aufgewecktes, mit allen Wassern gewaschenes Mädchen. Keines von ihnen lebt in der traditionellen Familie mit zwei Elternteilen, und jede von ihnen ist hart und hip. Wie jede ihrer filmischen Schwestern, die die junge Schauspielerin verkörpert hat, weiß auch Audrey alles über die Welt der Erwachsenen und ihre gefährlichen Heucheleien.

»Willst du mal ran?« fragt sie in der berühmtesten Stelle des Films und erzählt dem erstaunten Tommy, daß sie »eine Truppe von nacktärschigen Eagle-Scouts um vier Uhr Nachmittag haben könnte, und Mom würde es nicht einmal merken«.

Später bringt sie Tommy, der Gitarrensaiten braucht, bei, wie man klaut. Scorseses Handkamera folgt Audrey in die örtliche Musikalienhandlung, wo sie sich zur Ablenkung zu Boden fallen läßt, auf einen »rutschigen Fleck« am Boden deutet und in gespieltem Schmerz ihr Knie umklammert. Trocken sagt sie: »Ich hoffe, das macht mir beim Vortanzen für die Cheerleader nicht einen Strich durch die Rechnung.«

Als sie und Tommy sich schließlich mit billigem Wein betrinken, erzählt Audrey von ihrem Vater: »Mein Dad war ein Bastard«, sagt sie mit einem vorwurfsvollen Unterton. »Ich mußte mich vornüberbeugen, wenn er mich mit seinem Gürtel geschlagen hat.«

Nachdem sie beim versuchten Ladendiebstahl geschnappt worden sind, landen die beiden Kinder verkatert in einer Polizeistation. Als Alice auftaucht, um Tommy zu holen, streckt Audrey ihr die Hand entgegen, während die Handkamera die Szene umkreist. »Sie sind also die singende Bedienung«, sagt sie.

Ihr letzter Satz in dem Film bringt die Weltsicht des toughen Mädchens auf den Punkt. Als ihre Mutter sie aus der Polizeistation hinauszerrt, brüllt sie zum Abschied: »Macht's gut, ihr Penner!«

Beim Vorsprechen für die Rolle der Audrey, erinnert sich Scorsese, »kam dieses kleine Mädchen rein mit einer Stimme wie Lauren Bacall ... Sie hat uns umgehauen.« (Time, 23. Februar 1976)

Die weinschlürfende Teenagerin haute auch die Zuschauer um – und wegen der kurzen *Paper Moon*-Frisur, die sie so jungenhaft aussehen ließ, und des freizügigen Satzes waren manche auch verwirrt, wenn nicht sogar empört. Aber das markierte erst den Anfang von Jodie Fosters Verwandlung von einem Mädchen in einen Teenager und führte direkt zu ihrer umstrittensten Rolle.

2

Das Mädchen und der Taxi Driver

FILM SEI DOCH NUR EIN GESCHÄFT wie viele andere auch, insistierte Foster etwas überheblich während ihrer vorwitzigen Teenager-Jahre, und die Schauspielerei sei auch nur ein Job.

»Die Leute fragen mich, wie es war, eine 13jährige Prostituierte zu spielen«, erzählte sie mit 17 Jahren. »Ich habe in *Taxi Driver* keine Prostituierte gespielt. Ich habe eine Ausreißerin gespielt. Mich hat es nicht interessiert, in Rollen zu schlüpfen und das ganze Zeugs. Ich bin eine Technikerin wie jeder andere im Team. Ich tue meine Arbeit, und der Elektriker tut seine. Was ich kann, ist der Kamera schöne Augen machen.« (US, 4. März 1980)

Bis heute betont Jodie Foster, daß ein Film nur in Teamwork entstehen kann. Natürlich ist die Schauspielerei nur einer unter vielen Berufen dort, wie man schon bei einem flüchtigen Besuch auf einem Set feststellen kann, wo die lärmende Traumfabrik pro Film bis zu 150 Leute beschäftigt. Aber Jodie sollte auf eine sehr dramatische Art lernen, daß für manche Leute die Schauspielerei mehr ist als nur irgendein Job; daß ein Film Leben verändern kann und daß es draußen in den dunklen Kinosälen Menschen im Publikum gibt, die Film und Realität durcheinanderbringen.

Doch selbst nachdem ein selbsternannter Rächer à la Travis Bickle auf den Präsidenten der Vereinigten Staaten und drei weitere Menschen geschossen und hinterher angegeben hatte, er habe nur versucht, mit einer »historischen Tat« Liebe und Respekt der jungen Schauspielerin zu gewinnen, war Fosters Reaktion zunächst gewesen, öffentlich zu behaupten, »daß es allein die Medien waren, die sich zusammengereimt haben, wieviel die Filmemacherei damit zu tun hat«. (Los Angeles Times, 4. Juni 1981)

Taxi Driver, von Martin Scorsese 1976 nach einem Buch von Paul Schrader inszeniert, ist ein großer amerikanischer Film, in dem alle Elemente, von den Schauspielern bis zur ausdrucksvollen Musik von Bernard Herrmann, auf überzeugende Weise und vortrefflich zusammenpassen.

Robert De Niro spielt die Titelrolle, den Taxifahrer Travis Bickle, der in einem gelben Checker Cab (das von Kameramann Michael Chapman wie ein schimmerndes, schleichendes Reptil ins Bild gesetzt worden ist) in den Straßen eines neonerhellten, schmierigen nächtlichen New York umherfährt und langsam beginnt, sich in eine unbändige Wut zu steigern.

Der einsame Ex-Marine lebt in einzelgängerischem Elend, kann nicht schlafen und ist gleichermaßen angeekelt wie angezogen von der Verdorbenheit der *mean streets*. Er ernährt sich von Junkfood und Aufputschmitteln, und wird von Betsy (Cybill Shepherd) abgewiesen, einer freiwilligen Helferin in einer Präsidentschaftskampagne, die er für die schönste Frau hält, die er je gesehen hat. Travis Bickle gerät völlig aus dem Gleichgewicht und bewaffnet sich für eine (paradoxerweise apolitische) politische Tat. Im Jahr der 200-Jahr-Feiern zur Unabhängigkeitserklärung der USA wurde der Film vor allem als verschlüsselter politischer Kommentar interpretiert.

»Bringen Sie mich hier weg, ja?« Eine blutjunge Prostituierte (Foster) in engen Hot Pants und Oberteil steigt auf den Rücksitz von Bickles Taxi. Doch ihr Zuhälter (Harvey Keitel) zieht sie mit Gewalt sofort wieder raus, wirft einen zusammengeknüllten Geldschein auf den Vordersitz und empfiehlt dem Fahrer, er solle die ganze Sache vergessen. Aber der Taxifahrer kann nicht vergessen. In jener Nacht hat Travis seine erste Verabredung mit Betsy und nimmt sie mit in einen Hardcore-Pornofilm, der die junge Frau anekelt. Als sie ihn daraufhin abweist, taumelt Bickle in seine eigene unvermeidliche Götterdäm-

merung und verlegt seine Besessenheit von der madonnenhaften
Betsy auf die minderjährige Nutte Iris.

»Suchst du ein bißchen Action?« Als er sie bei Tag anspricht, macht
sie ihn sofort an und verweist ihn an ihren Zuhälter Matthew, der in
einem Hauseingang in der Nähe steht. Fünfzehn Dollar für fünfzehn
Minuten, 25 für eine halbe Stunde, sagt der Zuhälter, den Iris »Sport«
nennt. »Nimm's oder laß es. Wenn du dir Geld sparen willst, dann
fick sie lieber nicht, weil du dann jede Nacht wiederkommst, Mann.
Sie ist zwölfeinhalb …«

Dann folgt eine kurze und brutale Litanei des durchgedrehten
Zuhälters über die möglichen Sexualpraktiken, die Bickle mit Iris
durchführen könnte und die wie ein Kompendium dessen klingt,
was wir heute unsafe sex nennen würden. Sie endet mit der Mah-
nung: »Aber keine Sado-Spiele.«

Nonchalant führt das Mädchen den Taxifahrer in ein herunterge-
kommenes Stundenhotel in der Nähe. Sie zündet eine Zigarette an,
legt sie auf den Aschenbecher und erklärt ihm, wenn die Zigarette
heruntergebrannt sei, sei auch seine Zeit um. Als sie sich hinsetzt
und anfängt, ihre Schuhe auszuziehen, fragt Bickle sie nach ihrem
Namen. »Easy«, antwortet sie. Das könne man sich »leicht« merken.
Und mit einer Grimasse fügt sie hinzu: »Ich kann meinen richtigen
Namen nicht leiden … Iris.« Die Kamera zeigt sie von hinten, als sie
anfängt, ihre Bluse auszuziehen. »Wie willst du es haben?« fragt sie
ungerührt und steht vom Bett auf. Sie fährt mit der Hand an seinem
Arm entlang. »Willst du es so?« fragt sie und macht ihm den Gürtel
auf.

Schnitt. Die Kamera zeigt ihren Kopf, und man hört, wie sein Reißverschluß geöffnet wird.

Aber der Taxifahrer erklärt ihr, er sei hier, um sie zu retten, zieht seinen Reißverschluß hoch und macht seinen Gürtel wieder zu. Er erinnert sie an den Tag, als sie in sein Taxi gesprungen ist, aber sie hat es
vergessen. Es hatte keine Konsequenzen. Sie war offenbar von Drogen benebelt gewesen.

»Ich kann dir helfen«, sagt sie und geht vor ihm in die Knie. Sie faßt
ihn an, und wieder hört man den Reißverschluß. Der Taxifahrer

schiebt sie weg. Er wolle sie nur ausführen, sagt er, ihr etwas zum Essen bestellen, reden. »O. K.«, sagt sie, »Frühstück um ein Uhr morgen mittag.« Als sie sich bei Tageslicht treffen, taucht keine Nutte auf, sondern ein ganz normales amerikanisches Mädchen, das genausogut aus einem Disney-Film stammen könnte – langes glattes, blondes Haar, in der Mitte gescheitelt, ein rosa T-Shirt und eine Schlaghose. Ihre arglosen, mädchenhaften Augen sind zuerst hinter einer grünen Sonnenbrille versteckt, die sie dann abnimmt und später gegen eine blaue Brille austauscht.

Beim Frühstück häuft Iris Marmelade und Zucker auf ihren Toast, erzählt, daß sie in einer Kommune leben wolle und quasselt über Sternzeichen. »Du bist Skorpion«, sagt sie und ignoriert die gefährliche Intensität, die von dem Taxifahrer ausgeht. »Ich liege immer richtig.«

Sie kichert mädchenhaft. »Bist du vom Drogendezernat?« fragt sie plötzlich. Ja, bestätigt der Taxifahrer. »Gott«, sagt sie, »ich weiß nicht, wer seltsamer ist, du oder ich.«

Kurz darauf sehen wir Iris in ihrem spärlich beleuchteten Zimmer zusammen mit Sport, dem sie mit verzweifelter Stimme sagt, daß sie nicht mehr anschaffen gehen möchte. Der Zuhälter beruhigt sie und flüstert auf sie ein; dann sieht man sie langsam tanzen. Das Mädchen hat den Kopf an Sports Brust gelegt und ihre Arme fest um seine Hüften geschlungen. Iris hat die Augen geschlossen, während Sport sanft über ihr Haar streicht und ihr sagt, wie sehr er sie liebt.

Später kehrt Bickle zurück und bringt den Zuhälter und die anderen Männer, die das minderjährige Mädchen ausgenutzt haben, um. In einer ernüchternden Coda nach dem blutdurchtränkten Finale erfährt man, daß die amerikanische Öffentlichkeit den Amokläufer zum Helden gemacht hat, und daß er in den Augen der Gesellschaft wirklich etwas moralisch Gutes getan hat, weil er Iris vor einem Leben auf der Straße bewahrt hat.

Während die Kamera am Schluß des Films lobende Zeitungsartikel abschwenkt, die an Travis Bickles Zimmerwand hängen, liest die Erzählerstimme einen Brief von Iris' dankbarem Vater, Mr. Burt Steensma aus Pittsburgh, Pennsylvania, vor, der dem Taxifahrer auch im Namen seiner Frau dankt und ihn informiert, daß Iris wieder zur Schule geht und fleißig lernt.

Paul Schrader, der Autor, behauptet standhaft, daß der Film das Auffassungsvermögen der damals 13jährigen Schauspielerin überstiegen habe, was diese im Gegenzug standhaft leugnete, besonders nachdem die Werbekampagne vorbei war und der Zorn sich gelegt hatte.

Damals traf der Filmkritiker Roger Ebert zum ersten Mal die junge Schauspielerin, und sie machte auf ihn alles andere als den Eindruck einer ahnungslosen Naiven. »Sie war so gesammelt für einen jungen Menschen«, erinnert er sich. »Ich wollte sie interviewen und sie sagte: ›Laß uns im Old Wood Restaurant am Strip treffen‹ (was damals ein chices Bio-Restaurant war).

Sie kam alleine, ohne Agentin, ohne Mutter – nur Jodie. Ich erinnere mich an die Pressekonferenz später beim Filmfestival in Cannes. Sie spielte die Dolmetscherin für Scorsese, De Niro und Keitel und übersetzte aus dem Französischen hin und her. Ich dachte mir, was für eine außergewöhnliche Person.«

»Als ich *Taxi Driver* gedreht habe«, sagte sie fünf Jahre später, »habe ich zum ersten Mal eine Rolle gespielt, die einen etwas anderen Charakter hatte. Wenn ich vom Drehen heimkam, hatte ich das Gefühl, etwas erreicht zu haben. Wir haben mit Improvisation gearbeitet – der halbe Film war improvisiert. Und zum ersten Mal erlebte ich richtige Technik, richtigen Stil.« (Los Angeles Times, 4. Juni 1981)

Die Technik vermittelt ihr nicht der Regisseur, erzählte Foster über ein Jahrzehnt später, sondern ihr Co-Star: »Aus irgendeinem Grund gab mir Scorsese nie Anweisungen. Er hatte mit meinem Spiel nicht viel zu tun – De Niro schon. Er hat mir nicht gesagt, wie ich es machen soll, sondern hat mit mir wieder und wieder geprobt, bis ich das Drehbuch so gut kannte, daß ich problemlos reagieren konnte, als er anfing, beim Drehen zu improvisieren.« (Interview, August 1987)

Obwohl ihre Frühstücksszene so natürlich wirkte, als sei sie zufällig aufgenommen worden, »war daran kein einziger Satz spontan«, erinnerte sich Foster. »Die Szene in dem Coffee-Shop war eine ganze Woche lang geprobt worden. Ich konnte sie im Schlaf aufsagen. Eine

Einstellung haben wir einen ganzen Tag lang gedreht, fünfzig Takes oder so, und doch wirkt sie ganz spontan und intuitiv.« (American Premiere, Oktober/November 1988)

Ein Nachrichtenmagazin beschrieb sie im Alter von 13 Jahren so: »Weder eine naive Stupsnase wie Hayley Mills noch eine kantige Frühreife wie Tatum O'Neal ... Sie hat keine Verabredungen und geht nicht auf Hollywood-Veranstaltungen. Sie ist entwaffnend gleichgültig, was Geld angeht. Neben den 1 600 $ auf einem Sparkonto, von ihrem einen Dollar Taschengeld, von ein ›paar Wetten‹ und ›Mogel-Poker mit dem Filmteam‹, hat sie keine Ahnung, wieviel ihre Mutter beiseite gelegt hat. ›Schließlich bin ich ja noch ein Kind‹, sagt Jodie.« (Time, 23. Februar 1976)

Das Ein-Dollar-Taschengeld ist ein netter Einfall, aber man muß bedenken, daß das »entwaffnend sorglose« Kind ein dreißigjähriger Zwerg hätte sein müssen, der seit seiner Geburt die Dollarnoten beiseite gelegt hat, um so viel Geld gespart zu haben. Oder sie muß ein frühreifer Kartenhai gewesen sein und hätte dann besser selbst die Titelrolle in *Maverick* bekommen.

Die Presse mußte akzeptieren, daß das Kind erwachsen wurde, daß sie nun eine Teenagerin war, die ihre kindlichen Ambitionen, Präsidentin, Matrose oder Anwältin zu werden, aufgegeben hatte und nun erklärte, daß sie mit der Schauspielerei Ernst machen wolle: »Ich bin eine Schauspielerin, die eben zufälligerweise Kinderrollen spielt.« (The Canyon Crier, 7. Februar 1977) Der Ansatz der Werbekampagne zu *Taxi Driver* konzentrierte sich dennoch wieder und wieder auf ihre jugendliche Unschuld.

»Ich fühle mich nie wie die Leute, die ich spiele«, erzählte sie Time, und ihre Mutter fügte hinzu: »Ich konnte es nicht fassen, wie sie in ihrem Nuttenaufzug aussah. Plötzlich hatte sie Beine. Ich glaube nicht, daß ich sie je zuvor mit Locken gesehen habe. Ich war ziemlich glücklich, als sie wieder sie selbst war.«

Eine wenig überraschende Reaktion, wenn man Jodies durch und durch überzeugende Darstellung einer minderjährigen Nutte, die alles gesehen und erlebt hat, in Scorseses städtischem Alptraum betrachtet.

Schon bevor der Film gezeigt worden war, hatten Leserbriefe von besorgten Eltern aus dem ganzen Land gegen die vermeintliche Ausbeutung der jungen Schauspielerin protestiert. Und ehe ihr das Los Angeles Welfare Board überhaupt gestattete, zu spielen, sollte ein Psychiater von der UCLA in einem ausführlichen Gespräch bestätigen, daß ihr Charakter durch die Darstellung der Iris nicht verdorben würde.

»Sie glaubten wohl, daß ich, wenn ich so eine Rolle annehme, gestört sein müsse«, scherzte Jodie in dem Time-Artikel.

Brandy Foster erklärte, sie sei mit der Befragung durch den Psychiater nicht einverstanden und »fest entschlossen, den anstehenden Rechtsstreit zu gewinnen. Hier versucht irgendein Ausschuß mir vorzuschreiben, was zu erwachsen für meine eigene Tochter ist.« (Mason Wiley und Damien Bona, *Inside Oscar: The Unofficial History of the Academy Awards*) Für die gerichtliche Auseinandersetzung, die dann den Dreharbeiten vorausging, konnte als Rechtsbeistand der ehemalige kalifornische Gouverneur Edmund »Pat« Brown gewonnen werden.

Der Anwalt erinnert sich, daß die Columbia Studios »in echte Schwierigkeiten mit dem Arbeitsamt gerieten. Es war ein ziemlich deftiges Drehbuch.« (Los Angeles Herald-Examiner, 7. April 1981) Also bat man Brown, Einspruch zu erheben. Aber er bestand darauf, daß das Studio das frühreife Kind tatsächlich zuerst zu dem Psychiater der UCLA schickte: »Dieser fand nach einem vierstündigen Gespräch heraus, daß Jodie einen sehr hohen IQ hat, und er versicherte mir, daß ihr das Drehbuch keinen seelischen Schaden zufügen würde. Auf dieser Grundlage konnte ich den Fall übernehmen.«

Selbst nachdem der Psychiater sein Einverständnis gegeben hatte, bestimmte die Kommission, daß die Szene, in der Iris vor der Kamera ihre Bluse aufknöpft, herausgeschnitten werden müsse und andere eindeutige Szenen mit einem Double gefilmt werden müßten, was dann Jodies 21jährige Schwester Connie übernahm. So oder so endeten diese Szenen, auch die, in der Connie als Iris Travis Bickles Reißverschluß öffnet, im Papierkorb.

Time und andere Magazine behaupteten zwar, daß sich Foster auf ihre Rolle vorbereitet hätte, indem sie einen Monat ihrer Sommerferien damit verbracht hätte, in Hot Pants und zehn Zentimeter hohen Stöckelschuhen die Straßen der Lower East Side auf- und abzugehen, aber sie fügten auch etwas ungläubig hinzu, daß das Mädchen dabei nie angesprochen worden sei. Foster selbst wandte ein: »Das stimmte alles nicht ... Ich hatte ständig zwei Aufpasser dabei ... Sie haben einmal eine echte Nutte zum Drehort gebracht, aber sie war keine große Hilfe. Sie sprach nur in Klischees.« (Cosmopolitan, August 1977)

»Ich würde ja gerne behaupten, daß ich geprobt und recherchiert habe«, sagte sie bei einer anderen Gelegenheit, »und daß das alles in mir steckte. Aber ich bin keine Method-Schauspielerin ... Ich habe mich nie als Nutte gefühlt. Und ich habe nie einer minderjährigen Prostituierten zugesehen, geschweige denn mit einer gesprochen. Aber Kinder sind nicht mehr so einfältig, wie sie es vielleicht mal gewesen sind. Jedes Kind weiß, was eine Nutte ist. Man sieht sie im Kino und im Fernsehen, und man sieht sie auf dem Hollywood Boulevard. Jeder weiß, wie sie sich verhalten.« (New York Times, 7. März 1976)

Wie schwer es auch sein mag, bei solchen Bemerkungen der 13jährigen eine gewisse Ungläubigkeit zu unterdrücken, so ist ihre Antwort doch eine verständliche Reaktion auf eine riskante Rolle, die auch nach hinten hätte losgehen können.

Zwei Jahre zuvor hatte sie die eher zurückhaltende, stilisierte Gewalt von *Kung Fu* verurteilt, aber nun erklärte sie – ganz in der Rolle des flotten Teenagers – im Hinblick auf das naturgetreue Blutbad in *Taxi Driver*: »Die Gewalt machte Spaß. Das war das Schönste am Ganzen. Ich weiß, daß es den Film etwas heruntergezogen hat, aber es hat mir beim Spielen geholfen. Wenn ich den Film zuerst gesehen hätte, wäre ich vielleicht schockiert gewesen. Aber das einzige, was mich gestört hat, war der Geruch des Blutes.« (Los Angeles Times, 1. März 1976) Was immer sie da gestört haben mag, war natürlich kein echtes Blut. Neben einigen anderen Schwierigkeiten, die damit einhergehen, sieht echtes Blut im Film nicht gut aus, und seit Beginn des Farbfilms wird deshalb Blutersatz verwendet.

Scorsese, De Niro, Foster: Ernsthafte Filmemacher beschäftigen sich mit einem ernsten Thema. Für Jodies kinoverrückte Mutter, die fest in den alternativen Strömungen jener Tage verankert war, muß diese riskante Rolle offenbar den Einsatz wert gewesen sein – trotz der zu erwartenden Kritik.

Tatsächlich katapultierte die Rolle der Iris die junge Darstellerin aus dem Disney-Stall in die vorderste Reihe amerikanischer Schauspielerinnen und brachte ihr eine Oscar-Nominierung und zahlreiche Ehrungen ein – unter anderem von der Los Angeles Film Critics Association, die damals noch neu war und sie sowie Scorsese mit den ersten Nachwuchspreisen ehrte.

Die Kontroverse über ihre Rolle in *Taxi Driver* war nicht zu überhören, aber sie verblaßte hinter Fosters schauspielerischer Leistung, die beinahe einhellig gepriesen wurde und zu ihrer Nominierung als Beste Nebendarstellerin führte. Es war dann eine der größten Überraschungen des Jahres, daß dieser Oscar an Beatrice Straight ging für ihre kurze Darstellung der Frau, die in *Network* William Holden wegen Faye Dunaway verläßt.

Was die Oscars anging, zeigte sich Foster ohnehin gelassen und geschickt in ihren Vorhersagen: »Es gibt so viele erwachsene Schauspielerinnen, die schon so lange arbeiten und noch nie einen Preis gewonnen haben, daß es einfach nicht richtig wäre, ihn einem Kind zu geben«, sagte sie voller Respekt für die Altvorderen und für das Business: »Ich klinge nicht gerne wie eine Geschäftsfrau, aber wenn ich einen Oscar bekäme, dann hieße das, daß ich mehr Geld bekäme, weil die Oscars ein gutes Mittel sind, die Gage in die Höhe zu treiben.« (Seventeen, Januar 1977)

Mit größerer Präsenz in den Medien kamen »erwachsenere« Erwartungen und auch Auseinandersetzungen. In den Branchenblättern rasselte ihre Mutter (ohne Erfolg) mit dem Prozeß-Säbel, um den britischen Filmemacher Alan Parker davon abzuhalten, Jodies Gesang in *Bugsy Malone* nachzusynchronisieren.

Außerdem kursierten Gerüchte, daß Jodie Foster nach *Taxi Driver* bei den Dreharbeiten zu *Das Mädchen am Ende der Straße* schwierig gewesen sei. Der Film, ebenfalls von 1976, wurde viel kritisiert, aber nur wenig gesehen, obwohl er für Fosters schauspielerische Fähigkeiten mindestens eine genauso große Herausforderung und ein Beweis ihres Könnens war wie *Taxi Driver*. Vielleicht sogar noch mehr. Foster war der Star des Films und in jeder Szene zu sehen. Die kanadisch-französische Coproduktion, die in Amerika von American International Pictures verliehen wurde, einer für ihre Schundfilme bekannten Firma, wird oft als Horrorfilm bezeichnet. In Wirklichkeit ist es ein stimmungsvoller Psycho-Thriller, der mit Jodie Fosters Darstellung der 13jährigen Rynn Jacobs steht und fällt.

Ist die kaltäugige Rynn mit ihrer akkuraten Pony-Frisur, die an Julie Christie erinnert, ein Killer-Kind? Warum ist sie immer allein zu Hause, und wo ist ihr Vater? Ihre Vermieterin, die gebieterische und antisemitische Mrs. Hallet (Alexis Smith), will etwas über den Verbleib des Vaters wissen; sie ist es nicht gewohnt, von einem kleinen Mädchen zurechtgestutzt zu werden, und entschlossen, es ihr heimzuzahlen. Du hast einen spöttischen Ton und verletzte Augen, wirft sie Rynn vor. Mrs. Hallets Sohn Frank (Martin Sheen), ein Kinderschänder unter der Fuchtel seiner Mutter, hat seine eigenen Pläne, was das hübsche, ernste Mädchen angeht, das in ihrem Haus am Ende der Straße lebt.

»Wie alt muß man werden, damit die Leute anfangen, einen wie einen Erwachsenen zu behandeln, häh?« fragt Rynn ihren Freund Mario (Scott Jacoby), einen behinderten älteren Jungen aus dem Nachbarort Wells Harbor. Ihr sterbender Vater, ein Dichter, habe gewollt, daß sie unabhängig leben könne, vertraut sie Mario schließlich an, und habe deshalb vor seinem Tod für drei Jahre die Miete bezahlt und ihr Reiseschecks hinterlassen. »›Bekämpf sie mit allen Mitteln! Beiß dich durch!‹ Das hat er gesagt«, erzählt sie dem Jungen.

Am Ende, als ihr Angreifer zur Musik von Chopins Klavierkonzert Nr. 1 in E-Moll stirbt, fährt die Kamera langsam auf Rynns regungsloses Gesicht zu, während im Hintergrund ein Kaminfeuer brennt, dessen Flammen so gelb sind wie ihr Haar.

»Ich bin abgehauen bei den Dreharbeiten«, gab Foster zwei Jahre später in einem Interview zu. Das Problem sei eine Nacktszene gewesen – im Film eine Aufnahme des nackten Rückens von Rynn –, die schließlich von Jodies älterer Schwester Connie gedoubelt wurde. »Das war keine Laune. Das war nur der Tropfen, der das Faß zum Überlaufen gebracht hat. Zuerst sagte dieser verrückte Produzent dauernd, ich solle mein Kleid weiter runterziehen. Er war verrückt. Ich habe ihm immer gesagt, er solle die Klappe halten. Er war ein echter Idiot. Jeder hat ihn gehaßt. Eines Tages kam er dann und sagte: ›Wir brauchen Sex und Gewalt, sonst verkauft sich der Film nicht.‹ Ich erwiderte: ›Gut, aber darauf lasse ich mich nicht ein.‹ Ein paar Wochen später hat man mir erzählt, daß sie die Szene ohne mich drehen. Ich habe den Produzenten zur Rede gestellt, mich aufgeregt und angefangen zu heulen, weil, naja, weil ich eben jung bin und heule. Dann bin ich abgehauen. Ich war echt wütend.« (Family Weekly, 16. April 1978)

Mitte 1976 war die frankophile Jodie Foster die Überraschung des Filmfestivals in Cannes, wo nicht weniger als drei Filme mit ihr liefen: *Bugsy Malone*, ein nur mit Kindern besetzter Gangsterfilm von Alan Parker (der offizielle englische Beitrag), *Das Mädchen am Ende der Straße* und *Taxi Driver*, der die Goldene Palme gewann.

»Von ihrer Mutter begleitet, ließ sie all die Interviews, Fototermine und Partys mit einer höflichen und amüsierten Ruhe über sich ergehen, die auch Journalisten bezauberte, die ansonsten mit einer Reihe von erwachsenen Stars zu tun hatten, die nicht einmal dann geredet hätten, wenn man unter ihren Nägeln ein Streichholz entzündet hätte, oder aber mit überheblicher Verachtung antworteten«, schrieb ein Kritiker über den jungen Star. »Man hat das Gefühl, daß Jodie Foster auch noch nach Cannes kommen wird, wenn sie schon längst die High School hinter sich hat.« (Los Angeles Times, 28. Mai 1976) Tatsächlich kam sie schon im nächsten Jahr wieder für ein Festival nach Cannes, wo der französisch sprechende Teenager erneut »bei Radio und Fernsehsendern sehr gut ankam«. (The Hollywood Reporter, 13. September 1977)

Jodie Foster, die gerade vierzehn geworden war und ihr zweites Jahrzehnt in diesem Gewerbe vor sich hatte, war unleugbar ein Star. Sie wurde sogar zu einem Gastauftritt bei *Saturday Night Live* eingeladen, wo sie zum ersten Mal live im Fernsehen auftrat, was sie »seltsam, aber spaßig« fand. Eine Beschreibung, die auch die Stimmung im Land wiedergab, kurz nach der Wahl von Jimmy Carter, auf halbem Weg durch die »befreiten« Siebziger, in denen alles möglich war. In Kalifornien war Patty Hearst gerade zu einer Gefängnisstrafe verurteilt worden, in Utah hatte Gary Gilmore den Staat aufgefordert, endlich die Todesstrafe an ihm zu vollstrecken, in China war gerade Mao Tse-tung gestorben und seine Witwe sofort verhaftet worden.

In New York trat am 27. November 1976 Foster mit der ursprünglichen *Saturday Night Live*-Besetzung – Aykroyd, Belushi, Radner und dem Rest – in Sketchen auf, die Titel hatten wie »Mister Mikes ungeliebteste Gutenacht-Geschichte« und die Grenzen dessen testeten, was im Fernsehen, selbst abseits der Prime Time, möglich war.

In einem Sketch stellt Foster ein überaus erstaunliches neues Produkt namens Pubertäts-Helfer vor, eine riesige braune Tüte mit Augenschlitzen und einem aufgemalten glücklichen Gesicht. Sie sieht in die Kamera und sagt: »Hi, ich bin Jodie Foster, und wenn es Ihnen geht wie mir, dann befinden Sie sich in den schrecklichen Jahren zwischen 13 und 18, wo alles schiefläuft.«

»Glauben Sie mir«, fährt sie fort, »so hübsch ich auch sein mag, ich weiß, wie es ist, wenn man seinen Körper haßt und sich wünscht, in einen anderen schlüpfen zu können. Deshalb bin ich froh, daß ich Pubertäts-Helfer entdeckt habe … Warum probieren Sie es nicht, bevor es zu spät ist und Sie herausfinden, wie lahm Sie sind?«

Während sie versucht, in eine der riesigen Tüten zu schlüpfen, tritt Dan Aykroyd auf und preist Pubertäts-Helfer als Mittel gegen alles von Pickeln bis Schwangerschaft, erhältlich via Mail Order für 49,95 $ von Loss Leader, New Jersey.

In einem anderen Sketch – frei nach Peter Pan – treten Jodie Foster als Wendy und Laraine Newman und John Belushi in schwarz-gelb gestreiften Bienenkostümen als Peter und Tinkerbee auf. Wie ein typischer Teenager aus jener Zeit sitzt Jodie in einem grünen Peter Frampton-Sweatshirt und Jeans in ihrem Zimmer auf dem Bett und telefoniert. Große Kopfhörer hängen um ihren Hals. Natürlich geht es um Rock'n'Roll: »Au ja, gut, Mann«, sagt sie mit näselnder Stimme. »Ich finde, Pink Floyd, diese echt große Band aus den Sechzigern, die sind echt heiß … Nein, hör zu, Aerosmith ist laut, aber das kannst du ihnen nicht zum Vorwurf machen …«

Damit hängt sie ein und setzt die Kopfhörer auf. Da ertönt ein Xylophon, und Newman und Belushi als Peter Pan und Tinkerbee springen in Heldenpose durchs Fenster zu ihr aufs Bett.

»Wendy«, ruft Newman in einem feenhaften Singsang.

Als Foster die Kopfhörer abnimmt, erkennt man, daß sie ziemlich zugekifft ist. »Hey«, sagt sie verwirrt, »ich weiß, daß ich fertig bin, aber so fertig bin ich nun auch nicht.«

»Wendy, ich bin Peter, und das ist Tinkerbee«, trällert Newman, »und wir sind gekommen, um dich ins Land der verlorenen Bienen mitzunehmen …«

Ungläubig legt sie die Hand vors Gesicht und unterbricht: »Ich war schon öfters so drauf, aber ich bin damit fertig geworden, verstehst du?«

»… wo man nie erwachsen wird«, beendet Newman den Satz.

»Yeah …«, leiert Foster im Kifferwahn weiter, »ich meine, ich habe echt 'ne Menge heftiger Sachen gemacht, aber ich hab's gebracht.«

»Du könntest auch fliegen lernen!«

»Hey, hör zu, so was ist mir mal bei 'nem Dead-Konzert passiert, aber das hat nur zwei Stunden gedauert, anderthalb höchstens.«

»Wendy«, seufzt Newman mißmutig, »ich habe das Gefühl, daß du mir nicht glaubst.«

Belushis Reaktionen auf diese Wendy der Siebziger sind heftiger: er läuft rot an, röchelt und windet sich – Tinkerbee droht an ihrer Ungläubigkeit zu sterben.

»Yeah«, sagt Foster, »ihr seid Bienen, und ich bin Bianca Jagger, und ich gehe einfach so am Stock …«

Das Publikum kichert über diesen Scherz, während Belushi sich immer heftiger windet.

»Hören wir auf mit dem Quatsch. Ihr seid keine Bienen. Ihr seid Schauspieler ... «

Das Winden und Heulen wird immer heftiger.

»Ihr seid Fernsehschauspieler. Ich habe euch schon mal gesehen. Ihr seid in Ordnung, wenn ihr ein gutes Konzept habt.«

Tinkerbee fällt vom Bett, strampelt auf dem Boden in höchster Not.

»Du bringst ihn um«, heult jetzt auch Newman auf.

»Hey«, sagt Foster achselzuckend, »tut mir echt leid, aber hör mal: Das sind die Siebziger: Frye-Stiefel, Yoghurt – ja, Frozen Yoghurt – ›Goodbye Yellow Brick Road‹. Ich meine, Kinder sind heute anders. Wir glauben einfach nicht mehr an Bienen.«

Der junge Profi behauptete, sie sei von der Live-Übertragung völlig unbeeindruckt gewesen. Nur während der Ankleideproben sei sie nervös geworden, weil das so seltsam sei. »Keiner klatscht, aber wenn es schlecht ist, wird man ausgebuht.« (Interview, Januar 1977)

Weiterhin gab es gute Kritiken, selbst für die Gangsterfilmparodie *Bugsy Malone*, in der ihre Stimme von einer Erwachsenen synchronisiert wurde, die wie die von Betty Boop klang.

Bugsy Malone war der erste größere Film von Alan Parker, der zuvor Werbefilme gemacht hatte. Als er 15 Jahre später den Film wiedersah, heulte er auf, als er den talentierten Teenager bei einer seiner Nummern sah: »Jodie Foster grimassiert zu einer ziemlich eigenartigen erwachsenen Stimme«, gab er vergnügt zu. »Ich wußte nicht, daß sie berühmt werden würde, sonst hätte ich ihre eigene Stimme verwendet.« (»The South Bank Show«, 1990)

Allerdings war sie damals schon berühmt und hätte es nicht mehr nötig gehabt, für Disney im Abstand von bloß drei Wochen zwei der typischen Familienfilme zu drehen. Aber sie war vertraglich noch gebunden und drehte daher *Ein ganz verrückter Freitag (Freaky Friday)* in Kalifornien und *Abenteuer auf Schloß Candleshoe (Candleshoe)* in England.

In *Verrückter Freitag*, nach einem Roman von Mary Rodgers, spielt sie ein Mädchen, dessen Wunsch, mit seiner Mutter (Barbara Harris) die Rollen zu tauschen, in Erfüllung geht. Und in *Candleshoe*, nach einem Buch von Michael Innes, spielt sie ein toughes Mädchen aus Los Angeles, das sich als verschollene Enkelin einer reichen englischen Witwe ausgibt.

Die Produktion war zwar kaum vergleichbar mit *Great Expectations* oder *Oliver Twist*, aber *Candleshoe* brachte die junge Foster mit so erfahrenen Schauspielern zusammen wie der First Lady der Bühne, Helen Hayes, oder dem eleganten David Niven und dem allgegenwärtigen Leo McKern mit seinem Basso Profundo.

Zur Zeit von *Candleshoe* war die 14jährige Foster das Sinnbild des frechen Teenagers. »Ich fühle mich nicht wohl, wenn ich mit Kindern arbeite«, äußerte sie sich im August 1976 hochmütig und nicht besonders taktvoll gegenüber Time, bevor sie für *Candleshoe* mit vier anderen Kindern zusammenspielte.

Im Rückblick auf solche Äußerungen sagte sie später, daß »niemand mich je zurechtgewiesen hat, als ich jung war. Niemand hat mir den Hintern versohlt für das, was ich gesagt habe. Sie haben mich von der lustigen Seite genommen, nehme ich an, weil sie wußten, daß sie mich immer nur einen Monat lang ertragen mußten.« (American Premiere, Oktober/November 1988)

Ihr jugendliches Talent war durch die intensive schauspielerische Erfahrung gereift. Von den Kinderstars der Dreißiger und Vierziger meinte sie schon als Teenagerin geringschätzig: »Diese Hollywood Kids mußten niemals schauspielern. Sie mußten nur hübsch aussehen, Mummy und Daddy lieben und Lassie oder ihr Pferd streicheln. Shirley Temple ist nie eine Schauspielerin gewesen!« (Cosmopolitan, August 1977)

Helen Hayes hatte im selben Alter wie Jodie am Anfang ihrer langen, ehrenvollen Karriere gestanden. »Natürlich gibt es Druck, wenn man so jung ist«, sagte Hayes während der Dreharbeiten zu *Candleshoe*. »Jodie tut gerne so, als sei sie nicht nervös. Aber als wir angefangen haben, ertappte ich sie dabei, daß sie etwas angespannt war. Ich habe ihr gesagt, wie nervös ich bin, und da hat sie zugegeben, daß sie auch nervös ist.« (Cosmopolitan, August 1977)

In *Candleshoe* spielt Jodie die Rolle der Casey Brown, einen zynischen Teenager mit schulterlangem, zotteligem Haar, Sommersprossen und einem jungenhaften Gang (eine Verwandte ihrer Audrey aus *Alice lebt hier nicht mehr*). Meist trägt sie ein Khaki-Hemd mit abgeschnittenen Ärmeln und Jeans. Casey ist eine Waise, die das Leben auf den Straßen von Los Angeles und eine Reihe von lieblosen Pflegeeltern, die sie nur des Pflegegeldes wegen in ihre Obhut genommen hatten, hart gemacht haben.

»Die ganze Welt ist eine Erpressung. Das ist das erste, was ich gelernt habe«, mault sie und fährt sich mit der Hand durchs Haar.

Eines Tages wird das Mädchen von einem Unbekannten (Leo McKern) auf der Straße aufgelesen. »Casey Brown: keine Eltern, keine Erinnerung an ein Zuhause«, bellt der mysteriöse Brite. »Alter: offenbar 14. Charakter: streitlustig. Viermal in Jugendhaft, einmal im Erziehungsheim.«

Zu diesem Lebenslauf meint Casey: »Ich bin nicht zu kurz gekommen. Ich bin straffällig. Das ist ein Unterschied.«

Der Unbekannte heißt Harry Bundage, ein Möchtegern-Fagin à la Dickens, der einen hinterhältigen Plan hegt: Er will das Mädchen nach England mitnehmen, wo sie sich als die seit langem verschollene Enkelin von Lady St. Edmund (Helen Hayes) ausgeben soll, die auf einem großen Herrensitz namens Candleshoe lebt, in der Nähe des pittoresken Dorfes Compton-in-the-Hole in Warwickshire.

Aber da dies ein Disney-Film der Mittsiebziger ist – also entstanden während der langen Durststrecke zwischen dem Tod des Gründers und dem Revival des Studios durch Wall-Street-Lieblinge wie Michael Eisner und Jeffrey Katzenberg (das sogenannte und mittlerweile aufgelöste Team Disney) –, wird diese vielversprechende Ausgangssituation in ihrem Fortlauf auf eine Schatzsuche reduziert, bei der nach Piratengold gesucht wird, das eine Ahnin der Lady auf Candleshoe versteckt hat.

David Niven, der in aristokratischen Rollen Karriere gemacht hat, spielt diesmal »unter Stand« den Butler Priory, der oft auch in die Rolle des irischen Gärtners und des Cockney-Chauffeurs schlüpft, um vor Lady St. Edmund die katastrophale finanzielle Lage zu verheimlichen, in die Schloß Candleshoe geraten ist.

Dazu kommen die vier Waisenkinder, die ebenfalls auf Candleshoe leben, und die Steuerforderung, die beglichen werden muß, wenn Lady St. Edmund nicht von ihrem Familiensitz geworfen werden will. Alles, was von der ursprünglichen Idee übrig bleibt, ist eine Szene zwischen Hayes und Foster, wenn die gespielte Tapferkeit der toughen Waise – »Ich bin nicht allein. Ich habe ja mich.« – der Zuneigung für die aristokratische Grande Dame Platz macht.

»Ich bin hergekommen, um sie übers Ohr zu hauen … Aber jetzt ist es etwas anderes«, schnieft sie am Rand der Tränen. In einem bewegenden Moment tanzen Niven und Hayes zur Grammophon-Musik in einem leeren Ballsaal Walzer, und Lady St. Edmund gesteht, daß sie die Täuschungsmanöver ihres Butlers schon seit langem durchschaut hat.

»Wir haben mit der Zeit ein Spiel gespielt, du und ich«, sagt die große Bühnenschauspielerin, »und ich bin dankbar dafür.«

Natürlich bekam Jodie Foster auch für diesen mäßigen Film wieder einmal begeisterte Kritiken – Kritiken, die oft ihre Fähigkeit herausstrichen, Intelligenz zu vermitteln und als junger Mensch Tugenden wie »Klugheit« oder »zeitgemäße Authentizität« zu verkörpern.

Nach der Rolle in *Taxi Driver* zu Disney zurückzukehren, war ein kluger Karriereschachzug – damit zeigte sie schauspielerische Bandbreite, unterstrich ihre vielseitigen Fähigkeiten und zeigte gegenüber dem Studio, in dem sie ihren ersten Film gemacht hatte, Loyalität.

Die 9jährige Jodie in *Flucht in die Wildnis* (1972).

Die Rolle der kindlichen Nutte
Iris in *Taxi Driver* (1976) brachte Foster
internationale Anerkennung.

Jodie Foster und Robert De Niro
auf dem Set von *Taxi Driver*.

Jodie Foster in *Bugsy Malone*
(1976), Regie führte Alan Parker.

Der Film spielt im New York
der zwanziger Jahre, alle Rollen
wurden von Kindern gespielt.

In dem Film *Das Mädchen am Ende der Straße* (1976) stellt Foster
eine Vollwaise dar, die nach dem Tod ihres Vaters alleine lebt.

Aus dem poetischen Originaltitel *Moi, Fleur Bleu* machten die deutschen Verleiher *Fetzig, frei und endlich high*.

In der Disney-Produktion *Abenteuer auf Schloß Candleshoe* (1977) spielte Foster zusammen mit Helen Hayes.

Eine ihrer ersten typischen Teenager-Rollen spielte Foster in *Jahrmarkt* (1980).

Auch in *Jeanies Clique* (1980) zeigte sie ihr Talent in ernsten Rollen.

Mit Nastassja Kinski verband Jodie Foster eine echte Freundschaft. In *Hotel New Hampshire* (1984) arbeiteten die beiden zusammen.

Hotel New Hampshire wurde nach dem gleichnamigen Erfolgsroman von John Irving verfilmt.

In *Five Corners* (1988) wurde Foster wieder einmal von einem Psychopathen bedroht: diesmal gespielt von John Turturro.

3

Teenagerjahre

WÄHREND DAS AMERIKANISCHE PUBLIKUM Jodie Foster wieder als
Wildfang in ihren beiden letzten Disney-Filmen sehen konnte, erleb-
ten die Filmfans in Europa, wie sie auf der Leinwand ihre Jungfräulich-
keit einbüßte. Natürlich geschah das im verborgenen, »ohne Sex-Sze-
nen – man sieht sie nur am Morgen danach züchtig bedeckt aus einer
Umarmung aufwachen«. (Variety, 16. November 1977)

Der Film hieß *Liebeserwachen (Moi, Fleur bleue)*, der in Amerika auch
kurz unter dem Titel *Stop Calling Me Baby!* lief. Jodie spielte ein 14jäh-
riges »Mädchen mit losem Mundwerk und dem Herzen und dem
Körper einer Jungfrau«. (Variety, 24. Juni 1977) In der Rolle ihrer älteren Schwester ist die amerikanische Exil-Schauspielerin Sydne Rome
zu sehen. Jodie Foster war erst 15 Jahre alt und lebte während der
Dreharbeiten mit ihrer Mutter in einer Wohnung in Paris.

In dieser Zeit begannen die Journalisten, Jodies Entwicklung vom
Kind zur Teenagerin zur Kenntnis zu nehmen und zu kommentieren.
Sie nannten sie beispielsweise »eine der rätselhaften jungen Schauspielerinnen Hollywoods«. (Family Weekly, 16. April 1978) Verbar-
gen sich hinter solchen Bemerkungen versteckte Anspielungen auf
Fosters Sexualität? Man kann es nicht mit Sicherheit sagen, und das
ist genau der Punkt. Zwischen den Zeilen zu lesen ist eine Kunst in
Hollywood, wo die Leute einander mit plazierten Geschichten in
den Branchenblättern Zeichen geben und die Klatschkolumnisten
auf Zwinkerzwinker-Geschichten abfahren, die für den normalen
Leser oft ohne Bedeutung sind. Entertainment-Journalisten, die

häufig Geschichten hören, die nicht bewiesen sind, aber weithin für wahr gehalten werden, lassen oft diese »rätselhafte-junge-Schauspielerin-Bemerkungen« fallen, die dem normalen Leser entgehen, aber bei den Cognoscenti ein wissendes Lächeln hervorrufen.

Für die meisten ihrer Fans, die ihr zu Tausenden schrieben, blieb Jodie Foster jedoch die Verkörperung des modernen amerikanischen Mädchens: intelligent, unabhängig und tonangebend. »Ich werde jetzt schon seit längerem wie eine Erwachsene behandelt«, erzählte sie einer amerikanischen Journalistin (The Los Angeles Herald-Examiner, 16. Februar 1977) in Paris, wo sie für eine französische Plattenfirma eine Single mit dem Titel »When I Look at Your Face« aufnahm und die französischen Dialoge für *Liebeserwachen* aufnahm (die erste amerikanische Schauspielerin seit Jane Fonda, die ihre französischen Texte selbst spricht, jubelten die Presseagenten).

Sie habe noch keine Verabredungen mit Männern, fügte sie hinzu, »nicht wegen irgendwelcher Vorschriften, sondern weil es mich an diesem Punkt in meinem Leben einfach nicht interessiert«. Ein Satz, der in den folgenden Jahren immer wieder zu hören war.

Doch nicht jeder griff ihn auf. Vor der Premiere von *Foxes* im Jahr 1980 erzählte Jodie einem Journalisten, sie habe nicht vor zu heiraten und sei nicht »reif genug, zu irgend jemand anderem nett zu sein«, und sie werde am liebsten mit einem Stapel Bücher in ihrem Zimmer »allein gelassen«. (US, 4. März 1980) Ihre Mutter hingegen erzählte einer anderen Zeitschrift, daß ihre Tochter mehrere Verabredungen pro Woche habe und deutete außerdem an, daß Jodie »eine Schwäche für kleine, dunkle Typen« habe. (People, 19. Mai 1980)

Der Pariser Sommer, in dem sie *Liebeserwachen* drehte, schloß an die Dreharbeiten zu *Strandgeflüster (Il Casotto)* in Italien an und wurde in einer Zeitung als amerikanisches Idyll beschrieben: Die jugendliche Jodie »erforscht die Pariser Straßen auf dem Motorrad, fährt unter dem Eiffelturm Skateboard, angelt an den Seine-Quais, läßt Drachen steigen und spielt Frisbee auf der Ile St. Louis.« (Newsweek, 1. August 1977) In Wirklichkeit, erklärte die Schauspielerin einem Journalisten, hasse sie Motorräder und habe nur für Werbezwecke einem Fotografen erlaubt, sie darauf zu fotografieren.

Unterdessen konnten europäische und »internationale« Kinogänger Foster als erwachsenes Euro-Starlet in einigen nicht besonders anspruchsvollen Filmen sehen.

Strandgeflüster war der erste Spielfilm von Sergio Citti, der sein Handwerk als Assistent von Pier Paolo Pasolini gelernt hatte. Pasolini ist bekannt für Filme wie zum Beispiel *Decamerone* oder *Die 120 Tage von Sodom*, die die Bourgeoisie mit antiklerikalen, homoerotischen oder sadomasochistischen Themen schockierten.

Der Film, in dem Jodie Foster an der Seite von Catherine Deneuve auftrat, sollte eine Art Strand-Farce sein, in der eine Ansammlung von italienischen Stadt-Typen in einem öffentlichen Strandhaus vor den Toren Roms zusammenkommen, um ihre unterschiedlichen, zumeist sexuellen Phantasien auszuleben. »Catherine Deneuve verschwendet ihr Talent in einer absurden Traumsequenz, während Jodie Foster als schwangerer Teenager, dessen Großeltern einen Ehemann für sie suchen, wenig mehr zu tun hat, als ihre Brust herauszustrecken.« (Variety, 22. Oktober 1980)

Wie Variety bei einem anderen Anlaß schrieb, versuchte Foster anscheinend »in europäischen Filmen durch die verstörenden Tage der Pubertät zu kommen«. (Variety, 16. November 1977)

Als sich die 15jährige Ende 1977 für die englische Synchronisation von *Il Casotto* wieder in Rom aufhielt, wurde sie zusammem mit Sydne Rome, ihrem Co-Star aus *Moi, Fleur Bleue,* beim Verlassen eines Restaurants fotografiert. Die einspaltige Unterschrift zu dem Foto in People verstrickte sich in Unstimmigkeiten: »Als der Fotograf hervortrat, um Jodie zu knipsen, trat Rome ins Bild. ›Warum nicht?‹ rief sie. ›Nachdem wir im Zeitalter des Feminismus leben, ist es doch besser, zwei Frauen zu fotografieren als eine – das Schlimmste, was uns passieren kann, ist, daß sie uns Lesben nennen.‹« Der anonyme Texter hörte mit den mahnenden Worten auf: »Zeit heimzukommen, Jodie.« (People, 12. Dezember 1977)

Im neuen Jahr, als *Candleshoe* in den USA in die Kinos kam, war Jodie Foster wieder in Los Angeles, und die PR-Maschinerie präsentierte sie als Disneys verträumten Teenager: das kluge Mädchen von nebenan.

Trotz der kitschigen Details, bei denen es auf Wahrheit nicht ankam und ob sie nun Sex gehabt hatte oder auch nicht, war sie doch immer noch dieselbe:

»Sie macht nie Übungen – Klappmesser, Kniebeugen und so etwas (›Das langweilt mich‹)«, berichtete eine Teenie-Zeitschrift. »Statt dessen trainiert sie ihren Körper mit Sachen, die sie mag. Spazierengehen. Schwimmen im Pazifik. Mindestens zweimal Badminton pro Woche. Und wenn sie einmal ein bißchen freie Zeit hat, dann packt sie ihren Rucksack und geht in die Hollywood Hills wandern. So macht sie es, wenn sie in Kalifornien ist. Wenn sie in Paris ist, fährt sie gerne auf dem Mofa ihres Freundes rum.« (Seventeen, Februar 1978)

Als sich die siebziger Jahre dem Ende zuneigten, kam Foster ins Erwachsenenalter, sowohl vor als auch hinter der Kamera. »Ich glaube, wenn ich als Erwachsene mit dem Schauspielern angefangen hätte, dann hätte ich es nie geschafft«, gestand sie einige Jahre später einem Journalisten, der ein paar »Horror-Geschichten« des ehemaligen Kinder-Stars hören wollte. »Ich kann mir nicht vorstellen, zum Vorsprechen zu gehen, mich um Besetzungsstrategien kümmern zu müssen oder um Produzenten, die mich an den unmöglichsten Stellen kneifen. Ich bin froh, daß ich so jung angefangen habe. So blieb mir das alles erspart. Können Sie sich mich auf einer Besetzungs-Couch vorstellen? Bloß nicht!« (Inside-Hollywood, Juli-August 1991)

Anfang der Achtziger hatte sie zwei Filme zu promoten, *Jeanies Clique (Foxes)* und *Jahrmarkt (Carny)* – beides Filme, die ihr Talent in ernsten Rollen zeigten und ihre Kollegen und die Kinogänger daran erinnerten, daß die Schauspielerin bereits als Dreizehnjährige für einen Oscar nominiert worden war und seither ihr Handwerk und ihre darstellerische Bandbreite vergrößert hatte. Und daß sie jemand war, dem es mit der Schauspielerei ernst war.

Die Werbung erwähnte jedoch nicht nur ihre schauspielerische Begabung, sondern konzentrierte sich mindestens genausosehr auf die Leistungen der *Schülerin* Jodie Foster, die zu diesem Zeitpunkt auf dem besten Weg ins College war. Sie war tatsächlich eine begabte Schülerin, die fast nur Einsen bekam, und wurde sogar auserwählt, die Abschlußrede ihrer 30köpfigen Abschlußklasse im feinen Lycée

Français de Los Angeles auf französisch zu halten (die englischsprachige wurde von ihrer Freundin aus Kindestagen vorgetragen: Elizabeth Segal, Tochter des Schauspielers George Segal), in der sie sich ein »kleines Mädchen im blauen Kleid, das mit Tränen in den Augen vor Ihnen steht«, nannte. (People, 30. Juni 1980) So renommierte Universitäten wie Columbia, Berkeley, Stanford, Harvard, Barnard, Princeton und Yale waren bereit, sie im Herbst anzunehmen.

Und Jodie Foster zeigte sich entschlossen, ihre Karriere für die Collegezeit zurückzustellen; das Filmen werde etwas sein, was sie in den Sommerferien machen würde, erklärte sie, es sei denn, es käme eine große Rolle, dann würde sie ein Freisemester nehmen. Aber vorerst plane sie, sich für viele Schreibkurse einzuschreiben. Und irgendwann wolle sie ihren ersten eigenen Film inszenieren – ein Vorhaben, das sie schon im Alter von vierzehn Jahren verkündet hatte.

Die Ergebnisse ihres schulischen Eignungstests wurden sofort veröffentlicht: »ordentliche« 600er und »stratosphärische 795 von 800 möglichen Punkten« im Französisch-Test. (People, 19. Mai 1980) Nach einer »Besichtigungs-Tour« durch die Universität der Ostküste befand die angehende Studentin: »Yale ist perfekt ... Die Studenten leben in Zimmern mit eigenen Eingängen um einen Innenhof herum. Sie haben auch gemeinsame Schlafräume, aber ich weiß nicht, ob ich dafür bereit bin. Ich bin auch nicht direkt scharf darauf, mit einem Haufen Mädchen zusammenzuleben.« (US, 4. März 1980)

Als sie sich schließlich definitiv für Yale und damit für eine höhere Schulausbildung entschieden hatte, wurde dieser Entschluß von People mit einer Titelgeschichte gefeiert als die »erstaunlichste Karriere-Entscheidung, seit Garbo das Exil gewählt hat«. (People, 30. Juni 1980) Seither heißt es jedesmal, wenn eine junge Frau, die es im Showbusiness zu einigem Ruhm gebracht hat, Interesse für fortführende Schulbildung zeigt – wie etwa Brooke Shields oder Winona Ryder –, unweigerlich, sie mache es »wie Jodie Foster«.

Es war auf jeden Fall eine Entscheidung, die ihr Valley Girl aus *Jeanies Clique* gutgeheißen und um die sie die Kellnerin Donna aus *Jahrmarkt* beneidet hätte.

Ihre Donna in *Jahrmarkt*, eine sexy Kellnerin in einer Kleinstadt, brennt mit einem pittoresk heruntergekommenen Wanderzirkus durch, bei dem sie in die Tricks der Artisten und Aufreißer eingeführt wird. Diese Zirkuswelt ist voll von grotesken Gestalten: die Affen-Lady und der Alligator-Mann, der größte Mann der Welt und der feuerschluckende Zwerg, der Schlangenmensch und der 600 Pfund schwere Jelly Belly Harold, der Gitarre spielt und eine unerwartet süße Rockabilly-Stimme hat.

Die 18jährige Donna gerät zwischen zwei Freunde: Frankie (Gary Busey), ein Clown, der die »Gaffer« dazu auffordert, dafür zu zahlen, mit Ballwürfen einen Mechanismus in Gang zu setzen, der ihn in ein Wasserbecken fallen läßt (»Macht Bozo naß« steht auf dem Schild über dem Wasserbecken), und Patch (Robbie Robertson), der Draht-zieher des Wanderzirkus. »Ich versuche, ihre Beziehung zu zerstören«, erläutert Foster in einem Gespräch. (Interview, Juni 1980) Erst wird sie von Frankie aufgegabelt, später geht sie mit Patch ins Bett.

Donna ist der Typ Teen-Engel, der Herzen bricht. Als Frankie sie zum ersten Mal sieht, während er aus seinem Käfig heraus die neugie-rigen Gaffer beschimpft, sagt er treffend: »Schau mal, das Babyface der Teen-Queen!«

Bedeutungsvolle Blicke und Betonungen verleihen dem Film einen interessanten Subtext. Als Donna Reue zeigt, weil sie sich zwi-schen die beiden alten Freunde gedrängt hat, sagt Gerta (Meg Foster) vom Fadenspiel (»Hereinspaziert! Ziehen Sie am Faden und gewin-nen Sie einen Preis!«): »Zwischen den beiden gibt es keinen Platz mehr.« Am Ende gibt es gar die Andeutung, daß Donna und Gerta sich zusammengetan haben.

Diese atmosphärische Geschichte verdankt viel Tod Brownings Zirkus-Horror-Film *Freaks*. Geschrieben und coproduziert wurde sie von Robbie Robertson, den man als Musiker von The Band kennt. Er schrieb auch die wirkungsvolle Honkytonk-Musik und übernahm die Rolle des distanzierten und manipulativen Patch, die er überaus glaubwürdig und zwingend darstellte.

In der kleinstädtischen Welt von Diners, Truck Stops und Reise-zelt-Shows geht es in *Jahrmarkt* um Donnas Erwachsenwerden. Der entscheidende Moment kommt, als sie einen Job als Aufreißerin in einer Glücksspiel-Bude erhält und zwei junge Lesben dazu bringt, ihr Geld auszugeben.

»Zieht am Faden, zieht richtig fest«, lockt sie eine der Frauen. »Ich weiß, daß dies euer Glückstag ist ... Zieh am Faden, nimm mich mit nach Hause«, fügt sie verführerisch hinzu. »Ich weiß, daß du heute Glück hast.«

Als die erste Frau kommt und ihren Arm streichelt, ehe sie den Faden in die Hand nimmt, tritt auch ihre Freundin dazu: »Wir warten auf dem Parkplatz«, sagt sie vielsagend.

Die nächste Szene findet in Frankies und Patchs Wohnwagen statt, wo Patch die aufgeregte Donna in den Arm nimmt. »Ich hab's geschafft!« sagt sie. »Ich habe die beiden Miezen geschnappt!« Er antwortet: »Du bist jetzt eine von uns.« Donna hat die Welt der »Tölpel« verlassen, indem sie die beiden Frauen durchschaut und ihre Begierden ausgebeutet hat – sie ist Teil der Jahrmarkt-Familie geworden.

Einem Journalisten gegenüber beklagte sich Foster einmal, daß sie die meiste Zeit der Dreharbeiten in Georgia damit verbracht habe, Tennis zu spielen. »Ich hatte nicht viele Dialoge, also habe ich die meiste Zeit vor der Kamera improvisiert. Ich habe es lieber, wenn mir der Text vorgeschrieben ist, wenn jemand anders die Verantwortung trägt ... Das Gute an Donna ist, daß ich zum ersten Mal eine Figur spielen mußte, bei der das Alter keine Rolle spielt.« (After Dark, Juli 1980)

In dem Film *Jeanies Clique (Foxes)* hingegen, den Adrian Lyne für Casablanca Film Works drehte, spielte das Alter eine gewaltige Rolle. Lyne war, wie Alan Parker, ursprünglich ein britischer Werbefilmer, der nach Amerika kam und dort Spielfilme drehte. Unter seiner Regie entstanden in Folge 9 1/2 *Wochen, Flashdance, Fatal Attraction* und *Ein unmoralisches Angebot.*

Foxes hieß ursprünglich *Ladies of the Valley* und erzählt die Geschichte von vier Teenagerinnen aus dem San Fernando Valley. Sie wachsen entweder allein oder aber mit gewalttätigen oder selber noch nicht ganz erwachsenen Eltern in einem Los Angeles auf, in dem Sex, Drogen und Rock'n'Roll regieren. Um diese Atmosphäre zu unterstreichen, verwendete Lyne beim Filmen Nebelmaschinen und neonfarbene Lichtfilter, wodurch er den Eindruck eines Musik-Videos erzielte.

Wie so oft bemühte sich Foster auch bei der Werbung für diesen Film darum, sich von ihrer Rolle zu distanzieren, obwohl sie in einem Interview zugab: »Ich hatte eine Menge Einfluß auf die Rolle … und ich habe in meinem ganzen Leben noch nie so hart gearbeitet.« (After Dark, Juli 1980) Die Figur der Jeanie hat einige Gemeinsamkeiten mit der jungen Jodie Foster. Ähnlich wie bei Foster lenkt auch bei Jeanie Intelligenz und frühreife Welterfahrenheit von der eigenen puppenhaften Ausstrahlung ab. Dieses Mädchen läßt sich durch nichts mehr überraschen – höchstens noch durch ihre drei sechzehnjährigen Freundinnen, die versuchen, den vielen Fallen und Versuchungen der Welt zu entgehen und sich auf ihre Instinkte zu verlassen, was jedoch immer wieder mißlingt.

Einem der Mädchen vertraut Jeanie an, daß sie »mit ein paar Jungs in der neunten Klasse geschlafen hat, als es noch neu war«, aber: »Ich bin keine Schlampe, verstehst du?«

Jeanie trägt bequeme, nicht etwa verführerische Kleidung: weiße Jeans mit einem seidenen Hawaii-Hemd oder Khakis mit einer Weste über einer weißen Bluse. Sie hat einen charmanten Schwung in ihrem Gang und raucht.

Zu den besten Szenen in dem Film gehören die zwischen Jeanie und ihrer Mutter Mary (Sally Kellerman), in denen man den Eindruck bekommt, daß es eigentlich die Tochter ist, die die unsichere, geschiedene Frau erzieht – und nicht umgekehrt. So findet Jeanie ihre Mutter beispielsweise einmal im Bett inmitten von aufgeschlagenen Büchern vor und fragt, was los sei: »Wieso schläfst du noch nicht?«

»Weil ich morgen eine Prüfung habe«, erwidert die 40jährige Geschiedene in einer Mischung aus Hysterie und Vorwurf, »und ich lerne für meine Prüfungen.«

»Du triffst dich auch mit einem Mann, der dich nicht zum Essen ausführt und dich als seine Ex-Frau ausgibt«, entgegnet Jeanie wütend. Aber dann steigt sie zu ihrer völlig aufgelösten Mutter, die sich unter die Decke verkrochen hat, ins Bett und liest ihr Plato vor.

In einer späteren Szene, als Mutter und Tochter einen erbitterten

Streit haben, verdammt Mary Jeanies ganze Generation: »Gibt es in dieser Welt noch irgendwelche netten Leute?« fragt sie weinend. »Ihr seid alle kleine 40jährige und alle hartherzig.«

Die Geschichte der Valley-Girls las sich in den späten Siebzigern wie ein gesellschaftlicher Kommentar – doch Mitte der Neunziger konnte es nur als Satire gemeint sein. Und genau das war es auch, was die Truppe »Scotch for Breakfast« beabsichtigte, als sie das Stück unter dem Titel *Phoxes* in einem kleinen Theater in Hollywood als gemischt geschlechtliche Version neu aufführte.

Ein Satz wie Sally Kellermans klagendes Geheule: »Hüften! Ihr bringt mich dazu, daß ich meine Hüften hasse«, ist, wenn er von einem männlichen Schauspieler in Frauenkleidern kommt, »zum Brüllen« und »hinreißend«, wie ein Kritiker schrieb, der behauptete, *Phoxes* »verhalte sich zum Theater wie Knallbonbons zu Kaviar«. (Los Angeles Times, 1. April 1994)

4

Das Attentat

ALLES SCHIEN SO GUT ZU LAUFEN: Sie war 18 Jahre alt, auf einer Elite-universität und vermutlich die bekannteste und meistgepriesene Schauspielerin ihrer Generation. Sie hatte seit ihrem dritten Lebensjahr vor der Kamera gestanden und war von einer Mutter erzogen worden, die sich in dem Geschäft auskannte und die ihrer jüngsten Tochter beigebracht hatte, es sei *sie* und nicht ihr glanzvoller Job, der etwas Besonderes sei. »Ich glaube, man muß seine Kinder und ihre moralischen Fähigkeiten kennen«, sagte Brandy Foster ein paar Monate ehe ihre Tochter nach Yale ging. »Es gibt ein altes italienisches Sprichwort: ›Du stirbst so, wie du geboren wurdest.‹ ... Von Beginn an habe ich Jodie beigebracht, ihr Selbstwertgefühl hochzuhalten. Ich habe sie ermutigt, sich zu jeder Sache ein eigenes Urteil zu bilden.« (After Dark, Juli 1980)

Was das College-Leben anging, so schrieb Jodie im Sommer, bevor sie nach New Haven zog, in einem kurzen Essay über ihre himmelhohen Erwartungen und ihre Vorfreude:

»Du bist vielleicht nicht in der Lage, das wirklich zu verstehen, Kumpel, aber ich tausche meine Rettungsschwimmer-Brille gegen ein wenig von dem guten alten New Haven-Schmutz ein. Das ist der Dreh: Die Karten prophezeien mir College-Depressionen! Yale hat mich tatsächlich eingeladen, mich Smogkind, um meine hellen Zähne in seine staubigen Ziegel und seinen Efeu zu schlagen. Hülle mich einfach mit ein paar östlichen *tsuris* ein, fette mein Haar ein für das Glück und sieh zu, wie ich in die Tiefen der Akademie eintauche … Hierher komme ich des Wissens wegen … Wie aufregend das wird, mit Raucherhusten aufzuwachen, tintenfleckigen Zähnen und Gesichtern, die von der Pizza von gestern abend zerknittert sind … Ich zeig dir, wie es ist, eins-sechzig groß zu sein und Braun und Grau zu tragen … New Haven, ich komme!« (Esquire, Oktober 1980)

In der »wirklichen« Welt zu leben war das immer wieder verkündete Ziel von Mutter und Tochter. Jetzt kam die Probe. Jodie Foster hatte ihr Bett im Schlafraum, sie war eine von vier Anfängerinnen, die sich ein Zimmer teilen, eingekapselt in die neogotische Welch Hall im Calhoun College auf dem alten Campus der Yale University – zum ersten Mal allein und weitab vom Filmgeschäft. Und es schien zu funktionieren.

Kam die Presse auch nicht ganz über diese Bilderbuch-Wandlung hinweg – eine Hollywood-Prinzessin in der Ivy League –, so waren doch die Studenten viel zu cool, um sie als etwas Besonderes zu behandeln. Jodie Foster war eine unter den 1 250 Neuanfängern des Jahres 1980.

Natürlich erhielt sie auch dort Briefe von Fans, die entweder ihrem Ärger darüber Luft machten, daß sie sich vom Filmgeschäft zurückgezogen hatte, oder solche, die ihr die Liebe von Unbekannten kundtaten und peinliche, einsilbige Anrufe von irgendeinem Superfan, der praktisch jedem erzählte, daß er *Taxi Driver* fünfzehnmal gesehen habe.

Aber *c'est la vie*. Foster ließ sich davon nicht beirren, sondern widmete sich ihren Kursen: Französisch für Fortgeschrittene, englischsprachige Literatur, moderne Architektur und die Geschichte der Diplomatie. Außerdem war die Tatsache, von irgendeinem verwirrten Typen belästigt zu werden, etwas, was jeder hübschen Studentin, ob berühmt oder nicht, widerfahren konnte. Die unermüdliche Publicity-Maschinerie Hollywoods ließ allerdings jeden wissen, daß Jodie Foster immer noch über 3 000 Briefe pro Monat bekam.

Sie hatte sich in Yale unter ihrem richtigen Namen Alicia Christian Foster eingeschrieben. Sie versuchte sich im Ruderteam, doch es stellte sich heraus, daß sie zu klein für diese Sportart war. Sie rauchte zu viel, nahm zu, weil sie Junkfood aß, ging häufig aus und zeigte keine Anzeichen irgendwelcher Hollywood-Attitüden.

Bis dahin hatte sie ihr Leben fast nur mit Erwachsenen verbracht. Jetzt konnte Jodie Foster endlich gleichaltrige Freunde finden, etwa Jon Hutman, einen jungen Mann aus Los Angeles. Hutman machte später als Art Director und Production Designer in Hollywood Karriere und arbeitete bei einigen von Fosters Filmen mit, darunter *Siesta, Wunderkind Tate* und *Nell*, aber auch bei *Heathers, Aus der Mitte entspringt ein Fluß* und *Quiz Show*.

Weil er Jodie daher sowohl privat seit der Studienzeit wie auch als Showbiz-Profi kennt, wird er immer wieder gerne als »Experte« für die Schauspielerin herangezogen. In einem der besten Jodie Foster-Porträts, das Hilary de Vries aus Anlaß von *Nell* über die Schauspielerin machte, erzählte er: »Jodie hat es nie an Selbstvertrauen gefehlt … aber sie ist ihre ganze bisherige Karriere lang auf dem Teppich geblieben.« (Los Angeles Times Magazine, 11. Dezember 1994) Sicher hat die Collegezeit einen großen Teil zu dieser Stabilität beigetragen. Und auch im zweiten Semester zeigte sich Jodie Foster noch genauso begeistert von Yale wie zu Beginn: »Ich liebe Yale total. Ich kann mit meinen Freunden hingehen, wohin ich will.« (New York Times, 16. März 1981)

Nach den Winterferien bekam sie nach einem Vorsprechen sogar die Rolle in einem Studenten-Theaterstück, einem Gefängnisdrama mit dem Titel *Getting Out*. Nachdem sie ihr ganzes Leben bei Film und Fernsehen verbracht hatte, war dies nun ihr Debüt auf der Bühne. Ironischerweise spielte sie eine Prostituierte, die einen Taxifahrer umbringt. Obwohl Jodie Foster auf diese Weise zwar wieder im Rampenlicht stand, tat sie es diesmal aber nur als Studentin, und sie achtete auch darauf, ihre Kollegen nicht zu verärgern. Einem Reporter gegenüber, der zur Premiere kam, sagte sie: »Sie müssen über das ganze Stück schreiben und nicht nur über mich … Sonst bringen mich die anderen um.« (Newsweek, 6. April 1981)

Selbst ihre Mutter flog wie alle stolzen Eltern von jungen College-Schauspielern herbei, um ihre Tochter zum ersten Mal auf der Bühne zu sehen. Das Stück wurde im New Haven's Educational Center of

Arts aufgeführt, und nach zwei Vorstellungen Ende März sollte es noch einmal vom 2. bis zum 5. April gezeigt werden. Aber genauso wie die Oscar-Verleihung in diesem Jahr mußte auch diese Veranstaltung ganz plötzlich verschoben werden.

Nur wenige Stunden vor der Liveübertragung aus Los Angeles kam die Nachricht, daß die Verleihung der Academy Awards völlig überraschend auf den folgenden Tag verlegt worden sei. Grund dafür war ein Attentat, das auf den Präsidenten verübt worden war. So kam es, daß Robert De Niro erst am 31. März 1981 die Auszeichnung als Bester Schauspieler für seine Darstellung des Boxers Jake La Motta in Martin Scorseses *Wie ein wilder Stier* entgegennehmen konnte. Und als er im Anschluß daran auf den Film *Taxi Driver* und dessen möglicher Verbindung zu diesem Attentat angesprochen wurde, antwortete er tatsächlich wie ein Boxer, der durch den Ring tänzelt und Schlägen ausweicht:

»Naja ... das ist etwas ganz anderes ... Das ist erst einmal eine unfaire Frage. Ich will so etwas nicht gefragt werden. Ich kann mich dazu jetzt nicht äußern. Was passiert ist, ist schrecklich ... aber eine Verbindung ... ich habe keine Ahnung ... Das ist nur eine Annahme ... Ich weiß nicht ... Danke. Ich habe gesagt, was zu sagen war, als ich den Oscar entgegengenommen habe, und Sie sehen alle sehr nett aus. Danke.« (Los Angeles Herald-Examiner, 1. April 1981) Und damit trat Robert De Niro vom Podium des Presseraums hinter der Bühne, in dem jetzt erst recht das Chaos tobte.

Am Montag, dem 30. März 1981, ein paar Minuten vor halb drei Uhr nachmittags, hatte ein 25jähriger Mann aus der wohlhabenden Gemeinde Evergreen in Colorado versucht, den Präsidenten der Vereinigten Staaten zu ermorden. Ronald Reagan verließ gerade das Washington Hilton und grüßte winkend die jubelnde Menge, die sich draußen versammelt hatte, um einen Blick auf ihren neuen Präsidenten zu werfen. Da hob John Warnock Hinckley jr. eine sechsschüssige, doppelläufige Saturday Night Special und feuerte eine Salve von Devastator-Munition Kaliber 22 auf den Präsidenten, seinen Pressesprecher James S. Brady, den Secret Service-Mann Timothy McCarthy und den Polizisten Thomas Delahanty.

John Hinckley wurde vor Ort sofort überwältigt. Während der Präsident abtransportiert wurde, um in einer Notoperation eine Kugel aus seiner linken Lunge entfernt zu bekommen, brachte man den Attentäter zur Marine-Basis nach Quantico, Virginia, wo er in einer scharf bewachten Zwei-mal-drei-Meter-Zelle unter die Beobachtung von Psychiatern gestellt wurde. Es wurde streng darauf geachtet, daß er keinen Selbstmord begehen konnte.

Die Ermittler begannen sofort mit der Suche nach Hintergründen für das Attentat und durchforsteten sein Hotelzimmer am Central Park, zwei Blocks vom Weißen Haus entfernt, dann ein Haus in Denver und noch einige andere Orte. Und sie fanden höchst aufschlußreiche Dinge: einen Plan über Reisen des Präsidenten, ein Foto von Lee Harvey Oswald und Zeitungsausschnitte von der Ermordung Kennedys, ein Exemplar von *Der Fänger im Roggen* (John Lennons Mörder hatte ebenfalls dieses Buch bei sich, als er knapp fünf Monate zuvor den Musiker in New York City erschossen hatte) – und einen nicht abgeschickten Brief.

»Liebe Jodie« begann der Brief in sauberer Handschrift, auf liniertem Papier und datiert auf den 30. März 1981, 12.45 Uhr. (Los Angeles Herald-Examiner, 2. April 1981)

Es besteht die Möglichkeit, daß ich bei meinem Versuch, Reagan zu erwischen, ums Leben komme. Aus diesem Grund schreibe ich dir diesen Brief jetzt schon.

Wie du mittlerweile wissen wirst, liebe ich dich sehr. Ich habe Dir in den letzten sieben Monaten Dutzende von Gedichten, Briefen und Liebesbeweisen zugeschickt, in der vagen Hoffnung, du könntest Interesse für mich entwickeln...

Ich fühle mich sehr gut angesichts der Tatsache, daß du jetzt wenigstens meinen Namen kennst und weißt, wie ich für dich fühle. Und durch meine Beobachtungen bei deinem Schlafsaal habe ich erfahren, daß ich Gegenstand von mehr als nur einer Unterhaltung gewesen bin, wie lächerlich ich dabei auch weggekommen sein mag. Wenigstens weißt du nun, daß ich dich immer lieben werde.

Jodie, ich würde die Idee, Reagan umzulegen, sofort fallenlassen, wenn ich dein Herz erobern und den Rest meines Lebens mit dir verbringen könnte...

Ich gebe zu, daß der Grund für meine Aktion darin liegt, daß ich nicht länger damit warten will, dich zu beeindrucken. Ich muß nun etwas unternehmen, damit du ein für allemal verstehst, daß ich all das nur für dich tue! Indem ich meine Freiheit opfere und vielleicht sogar mein Leben, hoffe ich, daß du deine Meinung über mich änderst. Ich schreibe diesen Brief nur eine Stunde bevor ich mich auf den Weg zum Hilton-Hotel mache. Jodie, ich bitte dich, in dein Herz zu sehen und mir wenigstens die Chance zu geben, mit dieser historischen Tat deinen Respekt und deine Liebe zu gewinnen.

Ich liebe dich auf immer und ewig.

Von den Sensationsblättern bis hin zu Times widmete sich die Tagespresse am 1. April 1981 nur einem Thema. Unter Überschriften wie

VON SCHAUSPIELERIN BESESSEN: »Ich habe den Präsidenten ermordet«, schrieb er in einem Brief an Jodie Foster ...,

HINCKLEYS PHANTASIE-ROMANZE MIT SCHAUSPIELERIN JODIE FOSTER

»ICH HABE ANGST« – JODIE FOSTER: Hat den ersten Brief des Tatverdächtigen weggeworfen ...

erschien fast überall auf der Welt ein ganz bestimmtes Foto, das für die verängstigte Jodie Foster wie ein grausamer Aprilscherz gewirkt haben muß, wie ein Flashback in frühere Zeiten: Das Bild der *Iris* aus dem Film *Taxi Driver* in ihren hautengen Hotpants, dem breitkrempigen Hut und mit den Locken, die das stark geschminkte Nymphen-Gesicht einrahmen; *Iris*, die unbekümmert in einem Eingang lehnt, die dünnen Arme vor einer geblümten, kragenlosen Bluse über ihrem nackten Bauch verschränkt; *Iris*, die zwölfeinhalbjährige Nutte, die zur Obsession des Taxifahrers geworden war und ihn dazu gebracht hatte zu töten.

Nachdem sie zwei Tage lang vom Secret Service und dem FBI vernommen worden war, stellte sich Jodie Foster auch der Presse. Sie saß vor einem Kamin in der Calhoun College-Lounge, »trug ein schwarzes Cord-Jacket, eine rote Bluse und eine braune Hose«. (Los Angeles Times, 2. April 1981) Sie verlas ein kurzes Statement vor sechs geladenen Reportern und beantwortete ein paar Fragen.

Im Herbst und Winter 1980 habe sie »einige Male ungebeten Post von John Hinckley erhalten«, erklärte sie den Journalisten. »In keinem dieser Briefe und in keiner der Nachrichten, die ich erhalten habe, gab es irgendeinen Hinweis, eine Andeutung auf Gewaltanwendung, und auch der Präsident ist nie erwähnt worden.« (Los Angeles Herald-Examiner, 2. April 1981)

Ihr Selbstvertrauen wurde öffentlich auf die Probe gestellt, und der Teenager reagierte mit spürbarer Formalität. Diesmal handelte es sich um knallharte Nachrichten und nicht bloß um eine Werbekampagne.

Selbst als sie ihr Erschrecken beschrieb, als sie von ihrer Verbindung zu dem Mann erfuhr, der versucht hatte, den Präsidenten der Vereinigten Staaten zu ermorden, war ihre Reserviertheit offensichtlich: »Ich muß zugeben, daß ich sehr aufgeregt war ... Das ist eine ziemlich traumatische Angelegenheit. Ich habe die Nerven verloren, habe, glaube ich, geheult«, erzählte sie den Reportern. »Ich weiß, daß es dabei nicht wirklich um mich geht ... Ich habe mit alledem wirklich nichts zu tun.« (Los Angeles Herald-Examiner, 2. April 1981)

Doch in einer anderen Schilderung der Ereignisse, die im Esquire Ende 1982 als ihr definitives Statement abgedruckt wurde, beschrieb Foster eine viel übertriebenere und hysterischere Reaktion – Lachen, Heulen, dann unkontrolliertes Lachen – auf die Nachricht, daß es sich bei dem Attentäter um den verliebten jungen Mann handele, der sie einige Male belästigt hatte.

Wie Robert De Niro wollte auch Jodie Foster nicht über *Taxi Driver* sprechen. »Ich bin wirklich nicht hier, um Fragen zum Film und der darin enthaltenen Gewalt zu beantworten«, antwortete sie auf die Frage eines Reporters. »Ich weiß nur, daß es einer der besten Filme ist, die ich je gesehen habe. Es ist ein wichtiger Film ... Was mich angeht, ging davon keine Botschaft aus. Es handelt sich um Fiktion. Er ist ausgesprochen aussagekräftig, aber er ist ein Kunstwerk. Er hat nicht die Absicht, Leute zu irgend etwas zu inspirieren. Es ist ein Film.« (Los Angeles Times, 2. April 1981)

Während ihre Mutter nur vor sich hinstarrte, betonte Foster, daß sie »nie einen John W. Hinckley getroffen, gesprochen oder mit ihm sonst wie in Verbindung gestanden habe«. Doch es sollte sich noch herausstellen, daß dies nicht der Wahrheit entsprach.

Es ist nicht überraschend, daß die mediengewandte Schauspielerin nach dem Attentat, durch das schließlich ihre Karriere und ihr Ruf auf dem Spiel standen, die Aufregung der Medien im Zaum zu halten suchte und ihren Kontakt mit dem Angeklagten in der Öffentlichkeit herunterspielte. Wie sollte Foster auch wissen, daß dieser die Anrufe aufgenommen hatte?

Aber schon wenige Tage nach dem Attentat berichtete eine Agentur, daß Beamte im Besitz eines Tonbandes waren, auf dem John Hinckley am Telefon mit einer Frau spricht, von der »man annimmt, daß es sich um die Schauspielerin Jodie Foster handelt«. (Los Angeles Herald-Examiner, 4. April 1981)

Als ungenannte Agenten Monate später bestätigten, daß Hinckley mindestens fünfmal bei ihr angerufen und zweimal im Oktober 1980 die Gespräche aufgenommen habe, sagte sie lediglich: »Darüber kann ich nicht sprechen.« (New York Times, 30. September 1981)

Auszugsweise wurden in diesem Artikel auch Abschriften der Telefonate veröffentlicht. Sie lassen eine junge Frau erkennen, die von einer unwillkommenen Zudringlichkeit irritiert ist:

»Während ihre Zimmergenossinnen im Hintergrund lachten, bemerkte Miss Foster: ›Yeah, ich sollte ihm sagen, daß ich hier mit einem Messer sitze.‹ – ›Ich bin wirklich nicht gefährlich‹, versicherte Mr. Hinckley ihr später in dem Gespräch. ›Das kann ich Ihnen versprechen‹ ... Die Abschriften zeigen, daß Mr. Hinckley wiederholte

Male gesagt hat, daß er lediglich mit Miss Foster bei einem mitter-
nächtlichen Anruf in ihrem Zimmer in Yale sprechen wolle.

Ein anderes Gespräch verlief folgendermaßen:

> Miss Foster: ›Mal im Ernst, das ist nicht fair. Tu mir einen Gefal-
> len und ruf nicht wieder an. In Ordnung?‹
> Mr. Hinckley: ›Wie wär's mit morgen?‹
> Miss Foster: ›Oh Gott. Also wirklich, das fängt an, mich wirk-
> lich zu nerven. Macht es dir etwas aus, wenn ich auflege?‹
> Mr. Hinckley: ›Jodie, bitte!‹«
> (New York Times, 30. September 1981)

Das Wort Fan kommt von Fanatiker, das auf das Lateinische fanaticus
(von einer Gottheit zu Wahnsinn verleitet) zurückgeht.

In dem zweimonatigen Prozeß, der im Mai 1982 begann, brachte
die Anklage zusätzlich zu den beiden aufgezeichneten Telefongesprä-
chen noch ein drittes Tonband ins Spiel. Auf ihm singt Hinckley eine
bekannte Ballade, die John Lennon für seine Frau Yoko Ono geschrieben hatte und in die er nun Jodies Vornamen eingesetzt hat:

> In the middle of the night I call your name.
> Oh, Jodie,
> Oh, Jodie,
> My love will turn you on.

John Hinckley war nicht der erste Fan, der von dem, was er auf der
Bühne oder Leinwand gesehen hatte, aus dem Gleichgewicht
gebracht wurde, und er wird auch bestimmt nicht der letzte gewesen
sein. Dieses Attentat im Namen seiner Liebe zu Jodie Foster wurde
nur einige Monate nach den tödlichen Schüssen auf John Lennon
verübt, mit denen ein anderer junger Fanatiker, der sich für einen rei-
nigenden Rächer hielt, seinen eigenen Helden auf offener Straße
umbrachte.

»Es war ein Filmbegeisterter, der unseren ersten Filmschauspieler-
Präsidenten umbringen wollte«, schrieb Garry Wills 1987 (G. W.:

Reagan's America: Innocents at Home), einer der schärfsten Beobachter der Ära Reagan und der amerikanischen Politik.

John Hinckley war in einem offenbar liebevollen, wohlhabenden Elternhaus in Colorado aufgewachsen. Doch trotz dieser vermeintlichen Stabilität scheint er von der populären Kultur um sich herum zunehmend in Bann gezogen, ja geradezu überwältigt worden zu sein. Seine erste Leidenschaft galt John Lennon und den Beatles. 1976 zog er dann nach Los Angeles, nahm ein Apartment in Hollywood und verbrachte seine Zeit in Kinos, wo er sich immer wieder *Taxi Driver* ansah und sich auch die Romanfassung und den Soundtrack zu dem Film zulegte.

Seine Versuche, Songschreiber zu werden und seine Musik in Los Angeles oder Nashville unterzubringen, blieben ohne Erfolg, und nachdem er das College, wo er ein Seminar über Journalismus und Literatur belegte, verlassen hatte, versank John Hinckley tiefer und tiefer in Wahn und Phantasie.

»Er lebte allein in einem Apartment in Dallas und nahm eine Menge zu. Depressiv kehrte er nach Lubbock zurück und verbrachte die meiste Zeit damit, Nazi-Literatur zu lesen. Im September 1979 dachte er sich ›American Front‹ aus, eine nationale Organisation, deren Ziel es war, das Land vor Minderheiten zu warnen, die die Rechte der weißen Protestanten bedrohen. Obwohl diese Vereinigung nur in seinem Kopf existierte, zeichnete Hinckley die fiktiven Aktivitäten auf und schrieb einen Rundbrief an imaginäre Mitglieder.

Weihnachten 1979 reiste Hinckley nicht nach Hause und erzählte seinen Eltern, er träfe Lynn (seine Freundin, ebenfalls eine Phantasiegestalt) in New York. In Wirklichkeit blieb Hinckley allein in Lubbock und spielte Russisches Roulette. Er litt zunehmend an physischen und psychischen Problemen, durchlebte extreme Streßzustände und hatte Schwäche- und Schwindelgefühle.« (Herbert L. Abrams, *The President Has Been Shot: Confusion, Disability and the 25th Amendment in the Aftermath of the Attempted Assassination of Ronald Reagan*, New York, 1992)

Im Mai 1980 las Hinckley in People, daß Jodie Foster sich für das Herbstsemester in Yale einschreiben wollte. »Während des Sommers schrieb er Gedichte über Foster und phantasierte davon, sie aus Yale zu retten, so wie Travis Bickle Iris in *Taxi Driver* gerettet hatte.« (Abrams, *The President Has Been Shot...*)

Seinen Eltern erzählte er, er wolle eine befreundete Schauspielerin in New York besuchen und sich in einen Schreibkurs in Yale einschreiben. In Wirklichkeit gab es weder die Freundin noch den Schreibkurs.

Statt dessen bewaffnete er sich, wie Travis Bickle in *Taxi Driver*, und beobachtete in den folgenden zwei Monaten den damaligen Präsidenten Jimmy Carter in Washington, Chicago und Nashville.

Am Flughafen von Nashville wurde er einmal sogar wegen unerlaubten Waffenbesitzes verhaftet. Drei Waffen, zwei 22er und eine 38er, wurden konfisziert, und er mußte 62.50 $ Buße zahlen. Doch dann ließ man ihn wieder frei und fuhr ihn zurück zum Flughafen. Vier Tage später kaufte er sich in Dallas nochmals zwei 22er.

Ende September reiste er dann tatsächlich nach New Haven und benutzte die 3 600 $, die ihm seine Eltern aus dem Erlös seiner Anteile an der Öl- und Gas-Firma der Familie gegeben hatten, um sich nun doch für den Schreibkurs anzumelden. In Yale spionierte Hinckley Foster nach und schob Gedichte und Briefe unter ihrer Türe durch. Zweimal gelang es ihm auch, mit der Schauspielerin zu telefonieren – von diesen beiden Gesprächen stammen auch die Tonband-Aufzeichnungen, die er mitgeschnitten hatte.

Von der studentischen Umgebung in Yale eingeschüchtert, kehrte Hinckley jedoch schon eine Woche später wieder heim nach Colorado. »Mrs. Hinckley, deren Mann auf Reisen war, war durch das plötzliche Auftauchen ihres Sohnes sehr beunruhigt. Nachdem er erklärt hatte, daß er Yale nicht leiden könne und seine Kleidung unpassend sei, entschied sie, ihn die Nacht nicht zu Hause verbringen zu lassen«, schreibt Abrams in seinem Buch über das versuchte Präsidentenattentat. Später bereuten es beide Elternteile, ihren Sohn bei dieser und bei anderen Gelegenheiten aus dem Haus gewiesen zu haben. Aber die Hinckleys waren devote und fundamentalistische Christen, und ihr Glaube verpflichtete sie auch in persönlichen Angelegenheiten zu Strenge. Diese Auffassung wurde verstärkt durch den Psychothera-

peuten, den sie zu Rate zogen und der ihnen für ihren Sohn Psycho-
pharmaka und »strenge Liebe« verschrieb. Nach einer Nacht im
Motel fuhr John am nächsten Morgen zurück nach Texas. In den nächsten paar Wochen reiste er nach Washington und Ohio, wobei seine
Wege immer wieder die Präsidentschaftskampagne kreuzten, die
damals in den Endspurt ging.

Anfang Oktober verfolgte John Hinckley Jimmy Carter bei seinem
Zwischenstop in Ohio, wo ein Nachrichtenkameramann ihn nur ein
paar Meter entfernt vom damaligen Präsidenten der Vereinigen Staaten aufnahm. Hinckley handelte bereits aus der Tiefe seiner fehlgelei-
teten Überzeugung, daß dies der Weg ins Herz der Schauspielerin sei
– wie Travis Bickle wollte er für sie töten.

Im November 1980 mahnte das FBI Jodie Foster zur Vorsicht. Die
Schauspielerin hatte kurz zuvor einen anonymen Brief aus Denver
erhalten, in dem sie ein Unbekannter von einem Plan in Kenntnis
setzte, daß sie aus Yale entführt werden sollte. Der Kidnapper habe
ein romantisches Motiv, warnte der anonyme Informant in dem
Brief: »Das ist kein Scherz! Ich möchte nicht weiter verwickelt werden.«

Der Absender war kein anderer als John Hinckley selbst.

Im Februar und März kehrte Hinckley erneut nach New Haven
zurück. Insgesamt hatte er bereits zehn Reisen in die Stadt unternommen, seit Jodie Foster im September des Vorjahres hier ihr Studium
begonnen hatte.

Drei Wochen vor dem Attentat fahndete die Yale University Police
nach einem »John Hinckley jr.«, dessen Name unter verschiedenen
Nachrichten und Briefen stand, die die Schauspielerin erhalten und
die sie am 9. März schließlich dem Dekan ihres Colleges übergeben
hatte. Darunter befanden sich auch zwei Nachrichten von Anfang
März, in denen es hieß: »Warte nur. Ich werde dich bald retten. Bitte
sei kooperativ.« und »Auf Wiedersehen! Ich liebe dich sechs Billiar-
den Mal. Magst du mich nicht wenigstens ein bißchen? (Du mußt
zugeben, daß ich anders bin.) Das würde dann diese ganze Sache loh-
nen.« (Lincoln Caplan in The New Yorker, 7. Juli 1984. Dieser Artikel

wurde später zu einem Buch erweitert: *The Insanity Defense and the Trial of John W. Hinckley, jr.*, Boston, 1984)

Doch die Suche nach dem unbekannten Briefeschreiber verlief ergebnislos. »Eine Überprüfung durch die örtliche Polizei ergab nichts, und der Versuch, den Verfasser zu finden, blieb ohne Erfolg«, ließ ein Sprecher der Yale University später verlauten und fügte hinzu: »Die Briefe wurden als harmlos eingestuft und stellten an sich keine Verletzung von bundesstaatlichen Gesetzen dar ... Es muß betont werden, daß die Bedeutung dieser Schreiben erst nach dem Attentat deutlich wurde.« (New York Times, 5. April 1981)

Hinckley war schon am 5. März ohne Geld und völlig verzweifelt nach Denver zurückgeflogen, um dort ein letztes Mal seine besorgten und wohlmeinenden Eltern zu treffen. Doch auf Anraten des Psychiaters begrüßten sie ihn wieder nur mit »strenger Liebe« und gaben ihm Geld – ins Haus aber ließen sie ihren Sohn nicht.

»Er fühlt sich wie auf einer Achterbahn und kann nicht fliehen«, beschreibt der Psychiater William Carpenter, der im Prozeß gegen John W. Hinckley jr. für die Verteidigung aussagte, den Zustand des jungen Mannes. »Er hat verschiedene Pläne entwickelt, wie er sich zurückziehen könnte. Die Pläne, die ihm am deutlichsten vor Augen stehen, sind, sich vor Jodie Fosters Augen umzubringen, Jodie Foster zu erschießen und dann sich selbst umzubringen, oder sie anzuschießen und sich dann umzubringen. Manchmal hat er auch den Plan, in das Klassenzimmer zu gehen, den Professor zu erschießen, dann einige Studenten und schließlich sich selbst – vor Jodie Fosters Augen. Er verbrachte auch einige Zeit in New York damit, nach einer jungen Prostituierten zu suchen, die etwa zwölf Jahre alt sein sollte – so alt wie Iris, die Jodie Foster in dem Film gespielt hatte. Von all den Impulsen, andere zu zerstören, ist der stärkste jedoch die Vernichtung von Jodie Foster.« (Caplan, The New Yorker)

Am Ende des zweimonatigen Prozesses befanden die Geschworenen John Hinckley in allen Punkten aufgrund seiner Unzurechnungsfähigkeit für nicht schuldig. Er wurde in eine Klinik für Psychiatrie in Washington eingewiesen.

Direkt nach der Festnahme hatte die Polizei in Hinckleys Mantelta-
sche einen John Lennon-Sticker gefunden und in seiner Brieftasche
eine Karte, auf der der Zweite Verfassungszusatz (der Zusatz über das
Recht, Waffen zu tragen) abgedruckt war. In seinem Hotelzimmer
fanden sie neben einem Zettel, der bei einer Flugzeugentführung
hätte benutzt werden können (»Ich habe eine Bombe … Verhalten
Sie sich normal und zeigen Sie mir den Weg zur Kabine. Bleiben Sie
ruhig!«), eine Postkarte mit dem Bild des neugewählten Präsidenten
Ronald Reagan und seiner Frau Nancy. Auf der Rückseite stand eine
Botschaft für Jodie Foster:

> Sind sie nicht ein hübsches Paar? Nancy ist richtig sexy. Eines
> Tages werden du und ich im Weißen Haus wohnen und die Pas-
> santen werden vor Neid vergehen. Bis dahin versuche doch,
> Jungfrau zu bleiben. Du bist doch noch Jungfrau, oder?
> (Caplan, The New Yorker)

Als sich die Ereignisse in den Tagen nach dem Attentat überschlugen,
stellte sich heraus, daß Hinckley – dessen Mutter ebenfalls Jodie
genannt wurde – nicht der einzige Fanatiker war, der gleichzeitig den
Präsidenten der Vereinigten Staaten und Jodie Foster bedrohte.

Eine Woche nach dem Attentat auf Reagan nahm der Geheim-
dienst einen bärtigen jungen Mann aus Pennsylvania mit einer 32er
Smith & Wesson am Busbahnhof von New York fest und stellte ihn
unter Anklage, weil er das Leben des Präsidenten bedrohe. Sie hatten
ihn bereits von New Haven aus verfolgt, wo er das Wochenende im
Zimmer 608 des Park Plaza Hotels verbracht hatte.

Nachdem er das Hotel verlassen hatte, ohne seine Rechnung zu
begleichen, hatte ein Zimmermädchen sein Zimmer geöffnet, und
was sie fand, ließ sie sofort die Polizei verständigen. »In dem Zimmer … fanden sie ein Schreiben mit der Ankündigung, den Präsidenten ermorden zu wollen, drei Kugeln vom Kaliber 32 und einige Zeit-
schriften-Fotos von Präsident Reagan mit einem gezeichneten X über
seinem Gesicht.« (New York Times, 8. April 1981)

Die Beamten fanden noch einen zweiten Brief, in dem wieder und wieder der Name Jodie auftauchte, gefolgt von einem gekritzelten »Ich liebe dich«.

Der junge Mann, sein Name war Edward Michael Richardson, war vier Tage nach dem Attentat auf Reagan in New Haven eingetroffen und hatte dort an zwei aufeinanderfolgenden Abenden die Vorstellung des Theaterstückes *Getting Out* besucht, in dem Foster entgegen allen Ratschlägen von Polizei und Universitätsbehörden weiterhin auftrat.

Jodie Foster meint, daß sie ihn damals von der Bühne aus auch gesehen habe: »Es war etwas Enervierendes in seinem ausdruckslosen Starren, dem ich nicht traute«, schrieb sie in ihrer persönlichen Schilderung anderthalb Jahre nach den Ereignissen. Am nächsten Abend »saß der seltsame Mann, den ich am Abend vorher gesehen hatte, wieder auf demselben Platz. Ich sei zu schön, um mich umzubringen, hatte er gesagt, als man ihn verhaftete. Er hatte mich in dem Stück gesehen und konnte es einfach nicht.« (Esquire, »Warum ich?«, Dezember 1982)

Weiter aufzutreten muß vielen leichtsinnig vorgekommen sein – und rückblickend schien es sogar Jodie Foster selber so – aber das war eben ihre entschlossene Art und stand außerdem ganz in der viel beschworenen Tradition von »The Show must go on«.

Am Tag vor seiner Verhaftung hatte der Fanatiker aus Pennsylvania ihr einen Brief geschickt, in dem er davon sprach, einen »prophetischen« Traum gehabt zu haben:

»Ich werde beenden, was Hinckley begonnen hat ... RR muß sterben ... JWH hat es mir in einem prophetischen Traum befohlen. Leider ist auch dein Tod erforderlich ... Du kannst nicht fliehen.« (New York Times, 9. April 1981)

Kurz nachdem sie diesen Brief bekommen hatte, erhielt die Polizei von New Haven dann einen Anruf, in dem gedroht wurde, daß Fosters Schlafsaal »in die Luft gejagt« werde, wenn Hinckley nicht freigelassen würde. Der Anruf ließ sich bis ins Park Plaza Hotel zurückverfolgen.

Aber es gab keine Bombe – nur die menschliche Zeitbombe, die dann im düsteren Busbahnhof von New York festgenommen wurde.

Selbst drei Jahre nach dem Attentat war der Alptraum immer noch nicht vorbei: Eine verwirrte junge Frau wurde verhaftet, die mit Hinckley korrespondiert und laut FBI »verschiedene Pläne mit dem Inhaftierten erörtert hatte, unter anderem, daß sie nach New Haven reisen sollte, um Jodie Foster umzubringen, oder daß die Frau ein Flugzeug entführt und fordert, daß Hinckley, Foster und der frühere Lehrer der Frau, dem ihre Besessenheit galt, zum Flughafen gebracht werden«. (Los Angeles Herald-Examiner, 8. Januar 1984)

Die Realität hatte die Kunst überholt. Der Teenager aus Hollywood, der sich so nach der Normalität des College-Lebens in Connecticut gesehnt hatte, wurde zu bewachter Abgeschiedenheit auf dem Campus gezwungen. Foster verpaßte ihre Kurse und wurde von allem abgeschnitten, was einem normalen Studentenleben gleichgekommen wäre. »Ich wurde überall hin verfolgt«, erinnerte sie sich später. »Ich mußte im Kofferraum von Autos fahren und Lastenaufzüge nehmen.« (Los Angeles Times, 9. Dezember 1983)

Selbst der Präsident der Universität, A. Bartlett Giamatti, bezeugte seine Sympathie und erklärte, sie sei »gefangen in einem Schrecken, der den Ereignissen in Washington folgte«. (People, 20. April 1981)

Trotz des Schocks, trotz ihrer Ängste machte die Studentin weiter. Mitte Mai legte Jodie Foster von Sicherheitsbeamten bewacht ihre Prüfungen ab, und zwei Wochen später meldete sie sich in Los Angeles zu den Dreharbeiten von *O'Hara's Wife*, einem Fernsehfilm, für den sie schon Monate vor dem Attentat unterschrieben hatte.

In einem Geschäft, wo bei manchen Leuten schon Nebensächlichkeiten hysterische Anfälle erzeugen, zeigte die junge Schauspielerin nichts dergleichen. Sie schien eher erleichtert, wieder vor der Kamera zu stehen. Sowohl in Yale als auch in den Medien wurden ihre Gelassenheit, ihr gesunder Menschenverstand und ihre geschäftsmäßige Haltung bewundert.

»Sie ist cool wie ein Kühlschrank«, sagte der Produzent von *Getting Out* nach dem Attentat bewundernd. (People, 20. April 1981)

Einige Monate später sagte Foster selbst: »Es gibt eine Menge Dinge in meinem Leben, die mich einschüchtern sollten, aber das tun sie nicht.« (Los Angeles Times, 4. Juni 1981) Und ein Reporter schrieb: »Wenn es eine Pose ist, dann hat sie sie gut einstudiert.« (Los Angeles Times, 4. Juni 1981)

In der Sicherheit von Kameras, Kabel und Crew äußerte die gut bewachte 18jährige in einem seltenen Moment öffentlich ihr Selbstverständnis:

»Es gibt bestimmte Dinge, die die Kamera wahrnimmt. Wenn Leute wirklich verrückt sind, kann man das sehen. Wenn Leute wirklich dämlich sind, kann man das auch sehen. Es ist auf Film. Wenn es ein Motiv gibt, das man in allem, was ich tue, wahrnehmen kann, dann ist es, daß ich nie wischiwaschi bin. Ich bin vielleicht eine doofe Blondine, aber ich bin eine starke doofe Blondine. Und das ist ein Teil dessen, was ich darstellen will, diese Stärke.«

5

Schauspielerin und Studentin

JODIE ARBEITETE UND STUDIERTE WEITER und mied, wenn möglich, auch weiterhin die Presse, die die Charakterstärke und Widerstandskraft, die sie nach dem Attentat gezeigt hatte, unwiderstehlich fand. Sie hatte überlebt – und das war für die professionellen Klatschmäuler sexy. Wie immer ergötzten sie sich auch an ihrer eigenen Darstellung der jungen Filmschauspielerin, die zwischen den Szenen auf dem Set für Prüfungen büffelte, oder die als weltlicher Show-Star das klösterliche Leben in Yale für einen internationalen Film verließ. Nichts, so schien es, konnte die Begeisterung dieser großen Medienmacht dämpfen. Und Jodie Foster, die Meisterin der PR, unternahm auch nichts dagegen.

Das soll nicht heißen, daß sie mit den Zeitungs- und Zeitschriftenleuten, die über sie schrieben, oder den Fernsehreportern, die ihr Mikrofone unter die Nase hielten, auf du und du stand. Zwar wußte sie um die Bedeutung der Publicity und unternahm weiterhin sorgfältig geplante Interview-Reisen für jedes ihrer Projekte. Aber sie sagte selten mehr, als sie sagen wollte, und ließ bestimmte Themen immer außen vor. Sie wußte nur zu gut, daß die Presse- und Fernsehleute, die entweder unterwürfig oder unverschämt waren, nicht ihre Freunde sind.

Schon als elfjähriger Serien-Star hatte sie bei der einfachen Frage, ob sie der Rolle der Addie Pray in *Paper Moon* je entwachsen würde, kaum die Miene verzogen. »Ich wachse nicht schneller als Addie«, antwortete sie nur in der für sie typischen vernünftigen Art. (TV Guide, 16. November 1974)

Auch in dem Esquire-Artikel, in dem sie im Dezember 1982 die Schilderung der Ereignisse, die das Attentat umgaben, niedergelegt hatte (und auf den sie jeden Frager noch Jahre später verwies), sagte sie, es sei die »Niveaulosigkeit der Medien« – und nicht etwa der Verrückte mit der Pistole – gewesen, was ihr am meisten Angst gemacht hatte:

»Für die Presse war meine Anwesenheit beinahe überflüssig. Es war allein die Story, die zählte – die bizarre Überschrift, ein kompromittierendes Foto, ein kurzer Kommentar war alles, was sie wollten. Ich kann nicht behaupten, daß ich mich nicht ausgenützt gefühlt hätte von all den freundlichen Männern und Frauen mit ihren Nikons und ihren Mikrofonen am Revers. Plötzlich war es ihnen erlaubt, mein Leben zu zerstören, nur weil es ihr Job ist.«

Mit einem bitteren Unterton schilderte sie dort auch, was für sie der schrecklichste Moment bei der ganzen Angelegenheit war: Erschöpft von den Dreharbeiten zu *Svengali*, der in New York gedreht wurde, betrat sie eines Abends »mit Nebenhöhlenproblemen, einem gebrochenen Schlüsselbein und einem Anfall von Depression« ein überfülltes Café, als wieder einmal ein aufdringlicher Reporter auf sie zukam:

»Plötzlich ging fünf Zentimeter vor meiner Nase ein Blitzlicht los. Ich weiß nur noch, daß ich als nächstes die Eleventh Street hinunterrannte, während ich heulte und an seinem Jackett riß und um mich schlug. Ich rutschte auf dem Eis aus, fiel genau auf mein Schlüsselbein und lag schluchzend auf der Straße. Der Fotograf lachte und rief: ›Ich hab sie! Ich hab sie!‹ ... Ich heulte auf dem ganzen Weg nach Hause, den ganzen Abend bis in die Nacht.«

Auch die Ivy League verlor etwas von ihrem Reiz. Foster machte Anspielungen auf Yale-Lehrer, die ihr »keine guten Noten geben wollen wegen dem, was man ist. Das ist tatsächlich passiert.« (US, 10. Oktober 1983) Und in der Esquire-Schilderung zeigte Foster besonders für jene Kommilitonen Verachtung, die von den Medien zu Statements verführt worden waren; zum Beispiel für den »ehrgeizigen Oberschüler«, dem sie nie begegnet sei und der dem People-Magazin eine »gewinnbringende Story verschafft hatte: Wie ich mich kleidete, wo ich gerne aß, meine Freunde, meine Kurse, meine Verabredungen – diese ganzen Sachen«. Besonders enttäuscht war sie auch vom Regisseur ihres College-Stückes, »der der Presse anvertraut hat, daß ich Probleme gehabt habe, die sich aber mit etwas Hilfe ausbügeln ließen«.

Zur Promotion eines ihrer Filme nahm Foster einmal eine ganz ungewohnte Rolle ein: Sie selbst führte für eine Filmzeitschrift die Interviews durch. Wie vorherzusehen war, gaben die Fragen vor allem Aufschluß über die Interviewerin. »Hast du nicht Angst wegen der Art, wie sich Leute in dich verlieben, die Art, wie du für sie zu einer Obsession wirst?« wollte Jodie beispielsweise von Nastassja Kinski, ihrem Co-Star aus *Hotel New Hampshire*, wissen. »Manchmal frage ich mich, wieviel davon dir gilt und wieviel diesem ... diesem ... Ding, das du auf der Leinwand darstellst.«

Als Kinski mit einem fast hörbaren Achselzucken antwortete, daß »sich in den Köpfen der Männer Dinge abspielen, die ich nicht kontrollieren kann«, entgegnete Foster: »Das muß dir doch Angst machen, weil du dir nicht leisten kannst, dich mit jemandem anzufreunden, ohne zu riskieren, daß du zur Obsession für ihn wirst.« (Film Comment, September/Oktober 1982)

Die Fixierung der Öffentlichkeit auf die Jodie-und-John-Story setzte sich fort, aufrechtgehalten durch Hinckleys wiederholte Kontakte mit den Medien, in denen er sich auf die gleiche Stufe mit den großen Liebenden der Weltgeschichte stellte. In Redaktionen und Bars kursierten Scherzfragen wie »Warum wollte Ali Agca den Papst erschießen?« oder »Warum ist Israel im Libanon einmarschiert?«, auf die immer die gleiche Antwort gegeben wurde: »Um Jodie Foster zu beeindrucken.«

Mit Hilfe von Anwälten und Prozeßandrohungen versuchte die Schauspielerin die haarsträubendsten Publikationen zu unterbinden, etwa die Veröffentlichung von Fotos, auf denen sie halbnackt zu sehen war, oder die Ausstrahlung ihrer Zeugenaussage. Manchmal funktionierte es, wie bei letzterem, und manchmal, wie bei den Fotos, nicht.

In den skrupellosen Tagen des Jahres 1982 veröffentlichte der

National Enquirer einen Text, den Fosters Anwälte eine »unverhüllte Drohung« des sich immer noch in Sicherheitsverwahrung befindenden Täters gegen das Objekt seiner Begierde nannten. Diese »Drohung« war ein explizit gewalttätiges Gedicht mit dem Titel »Bloody Love«, in dem Sätze standen wie: »Ich bin gekommen, um dich mit meiner blutigen Waffe niederzustrecken.«

Fosters Anwälte forderten das U.S. Justice Department zweimal auf, das Blatt zu verklagen. Sie argumentierten, »daß die Veröffentlichung gegen Gesetze verstoße, die Strafverfolgung vorsehen für jeden, der Dokumente veröffentlicht, die irgendeine Bedrohung enthalten, jemanden zu entführen oder zu verletzen«. (Los Angeles Times, 26. August 1982) Die Justizbehörde lehnte die Anträge jedoch ab.

Erst die Rückkehr zur Arbeit – zunächst im Sommer 1981, dann wieder Anfang 1982 – gab Jodie Foster wieder etwas Stabilität. »Ich wurde unruhig«, äußerte sie gegenüber dem Esquire. »›Nur Uni‹ war nicht genug. Wie vom Himmel geschickt kam ein Drehbuch, eines, das ich mochte. Es spielte in Manhattan. Mit Peter O'Toole in der Hauptrolle. Eine Chance, zu singen. Ich war außer mir ... und zum ersten Mal seit zwei Jahren in ein Projekt vernarrt. Und *Obsession – Die dunkle Seite des Ruhms (Svengali)* entpuppte sich tatsächlich als großer Spaß. Es versöhnte mich wieder mit der Schauspielerei. Es kurierte mich von den meisten Unsicherheiten; es heilte meine Wunden.«

Für den CBS-Fernsehfilm nahm sie sich ein Semester frei. Die Reaktion der Kritiker legte jedoch nahe, daß sie besser an der Uni geblieben wäre.

Der Film möbelte die klassische Geschichte von George du Maurier auf. Aus Svengali wird ein abgehalfterter Sprachlehrer namens Anton J. Bosnyak (Peter O'Toole), ein ungarischer Einwanderer, der es liebt, mit einem schlechten Akzent und in einem übertriebenen Stil am Rande der Lächerlichkeit Sätze zu deklamieren wie »Ich bin der Lehrer und du die Schülerin« oder solche philosophischen Neuheiten wie »Ich habe eine Macht« und selbst so etwas wie »Kunst ist eine

Art der Sklaverei! Wir sind alle Sklaven zu ihren Füßen!« von sich zu geben.

Seine Trilby ist die aufstrebende Sängerin Zoe Alexander (Jodie Foster) aus Alliance, Nebraska, die mit der Rockband Sleepless Knights ihres Freundes Johnny auftritt. Anders als in *Bugsy Malone* darf Foster diesmal tatsächlich auch einige Nummern singen.

Von der mächtigen Agentin Eve Swiss (Elizabeth Ashley) bekommt Zoe ein Angebot, das Erfolg und Ruhm in greifbare Nähe rückt und ihr ein persönliches Training durch Maestro Anton beschert. Aber dafür muß sie sich von der Band und von ihrem Freund trennen, der sich rächt, indem er ein ziemlich intimes Vorsingen für Leslie, eine neue Sängerin, veranstaltet.

Diese Ersatzsängerin muß so unfreiwillig komische Sachen sagen wie »Ich mag einfach deinen Hintern, verdammt noch mal!« oder »Wenn ich mit 'ner Band spiele, fühl ich mich erst gut, wenn ich's mit allen getrieben habe«. Unter dem schwarzen Haar und dem blauen Stirnband erkennt man kaum Holly Hunter, die später für ihre Rolle in *The Piano* mit dem Oscar ausgezeichnet werden sollte und die Hauptrolle in *Familienfest* (*Home for the Holidays*) spielen wird, unter der Regie einer anderen Oscar-Gewinnerin – niemand Geringerer als Jodie Foster selbst.

Obwohl Hunters Rolle so klein war, daß die Kritiker kaum Notiz von ihr nahmen, zeichnet sich dieser Fernsehfilm vor allem dadurch aus, daß er wahrscheinlich die schlechtesten Leistungen, die die beiden Schauspielerinnen je erbracht haben, in sich vereinigt.

Er ist eine »langweilige, sinnlos erneuerte Version des berühmten Themas«, urteilte die Los Angeles Times und stimmte damit in den Tenor der meisten Rezensionen ein. »O'Toole und Foster schaffen es nicht, irgendwelche Funken überspringen zu lassen. Das hat weniger mit ihren Fähigkeiten zu tun als mit dem Stil, der O'Toole wie im vergangenen Jahrhundert spielen läßt, während Foster das typische Mädchen von der Straße gibt. Man nimmt den beiden nichts ab.« (9. März 1983) Aber das Fernsehpublikum schaltete ohnehin nicht wegen solcher Feinheiten ein.

Die Presse-Fotos für den Film zeigten, wie der 49 Jahre alte Ire und die 19jährige Kalifornierin in den Drehpausen Hand in Hand durch New York spazieren. Es hieß, sie seien »sofort Freunde« geworden – ein eindeutiger Code für die jederzeit zurücknehmbare Unterstellung, sie seien mehr als nur Freunde geworden. O'Toole pries seinen Co-Star in den höchsten Tönen, die wie die Erfindung eines Agenten klangen. Er nannte sie »einen mutigen kleinen Vogel – eine hinreißende Rotznase. Als Team sind wir absolut perfekt ... Auf dem Set wimmelt es jedoch von Polizei, und es gibt dauernd lästige Typen, die hinter ihr her sind. Es ist wahnsinnig unfair, daß dieses nette, talentierte Mädchen das Ziel für jeden Wirrkopf des Landes geworden ist.« (Newsweek, 8. Februar 1982)

Im Mai dieses Jahres begann der Prozeß gegen John Hinckley jr. und sorgte dafür, daß die Öffentlichkeit den jungen Mann und seine gefährliche Obsession nicht aus den Augen verlor. Während Foster umsichtigerweise in Europa Urlaub machte, wurde ihre auf Video aufgezeichnete Zeugenaussage in einem Gerichtssaal in Washington abgespielt.

Was sie vorher nicht gewußt hatte, war, daß Hinckley bei der Aufnahme ihrer Aussage – ein Jahr nach dem Attentat – ebenfalls zugegen sein würde. Angeblich warf er mit einem Stift nach ihr, als Foster sagte: »Ich habe keinerlei Beziehung zu ihm.« Bei der Verhandlung selbst erschien der Angeklagte »aufgeregt«, als das Band abgespielt wurde, und »stampfte von drei Bundespolizisten begleitet aus dem Gerichtssaal«. (Los Angeles Times, 13. Mai 1982)

Obwohl Hinckley in Sicherheitsverwahrung kam, hielten die Todesdrohungen von Nachahmern an, und Fosters Versuch, ein normales Leben zu führen – in der Cross Campus Bibliothek herumzuhängen oder mit Kommilitonen bis fünf Uhr morgens zu philosophieren, wovon sie im Esquire geschwärmt hatte –, fiel flach.

Vor ihrer Rückkehr nach Yale gab sie zu Beginn des Jahres 1983 einen Tag lang in New York Interviews für *Svengali*. Ein Agenturbericht beschrieb ihr Aussehen als »cherubinisch« (wahrscheinlich eine journalistische Umschreibung für »mollig«) und nannte sie studentenhaft gekleidet, mit Turnschuhen, Jeans und einem weiten, blauen Blazer. (United Press International, 19. Februar 1983) An ihrer Seite standen ihre Mutter, die von der Westküste gekommen war, und ein PR-Mann des Senders. Eine bisher unbekannte, neue Vorsicht zeigte sich darin, daß sich Jodie Foster den Agenturen zufolge »weigerte, sich fotografieren zu lassen, und Reportern untersagte, Bandgeräte zu benutzen«. Über ihre beiden Leidenschaften, das Filmen und das College, äußerte sie sich jedoch recht deutlich: »Wenn man erst mal auf dem Set ist, gibt es nichts, was sich mit Dreharbeiten vergleichen läßt«, schwärmte sie, wohingegen Yale »wie ein großer Süßigkeitenladen« sei, ein Ort, an dem sie sich wieder »sicher« fühle. Daß sie immer noch Vorkehrungen treffen mußte, wenn sie sich frei in New Haven bewegen wollte, und daß sie immer noch von Sicherheitsbeamten bewacht wurde, waren Dinge, die nicht weiter erwähnt werden – wahrscheinlich aus gutem Grund.

Offenbar war der Wechsel zwischen der Filmerei und dem Studium ein wirkungsvolles Gegenmittel gegen den existentiellen Schrecken, »den Tod in den nebensächlichsten und doch beunruhigenden Ereignissen zu sehen«. (Esquire, Dezember 1982)

Es war auch ein gutes Mittel gegen die verbreitete, wenn auch unausgesprochene Meinung in Hollywood, daß selbst Jodie Foster unter der Last dieses Attentats und seiner Folgen zusammenbrechen müsse. Und daß ihre Karriere, so vielversprechend sie auch sein mochte, dem Mündungsfeuer von John Hinckley zum Opfer fallen würde.

Foster nannte sich »die Art Studentin, die ihre Arbeiten eine Woche im voraus schreibt und keinen einzigen Kurs versäumt.« (San Francisco Sunday Examiner & Chronicle, 11. März 1984) Gleichzeitig drehte sie die ganzen College-Jahre hindurch kontinuierlich Filme, entweder während der Ferien oder während ihrer Urlaubssemester.

In ihrem ersten Jahr trat die Studentin der amerikanischen, speziell der afroamerikanischen Literatur, in zwei Filmen auf, die beide auf berühmten Romanen basierten und von dem Regisseur Tony Richardson gedreht wurden, der sich in den fünfziger Jahren durch Filme wie *Blick zurück im Zorn* seinen Ruf erworben hatte.

Der erste war *Hotel New Hampshire*, bei dem sie von der jugendlichen und kollegialen Atmosphäre schwärmte. »Alle waren unter 25, selbst die, die es nicht waren«, erzählte sie voller Enthusiasmus. (Los Angeles Times, 11. September 1983)

Der Orion-Film wurde in Quebec gedreht. Tony Richardson führte nicht nur Regie, sondern hatte auch das Drehbuch adaptiert. Es basierte auf dem gleichnamigen witzigen Roman von John Irving, von dem auch *Garp und wie er die Welt sah* stammt. Die außergewöhnliche Besetzung des Films bestand unter anderem aus Beau Bridges, Nastassja Kinski, Amanda Plummer, Matthew Modine, Rob Lowe, Wallace Shawn und Wilford Brimley.

Foster wurde an erster Stelle genannt und spielte Franny, die intelligente älteste Tochter der exzentrischen Berry-Familie. Lowe hatte die Rolle ihres verliebten Bruder Johns, Beau Bridges war der Hotelier Win Berry und Kinski spielte Susie Bär, die Sarah Lawrence-College-Ausreißerin in einem zotteligen Bärenkostüm.

In dem Film finden sich viele der bekannten literarischen Motive Irvings versammelt: eine große, exzentrische Familie, deren unschuldigstes Mitglied stirbt; athletische Männer in Nonnen-Tracht; Operetten-Terroristen, die einen tödlichen Plan aushecken, ein Flugzeugabsturz; Figuren, die buchstäblich zu Tode erschrecken, und andere zerstörerische Schläge aus heiterem Himmel. Dies alles ist Teil des Märchens, das in Irvings Romanen die alltäglichen Kleinigkeiten eines im übrigen mittelklassigen Lebens ersetzt.

»Also träumen wir weiter«, sagt eine Figur in der surrealen Coda, »und erfinden uns unser Leben.«

Der Film wahrt die süße, amüsierte Nachsicht des Romans für die menschlichen Verirrungen, so daß ein lesbisches Zwischenspiel zwischen Franny und Susie und ein leidenschaftlicher, komischer Inzest zwischen Franny und John Teil von Frannys Entwicklung werden können und ihr erlauben, ihre eigenen vergangenen Obsessionen zu bewältigen. Am Ende der Geschichte wendet sich das Schicksal noch einmal in unerwarteter Weise, und Franny wird ein Filmstar. Bei einer Pressekonferenz fährt sie einen Reporter, der ihr eine unverschämte Frage gestellt hat, an: »Das ist doch ein Haufen Scheiße!« Das war zweifellos ein Satz, der Jodie Foster auch im wirklichen Leben schon durch den Kopf gegangen sein wird, und es war doppelt witzig, daß dieser Reporter vom PR-Mann der Produktion gespielt wurde – dem Mann, der sich während der Dreharbeiten um die Journalisten kümmert. (Auch der spätere Produktions-Designer Jon Hutman, Fosters Freund aus Yale, übernahm die Rolle eines Reporters auf dieser Pressekonferenz. Dies blieb allerdings sein einziger, kurzer Auftritt vor der Kamera.)

»Wieso glaubst du so tough zu sein?« fragt Susie einmal, um Franny herauszufordern.

»Ich bin gar nicht so tough«, gibt Franny zurück, »aber ich bin smart.«

»Du bist schön«, sagt Susie nach kurzem Schweigen, »aber du bist ein Biest.«

»Bei Nastassja und mir hatte ich echt den Eindruck, wir wären wie Schwestern«, sagte Foster einige Jahre später über die Dreharbeiten zu *Hotel New Hampshire.* »Ich fand, daß wir echt gefährlich waren – alles, was man an Kindern haßt: giftig, unverschämt, laut, klatschmäulig. Ich glaube, wir haben eine gewisse Realität erreicht, die man sonst in mythischen Filmen nicht erreicht. Der Teil, wo ich mit meinem Bruder schlafe und dann sage: ›Das war's, auf Wiedersehen, viel Glück für den Rest unseres Lebens!‹ berührt mich immer besonders. Als der Film fertig war, hatten wir alle Tränen in den Augen, waren betrunken und wußten, daß es nie mehr so sein würde wie hier ... Wir hatten absolute Intimität und Vertrauen. Es ging nicht um Hierarchie, und das galt nicht nur für die Schauspieler, sondern auch für den Ton-Assistenten und den Ausstattungsassistenten ... Ich hätte splitternackt den Mond anheulen oder wie eine Verrückte über den Set laufen können und hätte gewußt, daß ich ihnen vertrauen kann.« (Interview, August 1987)

Das galt offenbar nicht für den Drehbuchautor. »Ich habe bei allen meinen Filmen Teile umgeschrieben«, prahlte sie einige Monate später in Paris. »Wenn man vor der Kamera steht, dann bekommt man ein Gefühl dafür, was funktioniert und was nicht. Das hat irgendein

Kerl, der gerade von der UCLA kommt, nicht. Bei *Hotel New Hampshire* haben sich Rob Lowe, Nastassja und ich, eigentlich alle fünf Hauptdarsteller, zusammengesetzt und einfach umgeschrieben.« (Vanity Fair, Mai 1984) (Man muß vielleicht noch einmal erwähnen, daß es Tony Richardson, der Regisseur, war, der zugleich auch das Drehbuch verfaßt hatte, und nicht »irgendein Kerl von der UCLA«.)

Die Kritiken waren bestenfalls durchwachsen, aber Foster stand auch Jahre später noch zu diesem Film. »Ich liebe diesen Film und finde ihn wunderbar. Ganz egal, welche Fehler er hat, besitzt er doch ein Herz, das ich später nie wieder gesehen habe. Manchmal würde ich den Film gerne noch einmal machen.« (Village View, 15.–21. Februar 1991)

Aus Respekt für Tony Richardson und wegen der Erinnerung an ihre Erfahrungen bei *Hotel New Hampshire* übernahm Foster 1994 den Vorsitz der New Yorker Benefiz-Premiere von *Blue Sky*, Richardsons letztem, postum veröffentlichten Film. Die Vorführung fand im Lincoln Center statt mit einem Dinner im Tavern on the Green im Central Park, und der Erlös der Veranstaltung ging an die AmFAR, die American Foundation for AIDS Research.

Ende 1983 kehrte Foster in ihr geliebtes Paris zurück, um unter der Regie von Claude Chabrol in *The Blood of Others/Le Sang des Autres* (der Film wurde gleichzeitig in einer englisch- und einer französischsprachigen Fassung gedreht) mitzuspielen. Der Film entstand nach dem gleichnamigen Roman von Simone de Beauvoir, der zu Beginn der Besetzung Frankreichs durch die Nazis spielt.

Das Drehbuch stammt von dem Schriftsteller Brian Moore und wurde parallel als sechsstündige Mini-Serie und als dreistündiger Film (in den USA von Home Box Office (HBO) ausgestrahlt) verfilmt. Neben Foster treten Michael Ontkean, Sam Neill und Chabrols Ex-Frau Stéphane Audran in dem Film auf. Foster spielt die Französin Helene, die den Widerstandskämpfer Jean (Ontkean) liebt. Sam Neill ist der deutsche Unternehmer Bergmann, der wiederum Helene liebt, und Stéphane Audran spielt die Kollaborateurin Gigi, eine Mode-Designerin, die ganz entfernt an Coco Chanel erinnert.

Die de Beauvoir-Geschichte ist eine rührende Romanze, durchsetzt mit einer Menge Resistance-Heldentaten in Paris und auf dem Land. Doch das eigentliche Thema ist die Dreiecksgeschichte – ein Mann liebt eine Frau, die einen anderen Mann liebt, der … die Sache der Freiheit liebt. Helene ist eine ganz normale, unpolitische Schneiderin, die Jean liebt und alles für ihn tut, selbst eine Waffe in ein Hotel schmuggeln, das von den Deutschen okkupiert wird. Der gewandte Nazi-Unternehmer Bergmann, der ein wenig an Oskar Schindler erinnert, ist verrückt nach Helene.

Die Handlung von *Les Sang des Autres* beginnt 1938. In den Straßen von Paris bekämpfen sich die Kommunisten und die Faschisten. Helene verfolgt Jean und schiebt ihm immer wieder Liebesbriefe unter der Tür durch.

»Warum beantwortest du meine Briefe nicht?« fragt sie ihn schließlich, nachdem sie ihm in ein Tanzlokal nachgegangen ist.

»Ich wollte dich nicht ermutigen«, antwortet er.

Als Helene später Jean nochmals ihre Liebe gesteht, sagt sie voller Leidenschaft: »Ich würde alles für dich tun! Ich würde lügen, betrügen, stehlen. Ich würde mein Land verraten. Ich würde sogar töten.«

Als die Nazis in Paris einmarschieren, taucht dann Bergmann mit den guten Beziehungen auf, der sich auf den ersten Blick in Helene verliebt. Er bietet ihr an, sie zum Star der Berliner Modewelt zu machen, zur Leni Riefenstahl der Haute Couture. Aber anders als die echte Leni Riefenstahl, die bekannte Schauspielerin und Regisseurin, die Hitlers Lieblingsfilmemacherin wurde, läßt sich die fiktive Heldin Helene nicht darauf ein.

»Ich bin ganz krank nach dir«, stöhnt Bergmann voller Lust und Selbstekel. »Die Tatsache, daß ich dich liebe, könnte mich ruinieren.«

Und Foster, die während ihrer Studentenzeit gut zwanzig Pfund zugenommen hatte, erscheint in ihren von Karl Lagerfeld entworfenen Kleidern auch genau als der Typ, der die vermeintlich rationale Vernunft des Nazi-Deutschen zum Schmelzen bringen kann.

Jahrelang hat Jodie Foster Journalisten erzählt, daß ihr Talent darin liege, der »Kamera schöne Augen zu machen«, und in diesem

Film beweist sie das. In einer »internationalen« Besetzung von sehr unterschiedlichem Talent zieht sie Szene um Szene die Aufmerksamkeit der Kamera mit den Augen auf sich.

Doch im Ganzen wirkt Fosters Helene zu flach, ohne die üblichen Nuancen, die die Schauspielerin ihren Rollen sonst zu geben in der Lage ist. Und ihre Sprache ist zu amerikanisch, so als käme Foster geradewegs aus Kalifornien – ähnlich wie ein Jahrzehnt später Kevin Costner, dessen *Robin Hood* den Eindruck vermittelte, als sei er vom Strand direkt in den Sherwood Forest spaziert. Tatsächlich hatten die Produzenten ihre Schauspielerin angewiesen, für die amerikanische Fernsehversion keinen französischen Akzent zu benutzen. Foster war über diese Entscheidung nicht glücklich und sagte sarkastisch (und öffentlich) nach den Dreharbeiten: »Der Zweite Weltkrieg spielt nicht in Ohio. Ich glaube, daß die Produzenten die Zuschauer unterschätzen, aber ich hatte keinen Einfluß darauf.« (TV Guide, 11. August 1984)

Und um Einfluß und Kontrolle geht es tatsächlich, wie jeder in der Filmbranche bestätigen wird. Obwohl Foster bereits seit ihrem 14. Lebensjahr verkündet hatte, daß sie Regie führen wolle, wurde das Bedürfnis jetzt immer dringender, und sie machte auch kein Hehl daraus. »Als Schauspielerin«, schloß sie aus Erfahrung, »hat man nur ein bestimmtes Maß an Macht.«

Claude Chabrol, einer der Begründer der cineastischen Nouvelle vague, hatte während der Dreharbeiten zu *Les Sang des Autres* schnell bemerkt, daß Foster überhaupt keine Anweisungen von ihm brauchte, weil sie wie ihre Figur »sehr stark und sehr impulsiv« sei. Sie antwortete darauf mit einer Variation ihres ein Jahrzehnt alten Satzes, sie wachse nicht schneller als ihre Figuren: »Entweder bin ich wie Helene – oder ich habe sie so gemacht wie mich.« (Los Angeles Times, 11. September 1983)

Image-Kontrolle führt unweigerlich zu Ausrutschern, auch wenn es nur leichte sind: Während der Presse-Tour für *Hotel New Hampshire* präsentierte sich Jodie Foster als ernste Studentin, die das strenge intellektuelle Leben liebt und »nie Architektur, Kunst oder solche Sachen belegt« hat. (San Francisco Sunday Examiner & Chronicle,

11. März 1984) Drei Jahre vorher, im Mai 1981, hatte sie in *Interview* allerdings ein Gespräch mit ihrem »sehr berühmten Architektur-Professor« Vincent Scully geführt, in den sie »wie ein Schulmädchen sogar ein bißchen verliebt« gewesen war.

Einem Modemagazin erzählte Jodie Mitte 1984 schließlich: »Weil Bücher meine Leidenschaft sind, habe ich wirklich eine gespaltene Persönlichkeit: halb künstlerisch, halb akademisch ... Am meisten macht mir Spaß, mich hinzusetzen und eine Seminararbeit zu schreiben.« (Mademoiselle, Mai 1984)

Einen Monat später war sie in Neuseeland, wo für sie und ihren Co-Star John Lithgow die Dreharbeiten zu *In guten wie in schlechten Zeiten (Mesmerized)* begannen, einer weiteren Variation des langlebigen Svengali-Mythos. Diesmal war die Handlung im 19. Jahrhundert angesiedelt und wurde vor Ort gefilmt. Regie führte Michael Laughlin, der unter anderem *Two-Lane Blacktop* produziert, geschrieben und inszeniert hatte.

Zu dieser Zeit waren alle Spuren des »Babyspecks«, wie manche Journalisten ihre Molligkeit in *Les Sang des Autres* genannt hatten, verschwunden. In *Mesmerized* trägt sie lange Kleider mit Turnüren und hohen, spitzenbesetzten Kragen, Schals oder gestickten Westen. Und ihre Züge sind fein und zart wie eh und je.

Jodie Foster spielte wieder die weibliche Hauptrolle: Victoria, eine grüblerische, 18jährige Waise, die mit Oliver Thompson (John Lithgow) verheiratet wird, einem bärtigen, bedenklich rotgesichtigen Kaufmann, der sie überwacht. Sie haßt ihn und will vor ihm fliehen.

Victoria wird aus ihrem glücklichen Leben in dem St. Paul's Findlingsheim, wo die Mädchen zwischen den Schulstunden fröhlich in riesigen Wasserkesseln herumplanschen, herausgerissen, weil sie heiraten soll. Wind pfeift durch die Bäume, und unheilverkündende Musik ertönt, als eine Kutsche das junge Mädchen dem Haus ihres zukünftigen Ehemanns entgegenträgt. Ein finster blickender Diener erklärt ihr dort die spärlich beleuchteten Zimmer damit, daß »der Master gerne einen Penny spart«.

Der Master sieht auch gerne durch sein Guckloch, während sich seine junge Braut entkleidet. Dieser schwer atmende Oliver Thompson, der sein Hundeauge starr aufs Loch in der Wand gerichtet hält und sich kaum beherrschen kann, ist ein frühes Beispiel für die Galerie der typischen, überzogenen John Lithgow-Bösewichter.

Der Film wird in Rückblenden erzählt und von Victoria kommentiert, während sie auf der Anklagebank eines überfüllten Gerichtssaals sitzt. Sie hat ihren Ehemann mit Chloroform vergiftet.

Den Geschworenen gelingt es jedoch nicht, herauszufinden, wie sie es gemacht hat. (Wie der englische Filmtitel schon sagt, war es *natürlich* Hypnose: Mit Hilfe seines eigenen silbernen Nasenhaar-Scherchens, das Victoria vor Olivers Augen hin- und herpendeln ließ, gelang es der jungen Frau, ihren abscheulichen Ehemann in Trance zu versetzen und ihn dazu zu bringen, das tödliche Chloroform zu trinken.) Victoria wird freigesprochen.

Im Vorspann zu dieser Schreckensgeschichte mit leicht feministischen Untertönen erfährt man, daß der Film auf wahre Ereignisse zurückgeht. Das Drehbuch, das von dem Regisseur Michael Laughlin stammt, basiert wiederum auf Originalmaterial von Jerzy Skolimowski, dem Regisseur von *Schwarzarbeit (Moonlighting)* und *Der Todesschrei (The Shout)*.

So interessant der Film als weiteres Beispiel für eine von Jodie Foster gespielte Trilby-Figur ist (und daher ein gefundenes Fressen für Populär-Psychologen war, die in der Karriere der jungen Schauspielerin verdächtig viele fiktive Vaterfiguren entdeckt haben), so faszinierend ist er zugleich für »Filmakademiker«: als eine Studie über den Konflikt zwischen Filmgewerkschaften und -produzenten.

Für die damals 21jährige Jodie Foster dürfte es wahrscheinlich mehr als nur akademisches Interesse gewesen sein, denn sie war zugleich »Co-Produzentin« von *Mesmerized*. Allerdings wurde diese Tatsache im Nachspann des Films versteckt. Auch die Branchenblätter in Hollywood hatten offenbar übersehen, daß der junge Star des Films zugleich eine der Produzentinnen war, und in den Pressemappen findet sich ebenfalls kein Hinweis darauf.

Kaum hatten Foster, Lithgow und noch drei weitere Nicht-Neu-
seeländer ihre Verträge für *Mesmerized* unterschrieben, drohte die ein-
heimische Schauspielergewerkschaft die Dreharbeiten zu unterbre-
chen. Ihrer Meinung nach verstießen die Produzenten gegen die dort
geltenden Arbeitsgesetze, die besagen, daß in Filmen, die in Neuseeland gedreht werden, nicht mehr als zwei ausländische Schauspieler
beteiligt sein dürfen. Dieses Beispiel könnte Schule machen, befürchtete ein Sprecher der Gewerkschaft, und dazu führen, daß die australi-
schen Schauspieler nur noch als »Dekor« für ausländische Schauspieler benutzt würden. »Wir können nicht garantieren, daß am Drehort
in Kerikeri Ruhe herrschen wird oder daß nicht irgendwelche Leute
durchs Bild laufen werden«, drohte der Sprecher, als die sechswöchi-
gen Dreharbeiten begannen. (Variety, 18. Juli 1984)

Die Produzenten konterten ihrerseits, daß es ohne die Amerikaner
sowieso keine Arbeit gäbe, weil sie die Finanzierung überhaupt erst
zustande gebracht hätten. Und schließlich würde durch die 2,6 Millionen Dollar Produktionskosten nicht nur die Wirtschaft des Landes
angekurbelt, sondern sollten auch 34 Schauspieler, 445 Statisten und
75 Team-Mitglieder Arbeit bekommen.

Dieses Argument verfehlte, wie so oft, nicht seine Wirkung, und
es kam zu keinen weiteren Protestkundgebungen. Der Film wurde
rechtzeitig fertig und das Budget nicht überzogen. (Variety, 18. Juli
1984)

Jahre später, als ihre Produktionsbeteiligung an *Mesmerized* längst
vergessen war, schob Foster ganz gegen ihre sonstige Art die Schuld
für den Mißerfolg des Films (er kam überhaupt nie in die Kinos) auf
die Verleihfirma RKO. »Der Film war sehr schlecht produziert«,
behauptete sie, »und RKO sagte: ›Na gut, vielleicht kann man ihn verleihen, wenn man einen Thriller daraus macht und die Hypnose raus-
nimmt.‹ Sie hätten sich besser aus dem Schnitt heraushalten sollen.«
(Premiere, März 1991)

Im Mai 1985 machte Jodie Foster ihren ersten Abschluß in Yale, den
»undergraduate degree« in amerikanischer Literatur. Anders als ihre
Kommilitonen, die im Jahr zuvor mit Hut und Gewand in einer

öffentlichen Zeremonie ihr Zeugnis überreicht bekommen hatten, überreichte man Foster ihre Urkunde in privatem Rahmen. Es gab Sicherheitsbedenken.

Zu diesem Zeitpunkt sprach die Schauspielerin nicht mehr davon, das College abzuschließen oder Botschafterin in einem französischsprachigen Land oder vielleicht Lehrerin zu werden. Foster wollte spielen, Regie führen und vielleicht schreiben, wie sie jetzt immer wieder versicherte.

Ihr Respekt für das Geschäft des Show-Business, besonders für die Profis hinter den Kulissen, war nach wie vor ungebrochen. Den akademischen Zugang zur Schauspielerei allerdings, vor allem die berühmte Strasberg-Methode, lehnte sie jedoch völlig ab. Jahre später – in einem Artikel in der Los Angeles Times vom 6. Oktober 1991 – betonte sie den geschichtsbezogenen Ansatz ihres eigenen Spiels und charakterisierte die Essenz der Schauspielerei als »performativ« (d. h. man vollzieht zugleich mit der sprachlichen Äußerung die beschriebene Handlung, wie z. B. bei »Ich gratuliere dir!«)

Ungefähr um dieselbe Zeit faßte sie ihre naturalistische Methode als Spielanweisung für den siebenjährigen Adam Hann-Byrd, der die Titelrolle in *Wunderkind Tate* (*Little Man Tate*) spielte, in einem Satz zusammen: »Tu einfach so als ob, und denke dann darüber nach, wie das aussieht.« (New York Times, 6. Januar 1991)

Jodie Foster verließ Yale so, wie sie gekommen war, ohne je einen Fuß in einen Schauspiel-Kurs gesetzt zu haben. Neben der Arbeit für das College hatte sie in dieser Zeit Artikel in zwei Zeitschriften veröffentlicht und fünf Filme gedreht – drei für das Fernsehen (*O'Hara's Wife, Svengali* und *Le Sang des Autres*) und zwei für das Kino (*Mesmerized* und *The Hotel New Hampshire*). Und sie hatte einen Abschluß in moderner amerikanischer Literatur, die sie der klassischen vorzieht, gemacht.

Laut einer PR-Biographie waren ihre Lieblingsautoren die spätere Nobelpreis-Trägerin Toni Morrison, über deren Werk sie dann auch ihre Abschlußarbeit schrieb, und der ewige Favorit aller Literaturstudenten, John Fowles, bekannt als Autor von *The Collector, The Magus* und *Die Geliebte des französischen Lieutenants* – Romane, die alle als

Geschichten von Unschuldigen gelesen werden können, die sich im Netz gefährlicher Obsessionen verfangen.

Auch ihr äußeres Image hatte sich geändert: Noch vor einigen Jahren war sie in ihrem »Holzfäller-Chic« – mit Rucksack, T-Shirt und Jeans – in Magazinen wie Seventeen aufgetaucht, jetzt posierte sie für renommierte Fotografen wie Annie Leibowitz und Helmut Newton als Femme fatale in Zeitschriften wie Vanity Fair, Vogue und Mademoiselle. Und sie fühlte sich, derselben Biographie zufolge, in Los Angeles und Paris zu Hause.

»Ein Image ist in der Regel ziemlich genau, wenn man nicht gerade ein besonders dämliches Image von sich selbst verbreitet«, sagte Foster.»Ich nehme an, daß mich die Branche wahrscheinlich als Wunderkind sieht, weil ich mich gewählt ausdrücke. Wenn man das tut, muß man klug sein. Darüber hinaus weiß jeder, daß ich aufs College gegangen bin … auch wenn ich dort nicht gelernt habe, smart zu sein.« Als sie gefragt wurde, ob Leute ihr gegenüber schüchtern seien, antwortete Foster:»Anfangs ja, was ich ziemlich merkwürdig finde. Die Leute gehen in Abwehrhaltung. Aber jedem Menschen geht eben ein Ruf voraus.« (Interview, August 1987)

Sich selbst hielt Jodie Foster gleichzeitig für eine Einzelgängerin und eine Team-Arbeiterin. Millionen auf der ganzen Welt kannten sie, und sie stellte sich, wenn es das Geschäft verlangte, für Interviews in den Massenmedien zur Verfügung. Doch ansonsten zog sie sich in ihr Privatleben zurück und blieb der Öffentlichkeit gegenüber ausgesprochen reserviert.

In Erinnerung an ihre High School-Tage sagte sie:»Inzwischen bin ich ein ziemlich sozialer Mensch, aber damals war ich eine Einzelgängerin. Ich bereue es nicht.« Dann folgte freiwillig ein Satz, der ziemlich tief blicken ließ:»Deshalb gehe ich nicht zu einer Gynäkologin«, fügte sie aus heiterem Himmel hinzu.»Sie wüßte sonst zuviel. Bei Männern kann man mehr verbergen.« (Interview, August 1987) Ob aus Desinteresse oder Überraschung, der Journalist nahm diesen Faden nicht weiter auf, sondern fragte die Schauspielerin nach den Lieblingsfilmen ihrer Kindheit.

»Ausländische Filme«, antwortete sie entschieden.»Meine Mutter war schon immer sehr frankophil, obwohl sie nicht Französisch spricht. Wir haben eine Menge ausländischer Filme gesehen.«

Das Thema Intimität oder Vertrauen, das durch die Bemerkung über die Gynäkologin aufgeworfen worden war, blieb unbehandelt.

Jodie Fosters nächster Film war *Siesta*, das Spielfilmdebüt von Mary Lambert, die sich als Regisseurin von Madonnas ersten Musik-Videos wie »Material Girl« oder »Like a Virgin« einen Namen gemacht hatte. Foster ist in der Rolle der Nancy zu sehen, einer britischen höheren Tochter, deren künstlerischer Begleiter Kit von Julian Sands verkörpert wird. Außerdem spielen in dem Film weitere Stars wie Ellen Barkin, Gabriel Byrne, Martin Sheen und Isabella Rossellini mit, und die Musik wurde von niemand Geringerem als Miles Davis komponiert und eingespielt.

Doch diese sagenhafte Besetzungsliste konnte nicht darüber hinweghelfen, daß der Film in einer prätentiösen, übertrieben symbolischen Geschichte gefangen blieb, die schon die Leser der Romanvorlage von Patrice Chaplin verwirrt und die Kritiker verdrossen hatte. Die Story handelt von Claire (Ellen Barkin), einer kalifornischen Fallschirmspringerin in Spanien, die ihre Erinnerung verloren hat. Claire, das angeschlagene Mystery Babe, das am Rande einer Landebahn aufwacht und keine Unterwäsche anhat, zieht ihr Sommerkleid aus, um ... Blut abzuwaschen. *Wen hat sie umgebracht?* fragt sie sich aus dem Off. *Wer ist tot?*

Die Dialoge ließen die Kritiker ebenfalls aufheulen – »Diese kranke Party muß aufhören!« stöhnt ein Darsteller, der in den an Buñuel erinnernden Bildern, durch die Claire wandert, gefangen ist. Ein anderer belehrt die blonde Fallschirmspringerin, daß »der einzige Fall, der nicht danebengeht, der Fall der Liebe ist«. Und obwohl die Kritiker sich Jahre später vor Begeisterung überschlugen, als ähnliche Stilmittel in *Pulp Fiction* verwendet wurden, verabscheuten sie bei *Siesta* die zersplitterte Erzählstruktur.

In ihrer Rolle als gelangweilte Nancy trägt Foster ihr Haar mit einem Seidenschal zusammengebunden, läuft ständig in einem blauen Kostüm mit weißen Paspeln herum, und der unverzichtbare

Champagnerkelch scheint in ihrer Hand praktisch festgeschweißt zu sein. »Das idiotische Kind dieses Jahrhunderts, ein richtiger Hohlkopf«, nannte sie die Figur der Nancy später abschätzig. (Mademoiselle, September 1987)

Foster spielt sie mit erhobenem Kinn, die eine Schulter immer etwas affektiert vorgeschoben. In Momenten des Konflikts oder der Leidenschaft setzt sie einen Blick auf, als wolle sie sagen *Ist das nicht köstlich?* Wenn sie in Streß gerät, studiert sie ihr Gesicht in einem Taschenspiegel. »Geboren, um schön zu sein, um durcheinander zu sein«, wird sie von einer anderen Figur neidisch beschrieben. Wann immer sie Geld oder ein Flugticket braucht, ruft sie ihre Mutter an.

Auf einer schlechten Party flüchtet sie in einen Waschraum, wo sie auf Claire trifft, und verkündet vergnügt: »Hier bin ich, auf einer Toilette, total angekotzt, allein an meinem Geburtstag, ohne Liebe, ohne Geld und frage mich« – hier unterbricht sie sich mit einem kurzen, wohldosierten Lachen – »was bleibt da noch?«

»Ehrgeiz und eine halbe Stunde Fernsehen zur besten Sendezeit«, antwortet Claire.

Wie es in Hollywood manchmal vorkommt, handelte es sich bei dem Filmprojekt um eine mißlungene Herzensangelegenheit. »*Siesta* wurde gemacht, weil eine Menge Leute einander vertrauten«, erzählte die Regisseurin. »Keiner hat dabei Geld verdient. Alle haben mit Rücklagen gearbeitet. Ich wußte, daß das Ganze eine wacklige Sache sein würde. Ich habe echt fast mein Leben aufs Spiel gesetzt. Das ist eine ziemlich stressige, erschreckende Art, etwas zu tun.« (Movieline, 6. November 1987)

Wie so oft waren die Kritiken zu Fosters schauspielerischen Leistungen besser als die zu dem Film selbst, der sich einiges gefallen lassen mußte. »Einen sicheren Anwärter auf den Titel des irritierendsten Film des Jahres«, schrieb ein Rezensent. »Er vermischt die aufreizendsten Eigenschaften eines europäischen Autorenfilms zu einem einzigen unerträglichen Haufen.« (Los Angeles Daily News, 26. November 1987) In einem Film, der *Blue Velvet* sein wollte, aber bestenfalls »den Surrealismus einer Parfum-Werbung« erreichte, habe

Foster in eine Rolle, die ein Spaziergang hätte werden können, viel mehr eingebracht. Ein anderer Kritiker schrieb: »Jodie Fosters zwitschernde Verkörperung einer Dekadenz wie bei Noël Coward. *Siesta* hat kaum mehr Tiefgang als ein Studentenfilm, aber Foster macht daraus einen Schauspielkurs und fegt jeden in ihrer Reichweite von der Leinwand. Die wahre Frage ist nicht, was zum Teufel Claire in Spanien verloren hat, sondern wann endlich jemand einen Film macht, der Fosters Potential ausschöpft?« (Village Voice, 24. November 1987)

Das Warten auf diesen Film, das mindestens seit *Jeanies Clique* andauerte, sollte bald ein Ende haben.

Jodie Foster, die sich selbst einen »Kontroll-Freak« nennt, begann zu dieser Zeit auch in der Öffentlichkeit über ihren inneren Aufruhr zu sprechen – allerdings nur im Rückblick auf Vergangenes. Sie tat es mit einem Anstand, der in Hollywood bei solchen Bekenntnissen selten ist. Als Zwanzigjährige hatte sie zwar ein sehr persönliches, wenn auch kalkuliertes und literarisches Essay über ihr Trauma nach dem Attentat Hinckleys veröffentlicht. Und sie hatte auch über ihre Einsamkeit am Lycée sprechen können. Doch als Dreißigjährige war sie jetzt endlich in der Lage, auch über die Selbstzweifel zu reden, die sie damals gequält und zu der Überlegung geführt hatten, mit der Schauspielerei ganz aufzuhören: »Ich hätte das damals nie zugegeben, aber ich war sehr unglücklich. Das Gefühl, nicht alles zu wissen, was man nicht weiß ... es war schrecklich. Die ganze Panik.« (Entertainment Weekly, 2. April 1993)

Nach ihrer Zeit in Yale tendierte Foster in den Achtzigern wiederholte Male zu Filmen mit großer Besetzung, aber auch zu kleinen Projekten.

Pinguine in der Bronx (Five Corners) war so ein Film. Er spielt 1964, als die Bürgerrechtsbewegung und der Sirenengesang der Alternativkultur die ethnischen Verhältnisse eines nostalgisch verklärten Viertels in der Bronx bedrohen.

Es ist eine düstere, urbane Version jener Geschichte vom Erwachsenwerden, wie sie *American Graffiti* erzählt, eine unabhängige Produktion, die der Gelegenheitsschauspieler Tony Bill nach einem eigenwilligen Script von John Patrick Shanley (*Mondsüchtig*) inszenierte und die ohne Beschränkungen der Kassenschlager-Mentalität Hollywoods entstanden ist.

Foster stand an erster Stelle der Besetzungsliste, auf der sich auch Tim Robbins und John Turturro befanden. Und obwohl sie es nach wie vor ablehnte, auf die unvermeidliche Hinckley-Frage zu antworten, repräsentierte sie eine vertraute Figur, indem sie wieder einmal eine Rolle mit abwesendem Vater (ihren Vater sieht man nur im Hintergrund schlafen) und einem gefährlichen unerwünschten Verfolger (Turturro) spielte.

Jodie Foster ist Linda, ein höfliches und ordentliches Mädchen, das in der Tierhandlung ihres Vaters arbeitet und zum Ziel der romantischen Gefühle eines verwirrten Jungen aus der Nachbarschaft, gespielt von John Turturro, wird.

Dieser ist besessen und gewalttätig, im letzten Akt schlägt er das Objekt seiner Begierde bewußtlos und trägt es in das Apartment, wo seine ebenfalls psychisch kranke Mutter lebt. In der packendsten Szene des Films geht Turturro, während Foster bewußtlos daliegt, übergangslos von einem gefühlvollen, fast zärtlichen Gespräch mit seiner Mutter dazu über, diese aus dem Fenster in den Tod zu stürzen.

Wegen der offensichtlichen Parallelen zu dem Geisteskranken, der die Schauspielerin im wirklichen Leben verfolgt hatte, war sich Turturro sehr bewußt, daß er »Jodie keine Unannehmlichkeiten bereiten wollte, weil dies ein eigenartiger Film war und weil sie all diese Dinge durchgemacht hat«. Er erinnert sich an Jodie als »eine echte Unterstützung ... auch da hilfsbereit, wo sie eigentlich nur bewußtlos daliegen mußte«: in der entscheidenden Fenstersturz-Szene mit der Mutter. »Der Regisseur hatte Probleme damit ... Er wollte, daß wir miteinander kämpfen, und ich wollte es so machen, daß wir nur miteinander sprechen. Jodie hat diese Idee sehr unterstützt.«

»Ich habe nie einen Film mit großem Budget gedreht. Ich hatte nie eine Limousine, die mich heimgebracht hat. Habe auch nie eine gewollt«, sagte Foster in einem kurzen Porträt in Mademoiselle, das kurz vor dem Start von *Five Corners* und *Siesta* erschienen war. (September 1987)

Beide Filme kamen innerhalb eines Monats ins Kino, damals zwei von vier Foster-Filmen, die noch nicht gelaufen waren. Die anderen beiden waren *Katies Sehnsucht (Stealing Home)*, eine Liebesgeschichte rund um Baseball, für die sie so gute Kritiken bekam, daß ein paar Kritiker sie bereits für eine Oscar-Nominierung vorschlugen, und ein Streifen, der damals noch *Reckless Endangerment* hieß.

Stealing Home wurde geschrieben und inszeniert von Steven Kampmann und Will Aldis. Wie in *Siesta* taucht Jodies Name erst an letzter Stelle des Vorspanns auf, nach Mark Harmon, Blair Brown und Harold Ramis. Doch sie spielt die Figur, um die sich alles dreht: Sie ist Katie Chandler, Babysitter des zehnjährigen Bill Wyatt, dessen Geliebte sie schließlich wird, als dieser im College-Alter ist.

Die Geschichte wird in mehreren Rückblenden erzählt. Nach Katies Selbstmord überdenkt der erwachsene Billy (Harmon) ihre Beziehung zueinander und kommentiert das Erzählte aus dem Off. Seine Erinnerungen an Katie (»Katie war so wild, und sie haßte Regeln. Deshalb war sie der perfekte Babysitter.«) und die Reflexion über den Verlauf seines Lebens bringen ihn allmählich zu der Erkenntnis, daß er sich zusammenreißen und seinen Kindheitstraum von einer Baseball-Karriere, den Katie mit ganzem Herzen unterstützt hatte, verwirklichen muß.

Stealing Home hatte fanatische Anhänger – was sicher nicht zuletzt an dem Soundtrack mit Rock'n'Roll aus den späten fünfziger und frühen sechziger Jahren lag und an Fosters hervorragender Darstellung einer sonnengebräunten, goldblonden WASP-Frau, dem Sechziger-Jahre-Ideal eines wohlhabenden, selbstbewußten Mädchens aus der Vorstadt, das seine Sommerferien am Strand von Jersey verbringt.

Die Tatsache, mit zwei Regie-Debütanten (einem Team, das übrigens auch für *Back to School* verantwortlich war) zu arbeiten, war eine Gelegenheit für den »kollaborativen« Input, den Jodie Foster so gepriesen hatte. Und die beiden Passagen mit Katie, die von den Fans des Films ständig zitiert werden, klingen wie reinste Jodie.

In der ersten fährt sie, mit Sonnenbrille und lilafarbenem Kopftuch, in einem roten Cadillac-Cabrio mit ihrem unwilligen zehnjährigen Schützling den Highway entlang, und erklärt, was Mädchen an Jungs mögen: »Mädchen mögen Jungs, die sie zum Lachen bringen«, sagt sie. »Mädchen mögen Jungs, die über etwas anderes als sich selbst reden und ihnen nicht das Herz brechen. Und Mädchen mögen Jungs, die rauchen. Laß uns rauchen!« Und damit zieht sie ihre Zigaretten aus der Tasche.

In der zweiten Szene, die in der Filmhandlung fast ein Jahrzehnt später stattfindet, spazieren Katie und Bill am Strand von Jersey entlang. Sie erzählt ihm, daß sie heiraten und nach Europa ziehen wird. Mit einem ansteckenden Enthusiasmus beschreibt sie, wie es sein wird: »Wir werden überall hingehen, wir werden alles machen! Wir werden nach Pamplona fahren und mit den Stieren rennen, wir werden nach Paris fahren und 'ne Menge Haschisch rauchen und in die Oper gehen, am linken Ufer herumhängen, weißt du, und über Existenzialismus und die Revolution reden. Wen kümmert's! Es wird großartig!«

Im September 1987 erschien in Mademoiselle ein Porträt über Jodie Foster, das viele Themen ansprach, die auch in all den anderen Interviews und Artikeln, die in jener Zeit über sie erschienen, auftauchten: daß sie eine sagenhafte Reputation als Profi und Überlebende habe und aus »zähem Stoff« sei, daß sie keine Star-Allüren an den Tag lege und auch nicht als einer behandelt werden wolle. Und daß sie genauso viele Filme wie Jahre auf dem Buckel habe, nämlich 24.

»Ich bin gerne mit all den Leuten auf dem Set zusammen und arbeite gerne mit den Technikern«, sagte sie während der Dreharbeiten zu *Five Corners*. »Das ist nicht sehr aufregend, aber das ist es, was ich am liebsten mag. Lange Arbeit und schreckliches Essen! Das ist wie in der Schule.« (Elle, März 1987) Und Jodie Foster ist immer gerne zur Schule gegangen. Jetzt waren die Filmsets ihre Klassenzimmer geworden.

»Beim Filmemachen geht es nicht darum, herzugehen und eine verdammte Buchidee vorzuschlagen ... Es geht nicht darum, einen Tisch zu kriegen oder in L.A. zu wohnen«, äußerte sie einmal während des Publicity-Push, der dem Film *Angeklagt* (*The Accused*) vorausging. »Ich weiß, wie man in Meetings geht und sich selbst verkauft ... Aber das ist es nicht, was ich mache. Was ich mache, passiert in Podunk, Iowa, und dauert zwei Monate. Und was mir Gesundheit und Sicherheit verleiht, ist die Tatsache, daß es eine ehrliche Arbeit ist, daß es nicht im geringsten glanzvoll ist, sondern echt die Pest.« (Vanity Fair, September 1988)

Sich mit dem Team anzufreunden war mehr als nur gesunder Menschenverstand und Geschäftstüchtigkeit. Es war auch Selbstschutz. »Es ist etwa so: ›Ich werde jetzt meine Brüste zeigen, und ihr kümmert euch besser um mich.‹« (Vanity Fair, September 1988)

Außerdem zeigte die angehende Regisseurin ernsthaftes Interesse für die Arbeit hinter der Kamera – sie kannte sich mit Filtern, Linsen und Brennweiten aus. Und das sicherte ihr die Sympathien ihrer Mitarbeiter in der Technik. Sie kannte sich sogar mit Film-Crews aus und erzählte einer Journalistin, daß »das beste Team eine New Yorker Crew ist, die außerhalb der Stadt arbeitet«. (American Premiere, Oktober/November 1988)

Foster war bekannt dafür, daß sie gerne viele Stunden auf dem Set verbrachte, obwohl sie genausogut woanders hätte sein können. Die meisten Filmstars können es kaum erwarten, nach ihren Auftritten so schnell wie möglich in ihre großen Wohnwagen zu kommen, in diese kleinen Königreiche, wo sie die Stunden bis zum nächsten Auftritt verbringen – umgeben von ihrem Agenten, ihrem persönlichen Friseur und Maskenbildner, einem Assistenten und wer sonst noch Teil ihrer »professionellen Familie« ist.

Foster arbeitete gern und das schon seit langer Zeit. Als sie dreißig wurde, konnte sie immer noch sagen, daß sie so viele Filme gemacht hat, wie sie Jahre zählt. Und das galt auch noch mit 32 Jahren. Vermutlich wird es auch noch mit achtzig stimmen. »Das klingt, als stünde irgendein Plan dahinter, oder?« bemerkte Foster. »Es ist großartig ... Aber es verläuft nicht planmäßig. Ich mache das Geschäft schon seit so vielen Jahren, daß ich mich vor der Kamera wohler fühle als irgendwo sonst.« (Mademoiselle, September 1987)

Dies war etwas, was sie bei Interviews oft wiederholte, ebenso wie die Überzeugung, daß man an Widerständen wächst: »Man lernt durch Härten und Enttäuschungen und nicht, indem man einen Oscar bekommt oder eine Million Dollar im Jahr verdient.« (Glamour, Oktober 1987)

Den ersten Teil dieser Behauptung kannte sie aus Erfahrung: Trotz ihrer Selbstzweifel war sie nie unter der Last ihrer Arbeit und ihres Ruhms zusammengeklappt. Der zweite Teil sollte sich noch herausstellen.

6

Der erste Oscar

IM KANADISCHEN VANCOUVER DREHTE JODIE FOSTER einen Low-Bud-
get-Film, bei dem die Produzenten zuerst Zweifel gehabt hatten, ob
sie überhaupt die richtige Frau für die Rolle sei. Man formulierte es
nicht so deutlich, aber wie so viele in Hollywood assoziierten auch
die Produzenten Foster immer noch mit dem etwas molligen kleinen
Mädchen aus den frühen Achtzigern, die nicht dünn genug war, um in
einem Fernsehfilm eine Magersüchtige zu spielen: eine Schauspielerin, die sich sogar weigerte, sich fotografieren zu lassen, und der
Presse skeptisch gegenüberstand! Es wurde schlecht von ihren Kar-
riere-Aussichten geredet.

Außerdem hatte sie bis Mitte der achtziger Jahre eine Menge Filme
mit künstlerischem Anspruch gedreht. *Kunst* kann eine Empfehlung
sein, und an vielen Orten der Welt mag der Versuch – auch ungeachtet
der Resultate – respektiert werden, nicht aber in Hollywood. Hier
wird Kunst allzuoft mit unkommerziell gleichgesetzt. Und das war
bei Jodie Foster sicher der Fall. Selbst ihre Mutter, damals noch ihre
Managerin und ihre engste Beraterin und in der Regel sehr geschickt,
wenn es um die Karriere ihrer Tochter ging, meinte schließlich, daß
»Jodie sich nun reinhängen muß, bis sie 35 ist, wo es dann wieder
große Frauenrollen gibt«. (Vanity Fair, September 1988)

Später, als ihr schon die goldene Oscar-Statuette verliehen worden
war, gab Jodie Foster in einem Rückblick zu, daß sie zu Beginn der
Achtziger »eine Menge Zeit damit verbracht habe, so zu spielen, als
hielte ich alle anderen auf der Leinwand für Idioten, und das ist ja

wohl ein sicheres Zeichen, daß man sich einer Arbeit nicht mit der nötigen Hingabe widmet«. (Entertainment Weekly, 2. April 1993) Und obwohl sie immer wieder versicherte, daß sie damals überlegt habe, mit der Schauspielerei aufzuhören und wieder zur Schule zu gehen, war mehr als einem Kritiker klar, daß hier eine Schauspielerin einfach auf den richtigen, kreativen Funken gewartet hatte.

Die Produzenten Stanley Jaffe und Sherry Lansing, die später gemeinsam die Paramount Pictures leiteten, hätten bei der Besetzung von *Verhängnisvolle Affäre (Fatal Attraction)* um ein Haar Glenn Close übergangen. Dieser Umstand hatte sie laut Lansing »gelehrt, mit jedem Testaufnahmen zu machen«. (American Film, Oktober 1988) Also traf sich Stanley Jaffe mit Jodie Foster. Jonathan Kaplan, der Regisseur des Films, sagte, daß sie hätten sehen wollen, »ob sie nun fett geworden war oder nicht … Jodie wußte, daß sich Jaffe nur deshalb mit ihr treffen wollte.« (American Film, Oktober 1988)

Foster wiederum willigte ihrerseits mit Gleichmut und gewohnter Professionalität in etwas ein, was jeder andere in dieser Stadt der großen Egos für demütigend gehalten hätte. »An einem gewissen Punkt muß man einfach akzeptieren, daß man nur ein Objekt ist«, sagte sie später. »Das ist nicht persönlich gemeint, aber irgendwann wird irgend jemand sagen, daß deine Stimme Scheiße ist und dein Körper auch. Man muß lernen, Persönliches nicht so persönlich zu nehmen.« (Rolling Stone, 21. März 1991) Trotz ihrer bestehenden Zweifel stimmten die Produzenten schließlich den Probeaufnahmen mit Jodie Foster zu.

Die Beschreibungen dieses entscheidenden Ereignisses, bei dem Foster zum ersten Mal die Worte ihrer Figur aus dem Arbeitermilieu vorlas, divergieren ähnlich wie bei *Rashomon*. Der Produzentin Sherry Lansing, einem ehemaligen Model, zufolge »trug Foster einen schwarzen kurzen Rock und ein schwarzes Top, das nichts verbarg«. Jodie Foster hingegen sagt, sie würde »niemals etwas zu Verführerisches zum Vorsprechen anziehen. Das wäre ja so, als wenn man eine Postbotenmütze aufzieht zum Vorsprechen für die Rolle eines Postboten. Das ist vulgär. Ich dachte, sie wollten ein selbstbewußtes Mädchen sehen. Also habe ich einen schwarzen ärmellosen Pullover, schwarze

Jeans und Cowboy-Stiefel angezogen. Ich war überhaupt nicht vorbereitet auf das blöde Vorsprechen. Ich kannte meinen Text überhaupt nicht. Der Regisseur schickte mich für zehn Minuten in ein Zimmer, und ich mußte einen Fünf-Seiten-Monolog lernen.« (American Film, Oktober 1988) Regisseur Kaplan erinnert sich gut an die erste, vielsagende Reaktion von Sherry Lansing, nachdem sie die Probeaufnahmen auf der Leinwand gesehen hatte: »Sie sagte nur ›Den Umschlag bitte.‹« (Premiere, März 1991)

Ursprünglich sollte der Film *Witness (Zeuge)* heißen, wurde dann jedoch umbenannt, um eine Verwechslung mit dem Harrison-Ford-Thriller gleichen Namens (in dem Kelly McGillis ebenfalls mitgespielt hatte) zu vermeiden. Während der Dreharbeiten hieß er deshalb *Reckless Endangerment*, wurde später jedoch noch einmal umbenannt.

Im Vorspann wird Jodie Foster an zweiter Stelle, nach Kelly McGillis, genannt. Sie spielt die Rolle der Sarah Tobias, ein Mädchen aus der Arbeiterklasse, das in einer Bar mehrfach vergewaltigt wird, und das sogar unter Anfeuerungsrufen seitens der übrigen Gäste. Kelly McGillis ist in der Rolle von Katheryn Murphy zu sehen, der Assistentin des Staatsanwalts, die sowohl die Vergewaltiger als auch deren Publikum unter Anklage stellt.

Während der Dreharbeiten entstanden eine Menge abenteuerlicher Gerüchte, die sich in Hollywood ja immer in Windeseile verbreiten – und sich später oft als falsch herausstellen. Eines davon kolportierte, die beiden weiblichen Hauptdarsteller hätten eine heiße Affäre miteinander.

Klatsch wird in Hollywood leicht mit Wahrheit verwechselt. Jede Veränderung ist automatisch suspekt, und bei fast jeder großen Filmproduktion gibt es auch einige Miesmacher – häufig entstehen ihre Angriffe oder Verleumdungen wegen persönlicher Auseinandersetzungen oder aus Gründen von Studiopolitik (*E.T.* beispielsweise wurde schon schlechtgemacht, bevor irgend jemand den Film tatsächlich zu Gesicht bekommen hatte, nur weil es innerhalb des Studios zwei verfeindete Lager gab, eines für, eines gegen Spielberg).

Im Vorfeld zu dem Foster/McGillis Film war allerdings nur Gutes über die beiden Darsteller und ihre schauspielerischen Leistungen zu hören. Ein Film wie *Verhängnisvolle Affäre*, hieß es sogar.

Angeklagt (*The Accused*), wie der Film schließlich genannt wurde, basiert auf einem wahren Fall: auf der Geschichte einer Frau, die 1983 auf dem Flipper-Automaten einer Kneipe in der Arbeiterstadt New Bedford, Massachusetts, von mehreren Männern vergewaltigt worden war. Die betrunkenen Zuschauer hatten ihre Angreifer sogar noch angefeuert. Im Film wurde die Vergewaltigung ins Jahr 1987 verlegt, die Kneipe heißt *The Mill*, und die Stadt mit ihrem bleiernen Himmel wird gar nicht benannt.

Weil Sarah Tobias »nur« eine Bedienung ist und an dem fraglichen Abend auch noch selbst betrunken war, weil sie »aufreizende« Kleidung trug und einen Camaro mit dem eitlen Nummernschild SXY SADI fährt, einer ihrer Vergewaltiger hingegen ein wohlerzogener College-Junge ist, wird sie von den Leuten so behandelt, als habe sie »es« geradezu herausgefordert, ja sozusagen verdient, vergewaltigt zu werden. »Verdammt noch mal, was macht es für einen Unterschied, was für Klamotten ich anhatte?« will Sarah von der jungen Staatsanwältin wissen, die sie vernimmt. »Sie haben sie mir vom Leib gerissen.«

Als sich Staatsanwältin Murphy auf einen Deal einläßt, die drei Vergewaltiger wegen »fahrlässiger Gefährdung« (reckless endangerment) ins Gefängnis zu schicken, eines Vergehens also, das dasselbe Strafmaß wie Vergewaltigung beinhaltet, aber die sexuelle Konnotation ausläßt, ist Tobias außer sich vor Wut und fühlt sich verraten. »Ich habe niemandem was sagen dürfen«, sagt sie. »Dauernd haben Sie für mich geredet.« Obwohl ihre Kollegen ihr abraten, beschließt Murphy dann aber, die Zuschauer ebenfalls vor Gericht zu stellen. Zumal sie die Angreifer mit Sätzen wie »Schnappt sie! Macht weiter! Auf sie! Los!« noch ermutigt haben. Sie verklagt sie wegen »Anstiftung zu einem Verbrechen« und dafür, »die Vergewaltigung in Gang gebracht und sie am Laufen gehalten zu haben«. Und Tobias tritt gegen sie in den Zeugenstand.

Sarah Tobias mag Gerechtigkeit fordern und möglicherweise auch bekommen, aber was sie keinesfalls will, ist Mitleid. Foster konnte bei dieser Rolle aus ihren vielen Erfahrungen schöpfen, die sie durch die Darstellung der zahlreichen harten Mädchen, die sie im Lauf der Zeit gespielt hat, gesammelt hatte. Es gelang ihr, die rauhe Stimme, das kratzige Flüstern so aufzudrehen, daß es Hysterie und Tränen andeutet, ohne es direkt auszudrücken.

»Ich hab jemand schreien gehört«, sagt sie leise, als sie zum ersten Mal die Szene in der Kneipe schildert, »und das war ich selbst.«

»Sind Sie verheiratet?« fragt die Staatsanwältin, als sie die zusammengeschlagene Sarah vom Krankenhaus nach Hause fährt.

Sarah antwortet mit einem Satz, der für Jodie eine besondere Bedeutung gehabt haben muß: »Meine Ma war zehn Jahre lang verheiratet, aber er ist abgehauen, als ich auf die Welt kam.«

Die härteste Szene in diesem Fall war für Jodie Foster nicht etwa das Drehen der brutalen Vergewaltigung gewesen, obwohl auch das ein paar Tage voller blauer Flecken und heftiger Gefühle waren und die Blutgefäße in ihren Augen vom vielen Heulen platzten. Das Schwierigste für sie war jedoch der »erniedrigende« Moment vorher gewesen, als Sarah allein und betrunken zur Musik aus der Jukebox tanzt, ohne Blick für die feindlichen, gefräßigen Blicke, die jede ihrer Bewegungen genau verfolgen. (American Film, Oktober 1988)

Nach dem Ende der Dreharbeiten kam es oft vor, daß Foster noch in Clubs gehen und tanzen wollte. »Ich weiß nicht, was mich da reitet«, sagte sie. »Seit drei Wochen muß ich ständig tanzen gehen. Ich besuche die Clubs und verbringe drei Stunden auf der Tanzfläche, während mein Freund Lachkrämpfe hat … Dann fahre ich zurück ins Valley, wo die Leute einem nichts tun wollen. Denn wenn ich von dort weg bin, dann habe ich immer das Gefühl, daß alle mir etwas tun wollen.« (The Cable Guide, November 1989)

Ob die beiden Frauen nun ein Verhältnis hatten oder nicht (die feindseligen, gefräßigen Blicke Hollywoods waren überzeugt, daß sie eines hatten, obgleich der Regisseur Kaplan im März 1991 in Premiere verkündete, dieses Gerücht sei »so unwahr, daß es eine Beleidigung ist«), machte Jodie Foster kein Geheimnis daraus, daß sie und McGillis sich nahestanden und daß sie ihren Co-Star, die an der Juilliard-School Schauspielerei gelernt hatte, sogar fast mit etwas Ehrfurcht betrachtete.

»Fordere sie dazu auf, zu weinen, und sie sagt: ›Wieviel? Welches Auge? Wann?‹«, erzählte Foster von ihr, kurz bevor der Film in die Kinos kam. (American Film, Oktober 1988) In einem anderen Interview berichtete sie etwa zur selben Zeit, McGillis habe ihr viele Sachen beigebracht. »Manches stammte aus ihrer Ausbildung, aber am meisten habe ich von der Art, wie sie denkt und fühlt, gelernt. Ich sage Sachen, die mir gerade durch den Kopf gehen, aber wenn Kelly etwas sagt, trifft es die Sachen meistens auf den Punkt. Sie weiß, wovon sie redet. Sie ist sehr scharfsinnig, nie so zufällig wie ich. Sie ist außerdem sehr gefühlsbetont. Ich will damit nicht sagen, daß ich das nicht bin, aber ich habe in einer anderen Welt als Kelly leben müssen. Das hat mich zwar nicht verhärtet, aber mir eine Schutzhaut verliehen. Kelly hält nichts zurück. Sie ist sehr lebensnah und lügt nie. Sie kann es nicht. Sie weiß gar nicht, wie das geht.« (Interview, August 1987)

Nach dem Ende ihrer Collegezeit war Fitnesstraining Fosters neue Leidenschaft geworden, und sie und Gillis trainierten gemeinsam und redeten über Dinge wie »die beiden besten Sätze, die ein Freund einem sagen könne«. (Interview, August 1987) Foster zufolge sind das »Du bist Schauspielerin. Wie kann ich dir je trauen?« und »Du warst auf dem College und glaubst, daß du alles weißt.«

Während der Dreharbeiten hatten sich McGillis, Foster und Regisseur Kaplan »auf beinahe familiäre Weise verstanden«, erzählte die Schauspielerin. »Ich konnte mit Jonathan einen Streit haben wie mit meinem Bruder, mich am nächsten Tag entschuldigen, und alles war vergessen. Auch mit Kelly ist es wie in einer Familie. Kurz nachdem ich sie kennengelernt hatte, hatte ich das Gefühl, sie sei meine Schwester.« (Interview, August 1987)

Endlich hatte Foster eine Rolle gefunden, die ihrem Talent entsprach, und die Lobeshymnen und Auszeichnungen, die folgten, waren vorherzusehen. Als der Dreh vorbei war, machte Jodie Foster ihre

Abschlußprüfungen in Yale. »Ich hatte schon geplant, nach Cornell zu gehen«, erzählte sie fünf Jahre später, »um Literatur zu studieren. Kein Mensch hätte dann je wieder von mir gehört. Der Film war für mich persönlich eine große Provokation.« (Entertainment Weekly, 2. April 1993)

Wie groß die Herausforderung war? »Es war so: Nachdem ich die Rolle bekommen hatte, habe ich das Drehbuch nie wieder gelesen. Ich bin auf den Set gekommen und habe mich über die Story lustig gemacht. Ich habe völlig cool getan, aber wenn ich jetzt daran zurückdenke, war ich nur starr vor Angst.«

Für ihre Darstellung der Sarah Tobias wurde sie vom National Board of Review als Beste Schauspielerin ausgezeichnet und teilte sich den Golden Globe der Hollywood Foreign Press Association mit Sigourney Weaver für *Gorillas im Nebel* und Shirley MacLaine für *Madame Sousatzka*.

Die ausländische Presse schätzte die vielsprachige Schauspielerin schon seit *Taxi Driver*. Für *Angeklagt* sprach Foster selbst wieder die französische Synchronstimme und reiste drei Wochen lang durch fünf Länder, um für den Film die Werbetrommel zu rühren.

Ende der Achtziger war es immer noch die Ausnahme, daß ein Star erkannte, daß die Zukunft der amerikanischen Filmindustrie auf dem internationalen Markt liegt. Und *Angeklagt* war keines der für männliche Zuschauer gemachten Action-Abenteuer, die auch außerhalb der USA leicht Kasse machen. Deshalb ist es vor allem Jodie Foster und ihren Bemühungen zu verdanken, daß *Angeklagt* im Ausland hohe Einnahmen erzielte und öffentliche Diskussionen über Vergewaltigung und ihre Opfer entfachte.

Während ihrer Werbekampagne in Europa arbeitete sie täglich von neun Uhr morgens bis sechs Uhr abends, schwärmte ein Marketing-Vizepräsident damals. Drei Wochen lang stand sie jeden Tag für Interviews zur Verfügung und riskierte es sogar, auf einer Pressekonferenz in Rom vor vierzig Journalisten italienisch zu sprechen. Dieser Trip, schloß der Vize, habe »Foster zweifellos als internationalen Star mit Köpfchen« etabliert. (Daily Variety, 10. Mai 1989)

Während sie in Italien weilte, verkündete die Filmakademie in

Hollywood ihre jährlichen Oscar-Nominierungen. Als Beste Schauspielerin standen Glenn Close für *Gefährliche Liebschaften*, Jodie Foster für *Angeklagt*, Melanie Griffith für *Die Waffen der Frauen* (die dafür bereits als Beste Nebendarstellerin mit einem Globe ausgezeichnet worden war), Meryl Streep für *Ein Schrei in der Dunkelheit* und Sigourney Weaver für *Gorillas im Nebel* (gleichzeitig war Weaver noch als Beste Nebendarstellerin für *Die Waffen der Frauen* nominiert worden) auf der Liste. In Rom erfuhr sie von der Nominierung, und – so sagte sie später – dort habe sie in einem Schaufenster auch das Kleid entdeckt, das sie später bei der Oscar-Verleihung trug – ein kurzes, enganliegendes und trägerloses wasserfarbenes Teil mit einer großen schwarzen Schleife am Rücken.

Ende März fand die große Oscar-Feierlichkeit statt, Jodie Foster erschien dort mit ihrem Filmpartner aus *Siesta* Julian Sands, ihrer Mutter und ein paar weiteren Familienmitgliedern. Als dann tatsächlich ihr Name fiel, »küßte sie Julian Sands, ihren Bruder und ihre Mutter, zog noch einmal an ihrem blauen Kleid, ehe sie den Gang herunterkam, und rückte, auf dem Podium angelangt, alles ein zweites Mal zurecht, um sicherzugehen, daß nichts herausschaut«. (Mason Wiley und Damien Bona, *Inside Oscar: The Unofficial History of the Academy Award*, New York, 1993)

Im Unterschied zu den langen, ausgefeilten Dankesreden, die bei den Gewinnern der Schauspiel-Oscars die Regel sind, gehörte Jodies Rede mit zu den kürzesten und auch zu denen, die am besten ankamen. Es war mit Sicherheit die eloquenteste.

»Das ist so eine große Sache«, sagte sie, »und mein Leben ist so einfach. Es gibt darin sehr wenige Dinge – Liebe, Arbeit und Familie. Und dieser Film ist für uns so etwas Besonderes, weil er diese drei Sachen verbunden hat. Und ich möchte all meinen Familien danken, all den Stämmen, von denen ich abstamme, der wunderbaren Crew von *Angeklagt*, Jonathan Kaplan, Kelly McGillis, Tom Topor, Paramount, der Academy, meinen Schulen ... und vor allem meiner Mutter Brandy, die mir beigebracht hat, daß all meine Fingermalereien kleine Picassos sind und daß ich keine Angst haben muß. Und vor allem, daß Unmenschlichkeit vielleicht sehr menschlich ist, und vielleicht auch Teil der Kultur, aber daß sie nicht akzeptabel ist. Und genau darum geht es in dem Film. Vielen herzlichen Dank.«

Im Pressesaal hinter der Bühne wurde die frisch gekürte Preisträgerin gefragt, was sie mit ihrem Oscar zu tun gedenke.

»Erst einmal bleibt er in diesen Händen. Er geht nirgendwo hin. Gefangener von Jodie«, antwortete sie kichernd. »Ich habe gestern abend drei Videos in einem Laden ausgeliehen, und sie haben gesagt, wenn ich ihnen dieses Ding vorbeibringe, dann muß ich keine Leihgebühr für die Filme zahlen. Also können Sie sicher sein, daß er morgen mit in den Laden kommt.«

Das klang genau nach dem einfachen Leben, das sie in ihrer Rede beschworen hatte. Doch letztlich war Normalität für Jodie Foster immer eher eine Ausnahme gewesen. Ehe sie hinter die Bühne zu den Reportern kam, war über die Lautsprecher die Anweisung ergangen: »Bitte keine Fragen zu Mister Hinckley. Dies ist die Oscar-Nacht.«

Nach dieser Oscar-Nacht wandte sich die Beste Schauspielerin des Jahres 1988 wieder ihrer schwierigsten Rolle zu: der Normalität. Noch Monate später sagte sie, daß es für sie schwer zu glauben sei, die Beste Schauspielerin zu sein. »Wie bitte? Lächerlich! Manchmal fahre ich auf der Autobahn und fange einfach zu lachen an.« (The Cable Guide, November 1989) Und dieses Gefühl ist ihr geblieben. Erst unlängst, anläßlich ihres Filmes *Nell*, wiederholte sie diesen Satz, als man von ihr wissen wollte, wie sie sich fühle, eine der mächtigsten Frauen Hollywoods zu sein.

»Es überkommt mich einfach«, fügte sie 1989 hinzu. »Es ist auch ein bißchen beängstigend. Was ist, wenn ich beim nächsten Mal versage? Was werden die Leute dann sagen?« Die Leute meinten folgendes: »Hast du gesehen, daß Jodie Foster laut Harper's Bazaar eine der zehn schönsten Frauen überhaupt ist?«

Jodie Foster sagte jedoch: »Ich gebe gerne 50 000 $ für Reisen aus, aber keine 200 $ für ein Kleidungsstück.« (The Cable Guide, November 1989) Sie blieb das unaffektierte Mädchen aus dem Valley, das die frische Luft liebt und nur wenig Make-up trägt und sich unerkannt unter die Gäste in einem Restaurant mischen kann, ehe sie die schmutzige Wäsche bei ihrer Mutter vorbeibringt. »Ich mag Hausarbeiten«, erzählte sie einmal einem etwas irritierten Reporter. »Ich will das nicht aufgeben und es jemand anderen machen lassen – das hat mit Leben nichts zu tun. Aber es ist nicht einfach, denn ich habe eine Menge zu tun.« (Interview, September 1989)

Und das beste daran war, daß es alles stimmte. Das konnte jeder bestätigen. Ein Freund aus Kindertagen, der ihr immer noch nahe stand, meinte: »Ich glaube, sie würde alles tun, um den Rest ihres Lebens nicht aufzufallen.«

Unauffälligkeit hätte sie leicht haben können: Die Beste Schauspielerin hätte nur mit der Filmerei aufhören müssen. Schließlich ist sie von Hollywood-Insidern in jeder Phase ihrer Karriere schon einmal ausgezählt worden: zu androgyn, zu übergewichtig, zu ausgeflippt, zu belastet von Erinnerungen. Dabei schaffen es die meisten Kinderstars noch nicht einmal, bis zur Pubertät noch Engagements zu bekommen. Das hatte Brandy Foster ihrer Tochter schon früh bestätigt. Aber abgesehen von ihrem Wunsch nach Normalität gab es da noch Jodie Fosters außergewöhnliche Begabung. Und für sie war die Schauspielerin immer bereit gewesen, den Preis zu zahlen.

Eine der wichtigsten Lektionen, die sie in Yale gelernt und die ihr in der Gerüchteküche Hollywood oft den Rücken gestärkt hatte, war, daß es in Ordnung ist, aufzufallen – selbst wenn einen dieser Prozeß abhärtet und einem das verleiht, was sie anderthalb Jahre vor ihrem Oscar »Schutzschicht« genannt hatte.

»Frauen sind seltsam«, fing sie nachdenklich an. »Männer mögen sich selbst von Anfang an. Frauen müssen das erst lernen. Frauen brauchen dafür länger ... besonders in der Filmindustrie, wo jeder glaubt, sich direkt eine Meinung bilden zu müssen, wenn eine Schauspielerin den Raum betritt ... Dafür braucht man diese Schutzschicht. Vielleicht ist das ein Charakterfehler, den mir diese Branche beschert hat: Wenn mich jemand nicht leiden kann, kann ich mich ändern. Wollen Sie mich lebhafter? Weniger dies oder das? Ich kann mich dem anpassen, was die Leute brauchen ... Mein Lieblingssatz ist, daß gute Schauspieler in übertragenem Sinn schizophren

Für ihre Rolle in *Angeklagt* (1988) erhielt Jodie Foster 1989 ihren ersten Oscar.

Angeklagt basiert auf einem wahren Fall: auf der Geschichte einer Frau, die 1983 auf dem Flipper-Automaten einer Kneipe in der Arbeiterstadt New Bedford, Massachusetts, von mehreren Männern vergewaltigt worden war.

Angespannt erwartet Foster als Sarah Tobias das Gerichtsurteil für die Angeklagten.

Backtrack (1990) entstand unter der Regie von Dennis Hopper. Er selber spielte neben Foster die männliche Hauptrolle.

Für die Rolle der ehrgeizigen FBI-Agentin in *Das Schweigen der Lämmer* (1991) erhielt Foster ihren zweiten Oscar. Jonathan Demme (hinten) führte Regie.

In *Das Wunderkind Tate* (1991) führte Foster erstmals auch Regie.
Neben Adam Hann-Byrd als Fred Tate war sie als seine alleinerziehende Mutter Dede zu sehen.

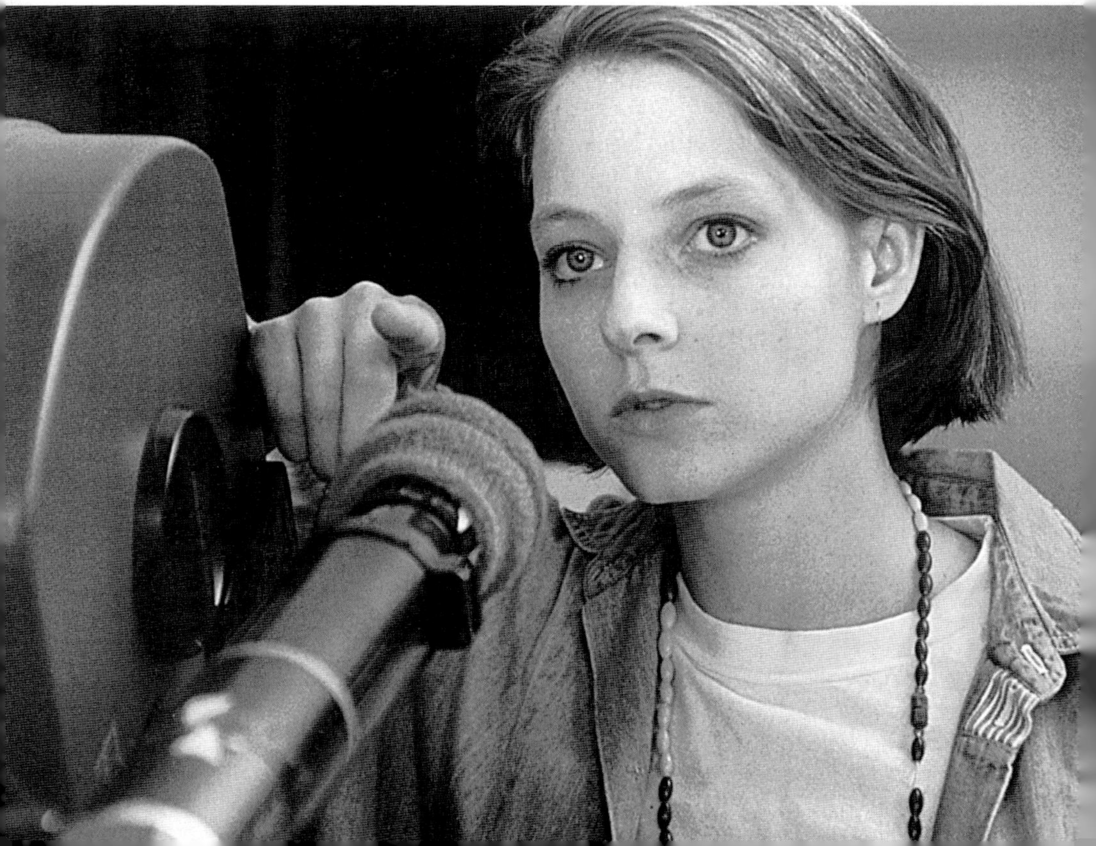

Unter der Regie von Woody Allen spielte Foster eine kleine Rolle in *Schatten und Nebel* (1992).

Mit Richard Gere in dem
Bürgerkriegsdrama *Sommersby*
von 1993.

Auch in einer Komödie konnte
Foster überzeugen: mit
Mel Gibson in *Maverick* (1994).

Nell (1994) war der erste Film,
der bei Fosters eigener Produktionsfirma
Egg Pictures entstand.
Die Schauspielerin spielte die
ausdrucksstarke Hauptrolle.

Die Regisseurin auf dem Set
von *Familienfest und
andere Schwierigkeiten* (1995).

Foster führte 1993 durch die Fernsehsendung *All about Bette*,
eine Hommage an die große Hollywood-Schauspielerin Bette Davis.

sind ... Aber jeder ist das, die anderen wissen es nur nicht.« (Interview, August 1987)

Ein Schauspieler, der tatsächlich schizophren gewesen ist und das auch beweisen konnte, war Dennis Hopper. Nach der Produktion des Kultfilms *Easy Rider* geriet er in den Strudel tiefer Drogenabhängigkeit, bis er schließlich im Koma in einem Sanatorium landete. Genüßlich tauschte man in Hollywood Geschichten über den zugedröhnten Schauspieler aus: *Was für ein Talent! Was für eine Schande!* Man nahm an, er habe nun endgültig seinen Verstand verloren. Nicht nur Hollywood hatte Hopper aufgegeben, auch seine Ärzte hatten keine Hoffnung mehr. Doch er hat ihnen allen das Gegenteil bewiesen, hat überlebt und ein Comeback gefeiert.

Im Anschluß an *Angeklagt* äußerte Foster häufig, daß sie jetzt nach einem kommerzieller ausgerichteten Film Ausschau halte. Doch dann unterschrieb sie nach der Oscar-Verleihung den Vertrag für *Backtrack* von und mit dem wieder »auferstandenen« Hopper, dem großen »Überlebenden« der Sechziger.

Vielleicht sah der Plot – ein kaltblütiger Killer (Hopper) verliebt sich in sein Opfer, eine Konzeptkünstlerin (Foster) – auf dem Papier mehr nach Mainstream aus als der kühle, elliptische und kunstvolle Thriller, den Hopper schließlich ablieferte. Aber vielleicht konnte Foster als Kind der Sechziger auch einfach nicht der Versuchung widerstehen, mit einem der Idole jenes Jahrzehnts zu arbeiten, zumal ihn die Kritik gerade als Regisseur sehr schätzte. Außerdem sollte der Film in Hoppers Wahlheimat New Mexico gedreht werden. Welche finanziellen Erwartungen auch immer mit *Backtrack* verknüpft gewesen sein mögen, sie wurden zunichte gemacht, als der Verleiher Vestron, der auf der Welle finanzieller Überhitzung in den Achtzigern groß geworden war, bankrott ging.

Doch das änderte nichts daran, daß Jodie Dennis mochte, sie nannte ihn »einen Schatz bei der Arbeit ... eine unglaubliche Mischung von alter Seele und kleinem Kind. Er ist schon ewig dabei und hat immer noch diese Ausstrahlung eines ungezogenen kleinen Jungen. Und ich finde ihn echt attraktiv und sexy.« (Inside Hollywood, Juli/August 1991) Daß dieses Gefühl auf Gegenseitigkeit beruhte, wird besonders an der Art deutlich, wie der Regisseur seinen jungen Star filmte. Die gegenseitige Anziehung ist auch auf der Leinwand deutlich zu spüren.

In einigen Szenen tritt Foster nur mit einer Seidenbluse bekleidet auf, man sieht sie einmal nackt aus der Dusche treten. Und es gibt sogar eine heiße Liebesszene mit Hopper.

»Laß mich dir etwas über Männer sagen«, sagt sie zu dem Mann, der sie umbringen will, während sie Strümpfe und Strapse anzieht. »Sie haben keine Einbildungskraft.«

Trotz des abgedroschenen Schlusses, der den ganzen Stil und Witz des Vorangegangenen verrät, ist *Backtrack* ein Werk, das breitere Beachtung verdient hätte. Unter dem Titel *Catchfire* kam allerdings nur die gekürzte und umgeschnittene Version des Films in die Kinos, und das auch nur in Europa. Hopper distanzierte sich von der geänderten Variante und zog sogar seinen Namen zurück: Im Vorspann wird als Regisseur Alan Smithee genannt.

Foster spielt hier die erfolgreiche Künstlerin Anne Benton, deren Medium Leuchtdioden und Neonzeichen sind, die nicht die letzten Börsennachrichten, die Uhrzeit oder das Wetter anzeigen, sondern rätsel- und bruchstückhafte Botschaften übermitteln, beispielsweise: ES IST WICHTIG, SAUBER ZU BLEIBEN / AUF ALLEN EBENEN, DER MANGEL VON CHARISMA / KANN FATAL SEIN oder MORD HAT SEINE VERNÜNFTIGEN SEITEN. In ihrer modernen Galerie in Venice werden diese Leuchtdioden-Konstrukte für 20 000 Dollar und mehr das Stück verkauft.

Als an ihrem roten Mustang auf dem Freeway ein Reifen platzt, wird die blondgelockte Anne zufällig Zeugin eines Mordes in einer nahe gelegenen Raffinerie. Als auf der Polizeistation später der Beverly Hills-Anwalt der Mafia (Dean Stockwell) auftaucht, erkennt Anne in ihm einen der Killer aus der Raffinerie. Ein Staatsanwalt (Fred Ward) bietet ihr daraufhin Schutz und Hilfe an, und es gelingt ihr, zu fliehen. Die Gangster (neben Vincent Price als Paten und Stockwell spielen noch Joe Pesci und John Turturro mit) rufen daraufhin Milo (Hopper) zu Hilfe – einen wortkargen Killer mit künstlerischen Neigungen, der so gut Saxophon wie Charlie Parker spielen will, auf die apokalyptische Kunst von Hieronymus Bosch steht und einen merkwürdigen Akzent hat. Unweigerlich verliebt er sich in Anne, vor allem nachdem er bei der Durchsuchung ihrer Wohnung Polaroids von ihr in schwarzer Unterwäsche gefunden hat.

Durch eine filmische Montage wird gezeigt, daß einige Zeit vergangen ist. Anne, unter einer kastanienbraunen Perücke, hinter rosa Lippenstift und grünen Kontaktlinsen versteckt, hat inzwischen in Seattle eine Stelle als Texterin, die clevere Werbesprüche erfindet. Zurück in Los Angeles sieht man Milo in einer Zeitschrift blättern (eine Ausgabe von Vanity Fair, in der in Wirklichkeit ein Porträt von Jodie Foster zu lesen war – einer der vielen In-Jokes des Films). Der Killer bleibt an einer doppelseitigen Werbung für Lippenstift hängen: BESCHÜTZ MICH ... VOR MEINEN WÜNSCHEN.

Milo sagt: »Der ist von ihr.« Und er macht sich auf den Weg und findet Anne schließlich in New Mexico, wo sie wieder blauäugig und blond ist, mit guter Figur, feinen Zügen und weicher Haut.

Milo beobachtet sie immer wieder beim Duschen – bis er sie eines Tages entführt. Und an diesem Punkt, nach etwa zwei Dritteln des Films, läuft die Handlung aus dem Ruder und gibt all den Kritikern Munition, die Foster vorgeworfen haben, »immer« nur Opfer zu spielen.

Bis dahin ist der Film stilvoll, witzig und unterhaltsam. Beispielsweise in der Szene, in der die Gangster in Annes Apartment einen Mord begehen, kann man gleichzeitig durch das Fenster im Hintergrund die Nachbarn Crack rauchen sehen. Als die Polizei mit heulenden Sirenen kommt, nimmt sie dann statt der Mafiagangster diese vier Hispanos fest.

Der Film beinhaltet jede Menge Anspielungen auf Kunst, Literatur und Jazz – selbst D. H. Lawrence, gespielt von dem Kultregisseur Alex Cox (*Repo Man, Sid & Nancy*), taucht in einer surrealen Fiesta-Szene auf. Und jede Einstellung in den ersten zwei Dritteln ist sorgfältig durchkomponiert. Doch dann kommt, wie so oft in Hollywood-Filmen, ein dritter Akt, der alles Vorherige verrät und wie angehängt wirkt. Nachdem Anne sich erst gegen den existentialistischen Milo, der sie vergewaltigt hat, wehrt und ihn »nicht nur einen Mörder und Vergewaltiger, sondern ein aufgeblasenes, beschissenes Arschloch« nennt, verliebt sie sich später doch in ihn.

Bis zu dem Zeitpunkt, wo er ihr Handschellen anlegt und sie dazu zwingt, ihre aufreizende, schwarze Unterwäsche anzuziehen, war sie die selbstbewußte Künstlerin und Geschäftsfrau, bei der sich eine kontrollierte Fassade mit einer mädchenhaften Verletzlichkeit paarte – und die darin Foster selbst mehr als nur ein bißchen ähnelte. (»Ich benutze Sprache und konstruiere Texte als Inhalt meiner Arbeit«, sagt Anne während des Films einmal über sich. »Meine Ideen beziehe ich aus der Literatur wie aus anderen Sachen. Ich habe sogar ganz bewußt dabei die Kunst als Thema ausgespart.«)

Als Anne in ihrem Domina-Outfit vor Milo steht, erregt das den Killer so, daß Hopper das aus *Blue Velvet* unvergeßliche und oft imitierte Lustgestöhne: UNH! UNH! UNH! von sich gibt. Anne, die in schwarzen Strümpfen an einem kleinen Tisch lehnt und ein Bein über Milos Schulter gelegt hat, wirkt hingegen, als würde sie jeden Moment in Gelächter ausbrechen.

Backtrack verschwand trotz seiner eindrucksvollen Besetzung (zu der sich noch Bob Dylan als Künstler mit Kettensäge und Charlie Sheen als Pizza-mampfender Freund gesellen) in den USA sofort im Kabelfernsehen, und er taucht nicht einmal in allen Filmographien von Jodie Foster auf. Beobachter ihrer Karriere hätten leicht auf den Gedanken kommen können, daß die Schauspielerin mit diesem Film wieder in die Gewohnheiten der frühen Achtziger zurückgefallen sei, als sie in einer Reihe mehr oder weniger mißlungener Filme aufgetreten war – ambitiösen Filmen mit hervorragender Besetzung, aber schwachen Drehbüchern.

Obwohl *Backtrack* in Amerika nicht ins Kino kam, zeigte Foster sich in der Öffentlichkeit stoisch und philosophisch: »Es ist nicht so, daß ich die erfolgreichste Karriere der Welt gemacht habe … Überhaupt nicht. Ich hatte eine Menge Ups und Downs und Filme, die kein Geld einspielten, und harte Zeiten und all das. Und so wird es auch bleiben.« (Vogue, Februar 1991)

Und vor ihr lagen die Untiefen einer weiteren bankrotten Hollywood-Firma, ein weiterer kontroverser Erfolg bei Publikum und Kritik, noch mehr heimliches Getuschel, ein zweiter Oscar und die Erfüllung eines Traums, den sie über ein halbes Leben lang gehegt hatte.

7

Das Wunderkind

SCHON MIT VIERZEHN JAHREN VERTRAUTE SIE Andy Warhol während eines Interviews im New Yorker St. Pierre-Hotel an, daß sie vorhabe, Regie zu führen, wenn sie erwachsen sei. Und sie war erst fünfzehn Jahr alt, als sie *Hands of Time* schrieb und inszenierte, einen Kurzfilm aus der Time-Life/BBC-Reihe *Americans.* Von diesem Zeitpunkt an verkündete die talentierte Teenagerin, die einst auf die unvermeidliche Frage, welchen Beruf sie später ergreifen wolle, ohne zu zögern »Präsident der Vereinigten Staaten« geantwortet hatte, sie wolle Regisseurin werden.

»Technisch gesehen weiß ich genug«, konnte man später in einem Presseheft ihres Studios lesen, das einen Lebenslauf der inzwischen 23jährigen enthielt. Obwohl ihr dieses Statement, wie es bei solchen Texten regelmäßig der Fall ist, auch in den Mund gelegt worden sein könnte, hätte sie es dennoch unterschrieben. »Ich würde vielleicht mit einem kleinen Film anfangen.«

Mit Mitte Zwanzig hatte sie ihre Berufswünsche auf zwei reduziert – Schreiben und Regie führen. Zu ersterem fühlte sie sich allerdings »momentan zu unruhig, ein wenig zu unbeständig«. (Elle, März 1987) Was die Regie anging, waren ihre Erwägungen jedoch rein taktischer Natur, wie die eines umsichtigen Generals, der seinen ersten Befehl abwägt: »Die Sache ist die: Man muß wissen, was man will und wie man es kriegt von Leuten, die doppelt so alt sind ... ich kann mir keine halben Sachen erlauben.«

Jahrelang hatte sie auch die große Bedeutsamkeit von Auszeich-

nungen geleugnet und gesagt, es sei die Arbeit und nicht die Anerkennung, auf die es ankäme. Doch nach der Preisverleihung für ihre
Rolle in *Angeklagt* erkannte sie auch die neuen Möglichkeiten, die
sich ihr dadurch eröffneten. Einen Oscar als Beste Schauspielerin zu
gewinnen bedeutet, »daß Projekte, die vorher nicht gemacht werden konnten, auf einmal doch gemacht werden, nur weil man erklärt,
daß man selbst sie machen möchte«, sagte sie ein paar Monate nach
Hollywoods großer Nacht. (Interview, September 1989) »Das Wunderkind«, fuhr sie fort und dachte dabei vielleicht schon an das
Drehbuch von Scott Frank, das seit Jahren erfolglos in Hollywood
kursierte, »wird in meiner Arbeit definitiv ein Thema sein.« Doch
selbst willensstarke Ex-Wunderkinder, die sich nach beharrlicher
Arbeit endlich an der Spitze eines – allerdings – rutschigen Mastes
wiederfinden, stehen manchmal einem Chor skeptischer Berater gegenüber, die zur Vorsicht raten. So erging es Foster.

»Keiner wollte, daß ich einen Film mache, nachdem ich den Oscar
gewonnen hatte«, erzählte sie. »Es war eher so: ›Komm schon,
schnapp dir ein paar große Rollen. Jetzt ist deine Chance.‹ Und das
war auch vernünftig. Aber manchmal muß man Sachen machen, die
man nur selbst versteht. Es hatte nichts mit Karriere zu tun, ich
mochte das Drehbuch einfach. Ich mußte Fred retten. So nach dem
Motto ›Lasse ich das einen anderen Regisseur machen?‹« (Premiere,
März 1991)

Zu Fosters Lieblingsregisseuren gehören François Truffaut, Louis
Malle, Jean-Luc Godard, Woody Allen, John Sayles, Nicolas Roeg,
Alan Rudolph und Stephen Frears. Und eine ihrer Lieblingserzählun-
gen war schon immer *Franny and Zooey* gewesen, J. D. Salingers zarte,
kurze Erzählung über zwei heranwachsende Wunderkinder, die versuchen, »echt« und »wahr« zu sein und den zahllosen Versuchungen
zur »Heuchelei« zu widerstehen. Diese Thematik traf bei Foster ver-
ständlicherweise einen Nerv.

Die Geschichte – eigentlich zwei verbundene Erzählungen aus der
Kurzgeschichte »Franny« und der Novelle »Zooey« – konzentriert
sich auf zwei der sieben frühreifen Kinder der Familie Glass. Alle sieben Kinder sind eine Zeitlang in der Radio-Sendung »It's a Wise

Child« aufgetreten, und dabei immer in die Hände von Kinderpsychologen oder Privaterziehern gefallen, die sich für besonders begabte Kinder interessieren. Und Zooey war das von allen Kindern am ausführlichsten untersuchte, interviewte und auch gepiesackte. Kein Wunder, daß er sich in dieser nach ihm benannten Geschichte später der Schauspielerei zuwendet.

Kein Wunder, daß die Geschichte, die sich Foster für ihr Regiedebüt aussuchte, unverkennbar an Salinger erinnerte.

Die Story *Wunderkind Tate (Little Man Tate)* würde hervorragend in die Familienchronik der Glass' passen. Fred Tate (Adam Hann-Byrd), der siebenjährige Titelheld, ist ein kleiner Junge mit einem großen Intellekt, einem sympathischen Auftreten und einem empfindlichen Magen. Er wird von seiner alleinstehenden Mutter Dede aufgezogen, gespielt von Jodie Foster.

Dede raucht, trinkt und ist nicht auf den Mund gefallen. Sie arbeitet als Kellnerin, trägt große Ohrringe und lange, unförmige Baumwollhemden mit Aufdruck über ihren billigen T-Shirts. Und sie liebt ihren Sohn. Der Film zeigt sie, wie sie ihm sein Lieblingsgericht zubereitet (French Toast und gebratene Äpfel), wie sie spontan einen vergnügten Jitterbug mit ihm tanzt (»Willst du eine flotte Sohle hinlegen, Hübscher?« fragt sie und wirbelt ihn glücklich durch die Luft) und wie sie ihm versichert, daß die Identität seines Vaters unwichtig ist, weil es in Wirklichkeit eine unbefleckte Empfängnis gewesen sei.

»Das ist eine ziemlich große Verantwortung«, seufzt der ernste Fred.

Der Junge führt die Haushaltsbücher seiner Mutter, komponiert klassische Musikstücke und malt Bilder für sie. Er nimmt ihr Telefon auseinander, um zu sehen, wie es funktioniert, und macht sich wegen allem Sorgen – von der Krankheit, »die kleine Kinder in alte Männer verwandelt«, bis zu einer Überschrift von USA Today, die er in einem Zeitungskasten sieht: *MUTTER ERDE SCHMILZT – Kann der Planet mit der Menschheit fertig werden?* »Oh mein Gott!« ruft Fred, bevor ihn seine Mutter fortzieht.

Dies ist eine der Szenen, die an Woody Allen erinnern. Auch die

Filmmusik, wie Ella Fitzgeralds elegante Version von Cole Porters »I Get a Kick Out of You«, die während des Vorspanns zu hören ist, und die jazzige Big-Band-Quellen-Musik erinnern an Allen. (Quellen-Musik wird diejenige Musik genannt, die im Film aus einer bestimmten Quelle, beispielsweise einem Radio oder einer Stereoanlage ertönt, während mit Begleitmusik die meist stimmungsvolle Untermalung bezeichnet wird, die zu Dialogen oder Action eingespielt wird.)

Es ist letztlich nicht weiter überraschend, daß der kleine Fred ein Magengeschwür hat: Voller Angst wacht er mitten in der Nacht auf, weil er sich immer wieder in ein Van-Gogh-Gemälde hineinträumt. In der Schule langweilt er sich, und die anderen Kinder ziehen ihn auf. »Alles, was ich mir wünsche, ist jemand, mit dem ich essen kann«, sagt er sehnsüchtig.

Eines Tages wird Dr. Jane Grierson (Dianne Wiest), die Direktorin eines Instituts für begabte Kinder, auf den Jungen aufmerksam. Ihr Assistent Garth (David Hyde-Pierce) erzählt ihr von dem siebenjährigen Zweitkläßler: »Er schreibt Gedichte. Malt mit Öl und Wasser. Spielt auf Wettbewerbs-Niveau Klavier. Und hat nebenher anscheinend unbegrenzte Fähigkeiten in Mathematik und Physik. Es ist kaum zu erklären, Jane«, fügt Garth mit leiser Verwunderung hinzu, »aber eigentlich ist es nicht so sehr das, was er weiß, sondern ... was er versteht.«

Zögernd willigt die unverbildete Dede schließlich ein, Fred die Gelegenheit zu bieten, sich in Jane Griersons Institut für begabte Kinder auszuzeichnen. Sie lenkt sogar ein, als die Direktorin ihn während des Sommers mit ans College in ihre Villa nimmt, wo sie ihn für ein geplantes Buch genauer beobachten will. In einem Mathematikwettbewerb, genannt *Odyssey of the Mind,* bekommt Fred eine erste Ahnung von dem angenehmen Gefühl, etwas »Besonderes« zu sein und im Rampenlicht zu stehen. In einer geschickt und subtil inszenierten Szene heimst das begabte Kind jede Menge Beifall ein, als es eine Rechenaufgabe nach der anderen löst.

»Was ist die Kubikwurzel von 3 796 466?« fragt der Moderator.

»156«, antwortet Fred. Als er sieht, daß die hübschen Mädchen im

Publikum beeindruckt sind und applaudieren, hellen sich seine normalerweise angespannten und ernsten Züge mit einem Mal auf.

Dies ist eine der vielen Finessen des Films, der seine Schnitte oder Blickwinkel nie überbetont, wenn es keinen Anlaß dafür gibt: Einmal akzentuiert ein schneller Schnitt auf Fred, der alleine am fernen Ende eines langen Ganges steht, seine Einsamkeit. In einer anderen Szene unterstreicht eine sparsam angewandte neonblaue Trick-Animation die kinetische Natur seines Talents. Bei einem Spiel in einer Billard-Halle kann er zum Beispiel die Vektoren und Laufbahnen der Kugeln auf dem Tisch sehen.

Tate hatte im Oktober 1991 Premiere (es war der letzte Film eines Verleihers, der kurz danach bankrott ging). Sowohl als Regisseurin wie als Schauspielerin erntete Jodie Foster hervorragende Kritiken. Der Rezensent des Hollywood Reporters schwärmte, daß »Regiedebütantin Jodie Foster ein bewegendes, großartiges Porträt des menschlichen Geistes gelungen sei«, in dem »mit einem außergewöhnlich sensiblen Auge für die beängstigende Kindheit des Jungen der Schrecken vermittelt wird, in den Augen anderer ein Sonderling zu sein«. In ihrer Rolle als Dede Tate, der »derben und unbeständigen Mutter«, sei die Schauspielerin Foster einfach »wunderbar«. (The Hollywood Reporter, 3. September 1991)

Die Rolle der Dede ist »der größte Schritt, den ich seit langer Zeit gemacht habe«, äußerte sich Foster über ihre Figur, »weil ich etwas von dem zeige, was ich nie zuvor auf der Leinwand gezeigt habe. Ich bin sehr warmherzig, sehr liebevoll. Mir kommt es so vor, als hätte ich bisher alle meine Figuren auf Stärke gebaut, und nun möchte ich den Teil von mir erforschen, der etwas leichter, aber nicht unbedingt komisch ist.« (Redbook, November 1991)

Die Parallelen zwischen der alleinstehenden Mutter Dede Tate und ihrem begabten Kind und der alleinstehenden Mutter Brandy Foster und *ihrem* begabten Kind lagen nahe und wurden während der Werbekampagne für den Film auch oft angesprochen. Jodie Foster gefielen diese Fragen überhaupt nicht, und sie hat immer wieder jede autobiographische Absicht geleugnet. »Okay, ich war Schauspielerin, und ich war jung und ich war ganz gut, aber ich halte mich nicht für ein Wunderkind.« (Harper's Bazaar, November 1991)

»Alle, mit denen ich aufgewachsen bin, waren Kinder von alleinstehenden Eltern«, erzählte sie. »Alle Freundinnen meiner Mutter waren geschiedene Frauen, und sie saßen herum und sprachen über dieses Arschloch und jenen Bastard und was auch immer.« (Rolling Stone, 21. März 1991)

»Ich wollte einen Film machen, der mich widerspiegelt«, sagte Jodie bei anderer Gelegenheit, »der von den Dingen erzählt, die mir wichtig sind, aber nichts davon ist autobiographisch oder so ... Die Sache mit den Alleinerziehern ist ein so großer Teil des Lebens in Amerika – und war es definitiv auch in meinem Leben.« (Los Angeles Times, 6. Oktober 1991)

In demselben Interview zählt sie auch die drei Punkte auf, die sie an dem Drehbuch interessiert haben – einem Script, das in Hollywood erfolglos die Runde gemacht hatte, ehe sie es zu Gesicht bekam: »Die Sache mit den Alleinerziehern. Es ist das Porträt eines Künstlers, und es geht um Außenseiter ... Sie sind alle Außenseiter. Dede, weil sie sich den Konventionen verweigert, und Diannes Figur der Jane Grierson, weil sie tragischerweise von ihren Gefühlen abgeschnitten ist. Meine Lieblingsidee ist die, daß durch den Versuch, eine Welt zu schaffen, in der Fred sich wohl fühlt, er eine Welt für die Außenseiter um ihn herum schafft. Das ist keine Suche nach konventionellem Glück.«

Diese Suche ist vielleicht nicht konventionell, aber dennoch eine Suche nach etwas, was jedes gute Kind der sechziger Jahre für den heiligsten aller Grale halten würde – Selbstfindung. Foster konnte sich sehr lyrisch über ihren siebenjährigen Helden auslassen: »Er ist absolut mein Held und der Bote eines neuen Zeitalters. Er ist jemand, der dadurch, daß er durch die Imagination dieser beiden Frauen geboren wird, zu einem erstaunlichen Mann heranwachsen wird. Er wird nicht nur Raketenwissenschaftler werden, sondern auch Trompetenspieler; nicht nur jemand, der respektiert wird, sondern auch ein großer Küsser.« (Interview, Oktober 1991)

Die Dreharbeiten für *Das Wunderkind Tate* fanden Mitte 1990 in

Cincinnati statt und dauerten zehn Wochen. Bei einer Pressekonferenz zu Beginn der Arbeiten betonte Foster noch einmal, daß Regie führen »all das ist, was ich mir früher vorgestellt habe«.

Als Foster davon sprach, »ein Vorbild für manche Sachen zu sein, an die ich glaube«, spielten die Reporter in ihren Berichten auf das Image der Schauspielerin an, »das zu gut ist, um wahr zu sein, und von dem Bedürfnis herrühren mag, allen unfairen Gerüchten den Wind aus den Segeln zu nehmen«. (Los Angeles Daily News, 21. August 1990)

Diese vage Andeutung über »unfaire Gerüchte« konnte leicht überlesen werden, besonders da sie meist durch Schilderungen verdeckt wurde, die tatsächlich ein geradezu ideales Bild von Foster zeichneten: Sie spielte, führte Regie, war stets auf ihre Vision konzentriert, aber dabei nie aufdringlich oder unkollegial. Und sie kochte sogar selbst für das Team. Auf ihrer Jacke standen die Buchstaben BLT für Bossy Little Thing (rechthaberisches, kleines Ding).

»Um eine Vision zu haben«, sagte sie, »muß man ein großes Ego haben ... Man muß Situationen mögen, in denen 35 Leute 20 Fragen stellen und man eine aussuchen muß.« (Village Voice, 15.–21. Februar 1991)

Vielleicht erschienen die Beschreibungen der Dreharbeiten zu harmonisch, um wahr zu sein. Aber allen Berichten zufolge hatte am Set tatsächlich eine friedliche und entspannte Atmosphäre geherrscht. Zweifellos, weil Foster den Unterschied kannte zwischen Entscheidungen und Wutanfällen – und weil sie auf Kameradschaft Wert legte. »Ich bin gerne Regisseurin im Kamerawagen«, schwärmte sie. »Man sitzt draußen, muß einen Hut tragen. Es ist windig, die Augen tränen, man hat Kopfhörer auf und bekommt einen Sonnenbrand. Man fühlt sich so, als würde man tatsächlich arbeiten. Es fühlt sich nach echter Arbeit an ... Ich habe eine üble, protestantische Arbeitsmoral: Ich habe nicht das Gefühl, ich würde arbeiten, wenn ich es nicht wirklich tue.« (Village Voice, 15.–21. Februar 1991)

»Man steht um sechs morgens auf«, erzählte sie und vermittelte dabei den Eindruck, als wäre dies die größte Wohltat, die man sich vorstellen kann. »Das ist wie bei richtiger Arbeit – all die Idioten, die in der Polo Lounge sitzen, sind nicht wichtig ... Das erstaunt mich daran, wenn Leute über das Filmgeschäft reden – sie reden über Menschen, die Anzüge tragen und essen gehen. Aber darum geht es überhaupt nicht.« (Premiere, März 1991)

In ihrer Rolle als Regisseurin blühte Jodie Foster richtig auf und nannte es »die gesündeste Erfahrung, die ich je gemacht habe ... Ich bin noch nie so glücklich gewesen. Als ich nach Hause kam nach dem Dreh, habe ich Suppe gekocht, Nachrichten angesehen und tatsächlich Bücher gelesen ... Ich war müde, aber ich hätte ewig weitermachen und drei Wochen später gleich noch einen Film drehen können.« (Interview, Oktober 1991)

Im Unterschied zum Regieführen, fügte sie hinzu, sei die Schauspielerei »ein enormer Streß. Es ist anstrengend, einen Beruf zu haben, in dem es nur darum geht, anderen zu gefallen – dem Beleuchter, dem Regisseur, dem Publikum; und dann auch noch den Charakter einer Figur zu wahren. Es ist einfach anstrengend, viel anstrengender als Regieführen.«

Die ganze Zeit gleichzeitig vor und hinter der Kamera zu stehen, sagte sie später, war hart: »Es ist, als ob sich dauernd zwei verschiedene Köpfe in einem streiten. Der eine ist sehr analytisch, konzentriert und strukturell, immer der Beobachter und Entscheidungsträger. Der andere Kopf in einem muß davon frei sein. Schauspielern ist eine sehr befreiende Sache. Man muß die Struktur vergessen und dazu in der Lage sein, einfach offen zu sein.« (Tower Video Collector, Juni/Juli 1991)

Sie bereue nur eines, gestand sie gegenüber einem Journalisten vom New York Times Magazine Anfang 1991, und das sei »das einzige, was ich je im Leben bereut habe«. (6. Januar 1991). Nämlich daß sie während der Dreharbeiten wieder angefangen habe zu rauchen. »Ich habe vor Jahren damit aufgehört«, sagte die Schauspielerin, die seit ihrer Kindheit für ihre rauhe Stimme bekannt ist, »und dann habe ich angefangen, diesen Film zu machen. Ich war nervös. Ich bin nicht blöd und werde das nie wieder tun. Ich bin so lange ein so fanatischer Nichtraucher gewesen.« (Wie viele andere »fanatische« Nichtraucher hatte sie jedoch immer wieder mal eine Zigarette geschnorrt. Ein paar Jahre zuvor hatte sie auf dem Set von *Five Corners* gepafft ... aber nur gelegentlich und immer nur in Abwesenheit ihrer Mutter.)

Unterdessen gab Foster in Hollywood »einen Zwei-Jahres-Vertrag, einen *first look deal*, mit Orion Pictures« bekannt »für Filme, in denen sie spielen, die sie inszenieren und produzieren sollte«. (Daily Variety, 28. August 1990) »First Look« bedeutet folgendes: Ein Studio bietet in der Regel Geld und/oder eine Kombination von Diensten an (was Büroräume oder Sekretärinnen oder aber Marketing und Verleih umfassen kann) im Tausch für das Recht, als erstes ein Angebot auf ein Projekt des Vertragspartners machen zu können oder mit besseren Angeboten gleichzuziehen.

Die Oscar-Gewinnerin hätte sich die Verträge und Studios aussuchen können. Daß sie sich für das relativ kleine Orion entschied, lag an dem uneingeschränkten Vertrauen, das man dort in den gerade fertiggestellten Jonathan Demme-Film gesetzt hatte, in dem sie mitgespielt hatte.

»Orion hat sich überhaupt nicht eingemischt, obwohl es eine Menge Leute gegeben hat, die aus dem Film etwas weniger Riskantes und viel weniger Interessantes machen wollten«, sagte sie und fügte hinzu, daß sie nach Beendigung von *Tate* »ihr Repertoire erweitern« wollte, vielleicht mit Komödien oder »etwas wirklich Romantischem und Gefühlvollem«. (Daily Variety, 28. August 1990)

Bald pendelte Foster zwischen dem Schneideraum in Los Angeles, wo sie *Wunderkind Tate* fertigstellte, und New York, wo sie Szenen zu *Schatten und Nebel*, einem Film ihres Orion-Kollegen Woody Allen, nachdrehte, hin und her. Zur gleichen Zeit verkündete sie formell die Gründung ihrer eigenen Produktionsfirma. Diese Gründung fand im Rahmen ihres Deals mit Orion statt, und ihre erste Angestellte, die Produktionspräsidentin Carol Bahoric, bezeichnete ihren neuen Boss als einen »gefräßigen Geist, der die ganze Zeit liest«. Ihr Job, so Bahoric, bestünde darin, »Jodie ständig mit neuem Material zu versorgen«. (Daily Variety, 12. Dezember 1990)

Zu Beginn der neunziger Jahre durchlebte Orion (die perfekte Heimat für *echte* Filmemacher und die »große Ausnahme« zur Firmenkultur anderer Studios, wie der Hollywood Reporter am 18. September 1991 schrieb) dieselben finanziellen Beben, die viele der kleineren Produktionsfirmen schüttelten, die in den Achtzigern Erfolg gehabt hatten. Die Firma hatte einen Vertrag mit einem Kabelsender, der sie dazu verpflichtete, zehn bis zwölf Filme pro Jahr für *Showtime* zu liefern. Nachdem das einst kraftvolle und weitsichtige Management älter geworden oder ausgestiegen war, wurden einige äußerst schwache Titel produziert, nur um diesen Vertrag zu erfüllen. Dabei handelte es sich bei Orion immerhin um dieselbe Firma, die einst *Amadeus* (Bester Film 1984), *Platoon* (Bester Film 1986) und *Der mit dem Wolf tanzt* (Bester Film 1990) gemacht hatte.

Die Produktionskosten überstiegen inzwischen bei weitem die Budgets. Die Marketing- und Vertriebskosten in Hollywood beliefen sich auf über zehn Millionen Dollar für einen durchschnittlichen Kinofilm, und darunter hatten, abgesehen von den großen Studios mit den tiefen Taschen, alle Firmen zu leiden. Orion war mit Millionen und Abermillionen Dollar in den Miesen und fiel mit jedem weiteren Film noch tiefer in die roten Zahlen. Allein die Zinsen an die Banken und Schuldner zurückzuzahlen erdrückte Orion. Die Firma hatte beinahe ein Dutzend neue Filme fast oder sogar ganz fertiggestellt, unter anderem *Blue Sky* mit Jessica Lange und Tommy Lee Jones, besaß aber nicht die nötigen Millionen für Werbung und Verleih, um sie ins Kino zu bringen.

In dieser Situation mußten die Orion-Chefs zwischen einem Film mit Jodie Foster und Anthony Hopkins und *Blue Sky* entscheiden. Sie setzten auf ersteren, aber da sie so sehr auf zusätzliche Einnahmen angewiesen waren, verkauften sie bereits zu einem ausgesprochen frühen Zeitpunkt die Videorechte. So kam es, daß der Film zu dem Zeitpunkt, als er die ersten Preise und Lobeshymnen einzufahren begann, bereits zur Veröffentlichung auf Video freigegeben war, wo er auf dem großen Markt für Horrorfilme ab Oktober 1991 jede Menge Geld machte. *Blue Sky*, ein Film mit Fehlern, aber bravourösen schauspielerischen Leistungen der Hauptdarsteller (Jessica Lange erhielt 1995 einen Oscar für ihre Darstellung) kam erst Mitte 1994 ins Kino.

Nur um an Geld zu kommen, verkaufte Orion mit acht Millionen Dollar Verlust auch einen fast fertiggestellten Film an Paramount Pictures – *Addams Family,* der an den Kassen dann 113 Millionen Dollar einspielte. Hätte das panische Management von Orion nur diesen einen Film behalten, meinten später Analytiker mit dem Luxus des Rückblicks, hätte die Firma womöglich überlebt.

Aber als die Schuldenlast der Firma auf eine Milliarde zuging, war der Bankrott für Orion unabwendbar. Im Dezember 1991 meldete die Firma Konkurs an. Unter ihren nicht versicherten Gläubigern befanden sich Jodie Foster, Kevin Costner und Jonathan Demme.

In dieser Zeit las Foster jedes Drehbuch, das »grünes Licht« hatte, auf der Suche nach gutem Material. Doch es sollte noch drei Jahre dauern, bis der erste Film ihrer neuen Firma ins Kino kam. Bis dahin galt es, einen weiteren Film unter die Leute zu bringen – jenen Film, den sie vor *Wunderkind Tate* gedreht hatte.

8

Viel Lärm um
»Das Schweigen der Lämmer«

»Sie ist ein Mädchen vom Land, das verzweifelt versucht, eine Städterin zu werden ... jemand, der sich vor dem Mittelmaß fürchtet, davor, durchschnittlich zu sein.« (Village View, 15.-21. Februar 1991) So charakterisierte Jodie Foster die ehrgeizige, junge FBI-Agentin Clarice Starling, die sie in *Das Schweigen der Lämmer* spielte. Wieder handelte es sich hierbei um eine der vaterlosen Figuren, wie sie in der langen Reihe von Fosters Rollen immer wieder auftauchen. Diesmal ist der Vater ein verdienstvoller Polizist gewesen, der in Ausübung seines Dienstes ums Leben kam.

In der klassischen Mythologie wächst der Held oft ohne Vater oder sogar völlig elternlos auf und bringt sich, indem er seine mythische, heldenhafte Reise macht, sozusagen noch einmal selbst zur Welt. Dieses Motiv war natürlich auch der ehemaligen Literaturstudentin aus Yale bekannt, die einen Teil dieser Heldenmythologie sogar in ihr Interview-Repertoire für den Film aufnahm. »Sie ist eine Heldin, weil sie tragische Fehler hat. Sie wird mit Teilen von sich selbst konfrontiert, die unangenehm sind. Und indem sie sich ihnen stellt, löst sie den Fall.« (London Sunday Times, 12. Mai 1991) Doch den weiblichen Figuren ist es im Kino nie zugestanden worden, eine solche mythische Reise, eine solche Entwicklung zu vollziehen.

Aber Foster hatte die potentielle Wirkung ihrer Rolle in *Das Schweigen der Lämmer* offenbar völlig falsch eingeschätzt. In Anspielung auf Faye Dunaways Enthüllung am Ende von *Chinatown* sagte sie: »Es ist kein greller Part, nicht die Sorte Oscar-Rolle, bei der man ›Meine Schwester, meine Tochter, meine Schwester, meine Tochter‹ schreit. Aber ich mache auch keine Filme wegen solcher Rollen. Ich muß in den Geschichten etwas finden, was Teil meiner eigenen Entwicklung ist, Teil des kleinen Zuges, in dem ich mich befinde. Wenn ich drei Monate Zeit auf etwas verwende, um es zu verstehen, muß es mich persönlich ansprechen.« (Premiere, März 1991)

Bald jedoch sprachen ganz andere Stimmen zu ihr: Der Film wurde mit einem lautstarken Aufstand der Schwulenrechtsbewegung empfangen, die sich darüber empörte, daß gerade der Serienmörder Buffalo Bill homosexuell sei und damit einem Negativ-Image von Schwulen Vorschub leiste. Außerdem hätte man sich bei der Darstellung des tuntigen Psychopathen reaktionärer, in der Gesellschaft gängiger Vorurteile bedient.

Blickt man heute, nach all den zahlreichen Preisen und der Anerkennung, die der Film inzwischen erhalten hat, auf diese Reaktion zurück, erscheint sie kaum noch vorstellbar. Doch damals – zu Beginn des zweiten Jahrzehnts mit AIDS – reagierte man auch in den Medien besonders sensibel auf jede mögliche Diffamierung. Besonders bei den von der Rezession geplagten Fernsehsendern reichte damals oft schon die bloße Androhung von Widerständen seitens der Schwulenorganisationen aus, daß sich die Werbekunden selbst bei erfolgreichen Serien zurückzogen – ein Umstand, der die Sender Millionen kostete.

In den Kinos stand *Basic Instinct* mit seinem »lesbischen Psycho-Killer« an, und die schwul-lesbische Hotline in L.A. wurde mit anonymen Tips von Agenten, Studiomanagern und anderen Insidern über angeblich schwulenfeindliche Verunglimpfungen in frühen Drehbuch-Versionen überhäuft.

Einige der Schwulenorganisationen, wie Act Up und Queer Nation, reagierten laut und offensiv. Öffentlich outeten sie zahlreiche Prominente als heimlich schwul oder lesbisch. Diese Taktik spaltete jedoch schnell die schwule Community, bis man wieder davon abließ. Doch abgesehen von der »moralischen« Seite war allein die Androhung einer solchen Bloßstellung in Hollywood, wo Image alles ist und wo über jeden, der etwas Bekanntheit erlangt hat, getuschelt wird, besonders wirkungsvoll. Sicher nicht zufällig wurden zu dieser Zeit dort auch die ersten Schritte unternommen, um eine geschlechtsspezifische Diskriminierung auszuschalten – zum Beispiel erkannte man bei Versicherungen und anderen Sozialleistungen gleichgeschlechtliche Partner an.

Weil homosexuelle Gruppen schon seit längerem mutmaßten, daß Jodie Foster eine der ihren sei (ohne von ihr je eine Bestätigung erhalten zu haben), wurde ihr die Mitwirkung an einem Film, der einen Transvestiten als Gewaltverbrecher auf die Leinwand bringt, besonders übel genommen. Und Fosters fortgesetztes Schweigen zu ihrem Privatleben im allgemeinen und ihrer sexuellen Orientierung im besonderen wurde ihr oft als Feigheit vor Auswirkungen auf ihre Karriere ausgelegt und nicht als prinzipielle Haltung einer jungen Frau mit einer starken Persönlichkeit. Für die Schauspielerin gab es jedoch noch einen weiteren Grund für ihre Zurückhaltung: John Hinckley, der unsichtbare Schatten aus der Vergangenheit. Obwohl er von den Medien inzwischen vielleicht schon vergessen worden war, erklärte ihn der Direktor des Geheimdienstes im Dezember 1992 erneut zu »einem Sicherheitsrisiko«, und die Leitung der Anstalt, in der er sich bis heute aufhält, attestierte, daß Hinckley eine Gefahr für sich und andere sei. (Los Angeles Times, 4. Dezember 1992) Natürlich sprach Foster in der Öffentlichkeit nicht darüber. Ihre Antwort auf Fragen nach Hinckley war immer stoisches Schweigen. Hinter dieser Taktik stand unter anderem der Wunsch, sich mögliche Nachahmer vom Leib zu halten.

Im Zusammenhang mit ihrer Rolle als FBI-Agentin Clarice Starling sah sie sich jetzt mit einer neuen Feindseligkeit konfrontiert: der von Aktivisten, die verbissen und fanatisch für eine Sache kämpften. Und sie wandte die gleiche Taktik an. Sie schwieg »aus Prinzip«.

Ironischerweise wurde Foster für eine Rolle in die Kontroverse verwickelt, für die sie nicht einmal die erste Wahl gewesen war. Jonathan Demme, der Regisseur von *Das Schweigen der Lämmer*, hatte sie ursprünglich Michelle Pfeiffer angeboten, mit der er schon *Die Mafiosi-Braut* gedreht hatte. Aber nachdem die Schauspielerin das

Drehbuch gelesen hatte, lehnte sie ab, »weil sie nicht in der Lage war, mit der überwältigenden Düsternis des Films zurechtzukommen«, wie Demme meinte. (Rolling Stone, 21. März 1991)

Foster hingegen vermochte in die Tiefe eben jener Finsternis zu blicken und sich selbst darin wiederzuerkennen. »Ich mag schwierige Situationen, in denen es ums Überleben geht«, kommentierte sie ihre instinktive Entscheidung. »Ich liebe die Erfahrung, an einen Ort zu kommen, wo ich Dinge sehe, die Leute sonst nie zu Gesicht bekommen. Das ist wie bei Kampfpiloten oder Menschen, die sich um behinderte Kinder kümmern – sie brauchen solche Situationen. Und so etwas treibt mich an.« (Tower Video Collector, Juni/Juli 1991) »Um die Wahrheit zu sagen«, gestand sie bei anderer Gelegenheit, »wäre ich für die Rolle sogar über zerbrochenes Glas gekrochen – in kurzen Hosen.« (Inside Hollywood, Juli/August 1991) Und ihr Regisseur meinte zu ihrer Figur der Clarice Starling: »Das ist, soweit ich weiß, Jodies erste Rolle, in der sie ihre Intelligenz nicht verbergen muß, wo sie genauso smart sein darf, wie sie es in Wirklichkeit auch ist.« (Tower Video Collector, Juni/Juli 1991)

Der Thriller *Das Schweigen der Lämmer* basiert auf dem gleichnamigen, glänzend geschriebenen Bestseller von Thomas Harris (das Drehbuch stammt von Ted Tally) und erzählt die Geschichte des subtilen, intellektuellen Wettstreits zwischen den beiden Hauptfiguren Hannibal Lecter (Anthony Hopkins) und der ehrgeizigen FBI-Anfängerin Clarice Starling. Hannibal, von der Presse als »Hannibal the Cannibal« tituliert, ist ein hochgradig verrückter Serienkiller, der aus Sicherheitsgründen sogar wie ein Tier in einen Käfig gesperrt wird. (Die Figur des Hannibal war bereits in dem Thriller *Manhunter* von Michael Mann aufgetaucht, den dieser nach *Red Dragon*, einem früheren Roman von Thomas Harris, gedreht hatte.) Und genau bei ihm sucht die ehrgeizige junge FBI-Agentin Rat, um einem anderen Killer – genannt »Buffalo Bill«, weil er seine Opfer häutet – auf die Spur zu kommen. Ein Wettlauf gegen die Zeit beginnt.

Anthony Hopkins und Jodie Foster hatten bereits 1981 gemeinsam einen Vertrag für ein Filmprojekt unterschrieben. Unter der Regie von Ken Russell sollte damals in Österreich *The Beethoven Secret* gedreht werden, auf dessen Besetzungsliste auch Glenda Jackson und Charlotte Rampling standen. Dem Branchenblatt Daily Variety vom 16. September 1981 zufolge befand sich »die Vorproduktion bereits in einem fortgeschrittenen Stadium, und die Besetzung samt Foster war schon versammelt, als eine Zwischenfinanzierung in Deutschland ausfiel und das Projekt zum Einsturz brachte«. Zehn Jahre später hatte sie *Das Schweigen der Lämmer* nun wieder zusammengeführt.

Unter einem Regisseur wie Demme zu arbeiten hat Jodie Foster sicherlich sehr geholfen, ihre Figur der Clarice Starling so hervorragend zu spielen. Er verhielt sich ebenso kollegial wie sie selbst und akzeptierte sofort ihre Ansichten zur Rolle. Ebenfalls eine große Unterstützung, aber gleichzeitig auch Herausforderung war ihr Partner Anthony Hopkins, der nicht nur ein außergewöhnlicher Schauspieler, sondern auch ein außergewöhnlicher Mensch ist. Seine Ansichten zum Subtext von Clarices Figur führten zu einem der faszinierendsten Augenblicke des Films, der nicht einmal im Drehbuch stand.

Es ist die entscheidende Szene, in der die junge Auszubildende Clarice in ihrem dezenten Kostüm zum ersten Mal den sadistischen Doctor Lecter trifft. Mit zurückgelegtem Kopf steht er in der Mitte seines unterirdischen Käfigs und wartet auf sie. Dabei schnuppert er anscheinend irgendeinem leichten Duft nach, so wie ein Raubtier seine Beute wittert.

Sie benütze Evian Hautcreme, begrüßt er sie, und manchmal *L'Air du temps*. »Gute Tasche und billige Schuhe«, höhnt er weiter. »Sie sehen aus wie ein Bauerntrampel ... mit ein wenig Geschmack ... Sie sind höchstens eine Generation vom Proletentum entfernt oder, Agent Starling?«

Ihre Auseinandersetzungen entfesseln ein Drama um Verführung und Manipulation. Von einem bestimmten Punkt an beginnt Lecter, Clarices sorgsam versteckten, provinziellen Akzent, der die niedrige Herkunft der intelligenten Agentin verrät, zu imitieren.

»Das stand nicht im Drehbuch. Mir schossen Tränen in die Augen«, erzählte Foster. »Ich fühlte mich verletzt. Als Schauspielerin dachte ich: ›Der Typ macht sich über meinen Akzent lustig!‹ Das war ein Moment, wo die Grenze zwischen mir und Clarice zu verschwimmen begann.« (Tower Video Collector, Juni/Juli 1991) »Als er es zum ersten Mal gemacht hatte«, erinnerte sich Foster an anderer Stelle, »wollte ich heulen oder ihm eine knallen. So verärgert war ich. Man ist mitten in einer Szene und versetzt sich sozusagen in etwas hinein. Und dann als Schauspielerin den eigenen Akzent nachgemacht zu hören, das war der Gipfel. Für die Rolle des Lecter war es natürlich perfekt, weil Clarice ihren ländlichen Akzent unterdrückt hatte und ihrer Herkunft entkommen wollte, indem sie versuchte, sich gewählter auszudrücken. Und dieser Typ legt den Finger genau auf die Wunde.« (Premiere, März 1991)

Lecter weiß sogar, was Clarice mehr als alles andere auf der Welt mag.

»Und was ist das, Doktor?« schreit ihn die junge Agentin in ihrer Wut an.

»Beförderung natürlich«, erwidert der hochintelligente Killer.

Die Bewunderung, die Foster für ihren Co-Star empfand, beruhte auf Gegenseitigkeit. Im Hinblick auf eine Szene, in der Lecter Clarice plötzlich anfaucht und Foster mit einem winzigen Zucken zurückschreckt, schwärmte Hopkins: »Sie arbeitet so unglaublich ökonomisch. Sie macht nichts, und doch kann man die Gedanken in ihren Augen lesen, etwa ›Mein Gott, dieser Mann ist ein Tier, ein wildes Tier.‹ Ich glaube, das ist das große Talent einer Schauspielerin wie Jodie. Man kann in ihrem Gesicht lesen, sie muß es nicht erst spielen.« (Premiere, März 1991)

Natürlich spielte Jodie Foster sehr wohl und erhielt auch Preise dafür. Die Zuschauer reagierten ebenfalls und machten *Das Schweigen der Lämmer* zum dritterfolgreichsten Film des Jahres. Als 1992 die Oscar-Feierlichkeiten stattfanden, hatte der Film weltweit bereits 245 Millionen Dollar eingespielt. Für Orion war es aber zu spät. Das Geld ging an die Gläubiger, und die Firma stolperte vor das Konkursgericht.

In Hollywood beginnt die Saison der Preisvergaben traditionellerweise im Januar mit der Verleihung der Golden Globes durch die Hollywood Foreign Press Association (HFPA) und endet mit den

Oscars Ende März oder Anfang April. Zu Beginn waren die Auszeichnungen der HFPA, der weniger als 100 Mitglieder angehören, noch belächelt worden. Man hielt ihren Zusammenschluß für eine Vereinigung von Lohnschreibern, die für obskure Publikationen in winzigen Ländern arbeiteten, die weit unterhalb der Wahrnehmungsschwelle von Hollywood liegen. Man witzelte, daß man am Abend der Golden Globes nirgendwo vernünftig bedient würde, weil all die Kellner fort seien, um sich als Mitglieder der HFPA zu verdingen. Vor allem in den Siebzigern und Achtzigern war es die gängige Meinung, daß die Globes jenem gehörten, der die meisten Mitglieder der Auslandspresse bewirtete. Aber die lukrativen Fernsehrechte und die Einbeziehung dieses Preises in Marketingstrategien und Werbekampagnen sowie die – späte – Erkenntnis, daß der internationale Markt eine Wachstumsbranche darstellt, hatten das Ansehen dieser Preise entscheidend verändert. Als Jodie Foster Anfang '92 mit dem Golden Globe als Beste Schauspielerin in der Gattung Drama ausgezeichnet wurde, war die Veranstaltung bereits eine der bestbesuchten Shows der ganzen Preissaison und für Schaulustige ein wahres Vergnügen. Die transparentere Gestaltung der Kriterien und Regularien von Abstimmung und Mitgliedschaft haben das Ihrige dazu getan, daß die HFPA mehr denn je umworben wird, und mittlerweile sind die Globes zu vielbeschworenen Vorboten der Oscars geworden.

Die weitgereiste und mehrsprachige Jodie Foster war schon seit Jahren ein Liebling dieser Gruppe gewesen, und in jener Nacht im Januar 1992 sah sie mit ihrem roten AIDS-Bändchen am schwarzen, tiefdekolletierten Kleid wie eine Filmgöttin aus.

Nach der Verleihung trat sie vor die Mikrofone und Kameras, die drängelnden Paparazzi und die andächtige Auslandspresse und lachte fröhlich, aber auch ein wenig nervös. »Ich habe die unangenehme Eigenschaft, daß ich nicht aufhören kann zu lachen, wenn ich eines dieser Dinger gewonnen habe«, sagte sie und hielt ihre Statuette hoch. »Ich komme mir vor wie Robert Redford in *Der Kandidat*.« Sie sah erwartungsvoll in die Runde, aber die scherzhafte Anspielung auf die Schlußszene dieses Films entging der versammelten Presse vollständig.

Völlig unerwartet bei einem Abend wie diesem bezog sich die erste Frage, die der Schauspielerin dann gestellt wurde, auf das tödlichernste Thema der Einspielergebnisse. Sie kam von Alex Ben Block, einem Redakteur des Hollywood Reporter. Diese Zeitung ist eines der beiden Branchenblätter, die täglich erscheinen und regelmäßig in den oberen Etagen der Studios gelesen werden. Aus diesem Grund wird in ihnen auch wesentlich mehr über die geschäftliche Seite des Filmbusiness berichtet als über künstlerische Belange.

»Sie haben so hart an *Wunderkind Tate* gearbeitet« – Jodie Foster lächelte, offensichtlich dankbar für die Wertschätzung ihrer Regiearbeit, und sah von der Bühne auf den Frager herab – »aber der Film hat trotzdem nicht so viel Lob und Erfolg gehabt, wie er verdient hätte.« Fosters Lächeln verschwand und machte einem skeptischen Blick Platz. Der Journalist fuhr fort, daß *Das Schweigen der Lämmer* kein so »persönlicher« Film sei. »Könnten Sie die beiden vergleichen?«

»Oh, da bin ich *wirklich* anderer Meinung«, entgegnete die Schauspielerin. »*Tate* hat mehr eingespielt, als ich je erwartet hätte, und er wurde mit Sicherheit sehr, *sehr* gut aufgenommen.« (Der Film ist in der Tat profitabel gewesen, da die Produktion weniger als 10 Millionen Dollar gekostet, aber in den Kinos über 25 Millionen eingebracht hat.)

»Es ist ein sehr kleiner Film.« Sie zuckte mit den Schultern und strich sich eine widerspenstige Strähne hinters Ohr. »Aber ich habe damit kein Problem, wenn Sie darauf aus sind.«

Wenn Sie darauf aus sind – Fosters Entgegnung war professionell. Sie weiß, daß Reporter immer auf etwas aus sind, daß ihre Fragen bestenfalls Provokationen sind, daß es vielleicht einfältige oder schmeichlerische Fragen gibt, aber niemals eine unschuldige. Sie wandte sich wieder von Block ab, zurück zu den Fernsehkameras und dem Saal. »Mich hat das *Schweigen der Lämmer* begeistert«, erklärte sie. »Es ist ein Film, der mich nicht losgelassen hat … Er ist sehr komplex und sehr literarisch und gleichzeitig große Unterhaltung.«

»Hat der Film Sie verfolgt?« fragte sofort jemand aus dem Publikum.

Fosters blaue Augen verengten sich, als könne sie die Andeutung hinter dieser Frage nicht recht fassen. Es handelte sich um einen *Film* und nicht um das wirkliche Leben, und sie liebte Filme. »Ich mache gern dramatische Sachen«, antwortete sie trocken, »das ist mein Job. Und daher habe ich es auch genossen.«

Danach wollte ein Journalist etwas über den Unterschied zwischen Schauspielerei und Regie wissen, wieviel mehr Vorbereitung die Arbeit als Regisseurin erfordere im Vergleich dazu, nur vor der Kamera zu stehen.

Wieder lachte Jodie Foster amüsiert: »Zwei Jahre mehr, würde ich sagen.« Es war der Witz einer Handwerkerin, über den ein Team, das irgendwo spät nachts aufbaut, lachen würde. Doch auch diesmal begriffen die Journalisten nicht die Pointe. »Ich glaube gar nicht, daß die Vorbereitung so sehr viel anders ist, aber sie dauert wesentlich länger«, wiederholte sie dann noch einmal ernster ihre Antwort. »Ich vermute mal, daß ich dieselbe Haltung zum Regieführen habe wie zur Schauspielerei, das heißt, ich identifiziere mich mit dem, was man sagen will, und führe es dann aus. Im Grunde ist es einfach: Man versucht, eine Geschichte zu erzählen. Bei der Regie, bei der es ja um die gesamte Vision geht, bedeutet das, daß man sehr viel mehr Zeit und sehr viel mehr Energie investiert.«

Ein anderer Journalist fragte, ob der Gewinn solcher Auszeichnungen wie des Golden Globe den Druck erhöhe, »sich selbst immer wieder zu übertreffen«?

Jodie hielt immer noch die Statuette in der Hand und strich wieder die unbezähmbare Strähne zurück. »Ach, ich weiß nicht«, lachte sie, »keine Ahnung.« Sie hielt inne. »Ich versuche, nicht darüber nachzudenken.« Wieder eine Pause, dann fuhr sie fort: »Ich versuche, nicht so sehr über mein Image nachzudenken, über das, was die Leute denken oder was ich ihrer Meinung nach tun sollte«, und spielte damit auf die vielen Gerüchte und Proteste an, mit denen sie durch *Das Schweigen der Lämmmer* so heftig konfrontiert worden war. »Denn jedesmal, wenn ich es doch gemacht habe«, erklärte sie mit einem kurzen Lächeln, »war das ein furchtbarer Fehler. Um dem also zu entgehen, habe ich beschlossen« – sie warf ihre Hände in die Höhe und ließ ihre Stimme zu einem scherzhaft dramatischen Flüstern herabsinken – »*Dinge zu finden, die ich mag.*« Sie hauchte diesen Satz und parodierte damit raffiniert die stereotypen Antworten zahlreicher Filmstars. Dann setzte sie in ihrer üblichen, nüchternen Valley Girl-Stimme hinzu: »Und diese einfach zu tun. Das ist in der Regel das sicherste.«

Die kurze Pressekonferenz neigte sich dem Ende zu. Würde es eine Fortsetzung zu *Schweigen der Lämmer* geben?

»Das kann ich mir gut vorstellen. Aber bis jetzt hat noch keiner etwas davon gehört.« Doch schon damals wurde über die hoffnungslos verwickelte Rechtssituation geredet, die die Fortsetzung des Filmes mit sich zog. Die Rechte daran lagen bei dem italienischen Produzenten Dino De Laurentiis, und der Chef von Universal Pictures, Tom Pollock, behauptete, daß er eine mündliche Zusage von diesem habe, die Kosten für den Erwerb des Nachfolgeromans und für die Produktion der Fortsetzung zwischen ihnen beiden aufzusplitten. Der Autor Thomas Harris arbeitete auch bereits an einer Fortsetzung, verbat sich seinerseits jedoch jede weitere Beteiligung von De Laurentiis an dem Projekt. Keinen Monat nach den Globes war der Disput zwischen De Laurentiis und Pollock, der ironischerweise De Laurentiis' früherer Anwalt war, zu einer Klage eskaliert, der keine zwei Monate später eine Gegenklage folgte. Bis heute haben sich alle Beteiligten an ihr verbissenes Schweigen um das *Schweigen der Lämmer* gehalten.

Die letzte umständliche Frage zur »starken Heldin« in dem Film gab Foster die Gelegenheit zu wiederholen, was sie schon in zahllosen Interviews zuvor gesagt hatte. Es war eine aufgewärmte Zusammenfassung von Joseph Campbells vergleichender Mythologie, auf die sich das hippe junge Hollywood mit Vorliebe bezog, seit George Lucas dessen Buch *Der Heros in tausend Gestalten* und den »Mono-Mythos« der Entwicklung des Helden als Inspiration für die *Krieg der Sterne*-Saga genannt hatte. Aber seine Thesen waren nichtsdestoweniger wahr:

»In der Kunstform Film«, begann sie, indem sie eine Rede, die sie auswendig kannte, minimal variierte, »ist es meiner Meinung nach zum ersten Mal möglich, daß Frauen wirklich Zugang zu diesem Mythos haben – zu der wirklich tradierten Bedeutung des Helden. Das heißt, man wird in einem Dorf geboren« – und sie hob beide Arme in einer pädagogischen Geste und betonte jeden Schritt der Entwicklung mit kraftvollen beidhändigen Stößen, ganz anders als die subtilen Bewegungen, die ihre Leinwandauftritte auszeichnen: »Man geht fort, um herauszufinden, was seine Bewohner quält – Sie wissen schon, die Pest –, und man geht ins Unbekannte und mißt sich selbst mit Gnomen und Dämonen und all den Ängsten, die man hat, und wenn man sie schließlich begreift, dann kann man den Drachen erlegen und das Allheilmittel heimbringen und nie mehr« – ihre Augen verengten sich zur Betonung – »ein normaler Bürger werden. Das ist der traditionelle Mythos, den man Frauen nie zugestanden hat.«

Hierbei verlagerte sie ihr Gewicht von der einen auf die andere Seite, zappelig wie eine aufgeregte Studentin, wenn sie zum Ende ihres Vortrags kommt. »Also glaube ich, daß es ein großer Schritt ist. Haben Sie vielen herzlichen Dank.« Und mit einem Winken war sie verschwunden.

Aber es sollte in dieser Preissaison nicht das letzte Mal sein, daß Jodie Foster vor die Kameras und Mikrofone der Entertainment-Presse treten mußte – und es sollte auch nicht das letzte Mal sein, daß diese die Rezitation von der Entwicklung des Helden hören durften.

Im Hinblick auf Nominierungen und Auszeichnungen hatte *Das Schweigen der Lämmer* mit zwei wichtigen »Gesetzmäßigkeiten« gebrochen: Zum einen fiel der Film trotz seiner zahlreichen Qualitäten in die Kategorie Horrorfilm und gehörte damit einem Genre an, das normalerweise mehr geächtet als gelobt wurde. Außerdem war er in einem cleveren Marketing-Schachzug schon im Februar 1991 am Valentinstag gestartet worden, also mehr als ein Jahr vor der Oscar-Verleihung. Erfahrungsgemäß erhalten jedoch fast ausschließlich Filme, die erst gegen Ende des Jahres ins Kino kommen, tatsächlich die begehrte Trophäe. In den vorangegangenen zwei Jahrzehnten hatte es nur zwei Ausnahmen gegeben – *Der Pate* und *Der Stadtneurotiker*.

Aber der Film profitierte von seiner klassischen Struktur, wie sie Foster beschrieben hatte: Er erregte Schrecken und Mitleid zugleich und bewegte die Zuschauer. Auf diese Weise blieb er dem Publikum trotz seines ungünstigen Starttermins auch Monate später noch im Gedächtnis. Über die künstlerischen Verdienste hinaus sorgten aber noch andere Faktoren dafür, daß *Das Schweigen der Lämmer* von den Academy-Mitgliedern nicht vergessen wurde: Die Marketing-Kampagne von Orion bestand darin, massenhaft Video-Cassetten des Films zu verschicken. Als sich dann die Aufmerksamkeit der Filmbranche den Oscar-Nominierungen zuwandte, wurde der Film auch noch einmal im Kabelfernsehen ausgestrahlt. Dazu kam die Verhaftung des Serienmörders Jeffrey Dahmer im Sommer desselben Jahres – sie sorgte für eine erschreckend reale Erinnerung an das brutale Thema des Films.

Doch auch die schwulen Aktivisten, die gegen Hollywoods Darstellung (oder den Mangel) von homosexuellen Männern und Frauen im allgemeinen und gegen die Darstellung des verweichlichten Killers in *Schweigen der Lämmer* im besonderen aufbegehrten, hatten den Film nicht vergessen. Erwartungsgemäß war die Erwiderung der Filmemacher, der Gewalttäter sei in Wirklichkeit gar nicht schwul, bei ihnen auf mehr als nur Skepsis gestoßen.

Outweek, eine der homosexuellen Publikationen an der »Outing«-Front, schoß sich besonders intensiv auf Jodie Foster ein und drohte, sie gnadenlos zu »enttarnen«, wenn sie sich nicht selbst als Lesbe bekennen und ihre Solidarität mit der Bewegung erklären würde.

Das unerhörteste Beispiel der öffentlichen Outing-Kampagne gegen Foster waren Plakate mit dem Bild der Schauspielerin, die kurz nach dem Start des Films in Lower Manhattan aufgehängt wurden und auf denen stand: »Oscar-Gewinnerin. Yale-Absolventin. Ex-Disney-Püppchen. Lesbe.« (Village Voice, 12. März 1991) Hinter dieser Plakat-Kampagne steckten allerdings ein anonymer Grafikdesigner und sein ebenfalls anonymer Liebhaber, die den Recherchen von Village Voice zufolge auf eigene Faust gehandelt hatten – nicht einmal die militantesten Schwulen-Organisationen hatten etwas damit zu tun. Ein weiteres Ziel und Opfer der Outing-Front war der ehemalige

Talkmaster, Gameshow-Mogul und Hotelier Merv Griffin. In beiden Fällen spielte die Headline mit dem Werbe-Slogan für Absolut-Wodka: »ABSOLUT SCHWUL.« Unter den schwulen und lesbischen Bewohnern des Greenwich Village reagierte man auf diese Aktivitäten genauso zwiespältig wie anderswo. Viele äußerten ihre Sympathie für Foster und erregten sich empört über diese Verletzung ihrer Privatsphäre. Selbst auf den Seiten von Village Voice entspann sich eine heftige Debatte darüber, ob es erlaubt sei, Prominente zu outen oder nicht. Nachdem zuerst einige Artikel über die Poster-Kampagne veröffentlicht worden waren, in denen lediglich von »einer ehemaligen Seriendarstellerin« und »einer berühmten, jungen Schauspielerin« gesprochen wurde, verteidigte ein anderer Kolumnist vehement die Praxis des Outings und griff sogar seine eigenen Kollegen an: »Sie arbeiten daran mit, aus der Homosexualität das muffige Geheimnis zu machen, das es immer schon gewesen ist: unnennbar, unaussprechlich – es sei denn mit dem Einverständnis des Stars. Wenn sie das nächste Mal etwas über eine berühmte Persönlichkeit schreiben, was ein Leser nicht schmeichelhaft finden könnte, dann fragen sie demnächst hoffentlich den Prominenten vorher um Erlaubnis.« (Village Voice, 16. April 1991)

Die Kontroverse ging weiter, und als die Oscar-Verleihung näherrückte, drohten die Schwulen-Organisationen immer öfter mit Störaktionen. Meist deuteten sie dies nur zwischen den Zeilen an, manchmal sprachen sie aber auch ganz offen davon, gepaart mit einem Angebot, das einer Erpressung gleichkam: Wenn Foster sich »bekennen« würde, würden die Aktivisten zu Hause bleiben.

Die letzte Störung dieser Nacht der Nächte war ironischerweise diejenige gewesen, als die Verleihung wegen John Hinckleys Attentat auf Ronald Reagan verschoben werden mußte – auch damals stand Jodie Foster im Zentrum der Ereignisse.

Die Oscar-Nacht hat sich im Laufe der Jahre zu einer der meistgesehenen Fernsehshows der Welt entwickelt, zu einem Geschäft, das mit einem ähnlichen Aufwand wie beispielsweise der alljährliche Super Bowl betrieben wird. Und genauso wie bei diesem alljährlichen

Höhepunkt des Football-Jahres haben sich auch in der Filmbranche bestimmte Rituale entwickelt, die für das große Ereignis die Trommel rühren. Eines davon ist der große Foto-Termin: Etwa einen Monat vor der Verleihung versammeln sich alle Nominierten – genauer gesagt die *prominenten* unter ihnen –, meistens im Beverly Hilton Hotel (das zufälligerweise Merv Griffin gehört), um sich den Fotografen und der Presse zu stellen. Denn ebenso wie sich die Fernsehzuschauer zu Hause angeblich nicht für die Auszeichnungen der technischen Leistungen im Filmgeschäft interessieren, kann man auch die Entertainment-Presse nur mit berühmten Gesichtern locken. Obwohl es sich offiziell nur um einen Fototermin handelt, lassen sich die Schauspielerinnen, Schauspieler und Star-Regisseure, die für die »wichtigen« Oscars zur Wahl stehen, meist doch von der Armee der anwesenden Reporter dazu überreden, auch ein paar Fragen zu beantworten.

Jodie Foster erschien an diesem Tag in einer eleganten absinthfarbenen Jacke über einem hellen zitronengrünen Seidenhemd. Sie schien ziemlich guter Laune zu sein und nickte einigen Journalisten, die sie kannte, zu.

Die erste Frage kam von einer Journalistin, die die obligatorische »Wie-fühlen-Sie-sich?«-Frage stellte: »Wie fühlt man sich, wenn man erneut für den Oscar nominiert worden ist?«

»Es ist jedesmal anders«, antwortete Jodie Foster und ging in Gedanken viele Jahre zurück, zu *Taxi Driver*. »Beim ersten Mal war ich sehr jung, und überall waren nur Erwachsene. Ich dachte, die Nominierung sei ein reiner Glücksfall und daß ich mich bald nach einem Job umsehen müßte. Also habe ich es nicht wirklich ernst genommen. Es war nur wie ein Besuch in Disneyland ... Beim zweiten Mal habe ich dann schließlich begriffen, daß ich ein Teil dieser Branche bin, nachdem ich bisher irgendwie immer den Eindruck gehabt hatte, ich stünde außerhalb ... Naja, diesmal ist es auf seltsame Weise wieder anders und viel größer«, sagte sie und fuhr sich mit der Hand durchs Haar, »weil der ganze Film so gut aufgenommen worden ist. Es gibt so viele Teile, die bei einem Film zusammenkommen. Es gibt die Schauspielerei, es gibt den Tonfall, es gibt den Stil ... Es gibt die emotionale Wirkung des Films, es gibt verschiedene Gefühlsebenen, Intellekt und Unterhaltung ... Ich glaube wirklich, daß das *Schweigen der Lämmer* einer jener Filme ist, die auf jedem einzelnen dieser Gebiete Größe erreicht haben...«

»Jodie!« Noch ehe die Schauspielerin zu Ende gesprochen hatte, vernahm man von der Seite die drängende Stimme eines Mannes: »Es gibt viele, die meinen, Ihr Film werde bei den Oscars abräumen.«

Die Arme hinter dem Rücken verschränkt, drehte sie sich zu ihm um, verdrehte die Augen zur Decke und lächelte, als ob der Gedanke allein schon zu absurd sei. »Davon weiß ich nichts«, entgegnete sie freundlich und wiegte sich auf ihren Absätzen vor und zurück. Da änderte der Mann, der jetzt ihre Aufmerksamkeit erlangt hatte, ganz plötzlich die Richtung seiner Fragen:

»Man protestiert gegen Ihren Film ...«

Sie nickte nachdenklich. »Hm.« Die Muskeln um ihren Mund verhärteten sich.

»... und seine Darstellung eines Schwulen.«

Erneut ein energisches Nicken und ein weiteres, kurzes »Hm«.

»Irgendeine Antwort auf die Möglichkeit, daß homosexuelle Organisationen wie Act Up oder Queer Nation die Oscar-Nacht stören könnten?«

Es ist einerseits kaum denkbar, daß Jodie Foster nicht auf eine Frage dieser Art vorbereitet gewesen ist. Schließlich bot die Oscar-Show mit über einer Milliarde Zuschauern rund um den Erdball ein naheliegendes Forum für Aktivisten aller Art, die die Aufmerksamkeit der Welt auf sich ziehen wollen. Und es gab wenig Anlaß zu der Annahme, daß Act Up oder Queer Nation in ihrem Zorn über die Diskriminierung von Homosexuellen, die sich seit AIDS noch verschärft hatte, ihre Drohungen nicht todernst meinten.

Andererseits kannte Jodie Foster die Publicity-Maschinerie gut genug, und sie kannte ihre ungeschriebenen Benimmregeln. Auf der Waage zwischen den Prominenten beziehungsweise deren Presse-Agenten und den Reportern, die regelmäßig über die Stars schrieben, hatte sich das Gewicht längst zuungunsten der Presse gesenkt. Im Gegenzug dafür, daß sie den Zugang zu den Stars ermöglichten, forderten – und bekamen – die Presse-Agenten Dinge, die bis dahin unerhört schienen oder zu Recht für skandalös erachtet wurden: Gegenleistungen wie eine garantierte Abbildung auf dem Cover oder ein Mitbestimmungsrecht, welchem Reporter eine Geschichte zugeteilt wurde und welchem nicht.

Durch Hinckley war Foster selbst zu einer Pionierin in der Kunst des eingeschränkten öffentlichen Auftritts geworden. Spätestens seit *Angeklagt* konnten ihre Agenten Titelfotos fordern und bekamen sie auch, nur um Gelegenheit für ein Interview mit der Schauspielerin zu erhalten. Unter solchen Umständen galten pointierte Fragen – selbst unter Reportern, von denen man sie erwarten könnte – als schlechtes Benehmen. Und jeder, der die Tollkühnheit besaß, sie dennoch zu stellen, riskierte, von den großen Events in Hollywood ausgeschlossen zu werden. Oft genügte schon eine einzige negative Besprechung, und der Kritiker wurde vom Studiogelände verbannt. Bemerkte beispielsweise ein Journalist, daß die Filmographie eines Schauspielers verändert worden war, um eine frühere, kontroverse oder schlechte Rolle zu unterschlagen, und besaß dann die Dreistigkeit, den Star in einem Interview oder auf einer Pressekonferenz auf diesen Punkt anzusprechen, konnte er schnell »bestraft«, das heißt von zukünftigen Presse-Junkets ausgeschlossen werden.

(Ein Junket bringt Filmjournalisten aus dem ganzen Land zusammen, in der Regel in Los Angeles oder New York, wo sie verköstigt werden, den Film zu sehen bekommen und die Stars interviewen können. Bis vor kurzem zahlten die Studios noch alle Spesen für solche Reisen. Mittlerweile zahlen die größeren und angeseheneren Zeitschriften die Reise- und Hotelkosten für ihre Reporter jedoch selbst.)

Irgendeine Antwort auf die Möglichkeit, daß homosexuelle Organisationen wie Act Up oder Queer Nation die Oscars stören könnten?

Nur für den Bruchteil eines Augenblicks wirkte Foster schockiert.

»Nein, eigentlich nicht«, sagte sie dann freundlich, und sie blickte den Reporter in einer Weise an, die man auf der Leinwand seit Jahren nicht mehr an ihr gesehen gesehen hatte: Es war der Ausdruck des toughen Kids, das mit hochgezogenen Augenbrauen und weitgeöffneten Augen ungläubig zu fragen schien: *Wer, ich?* Es war derselbe

Blick völliger Unschuld, den Audrey in *Alice lebt hier nicht mehr* aufgesetzt hatte, als man sie des Ladendiebstahls verdächtigte, dieselbe Reaktion, mit der Casey in *Candleshoe* reagierte, als man ihr ihren »Steckbrief« vorlas. Aber an diesem Tag überzog sich ihr Gesicht mit einer leichten Röte.

»Der Nächste«, schloß sie dieses Gespräch ab und wandte sich wieder den übrigen Anwesenden zu.

Es lag Dramatik in der Luft, aber keiner reagierte weiter darauf. Natürlich wußten die anderen Journalisten, wovon die Rede gewesen war und was die gezielt gestellte Frage impliziert hatte. Sie alle kannten seit Jahren die Gerüchte, die über die Schauspielerin kursierten, und dies war die Art Leckerbissen, die sie in ihre Redaktionen oder Schneideräume mitnahmen, über die sie kicherten und bei Tisch tagelang tratschten. Aber statt dessen fragte David Sheehan, ein genialer und lakonischer Journalist, der in Los Angeles eine Fernsehberühmtheit ist, nur, ob »sie ein wenig über ihre Identifikation mit heroischen Opfern« reden könne.

»Ja«, sagte Jodie, und ein unverhohlen dankbares Lächeln huschte über ihr Gesicht, als er sein Anliegen mit einigen Sätzen noch weiter spezifizierte. Jodie Foster blickte betont fasziniert, so als höre sie diese Frage zum ersten und nicht zum hundertsten Mal. Sie holte tief Luft, doch ihre Stimme klang hohl und bemüht. Ganz offensichtlich war sie aus dem Konzept gekommen. Ihr Gesicht war immer noch etwas rot, und einen kurzen Moment lang sah es so aus, als würde sie vor den Fernsehkameras in Tränen ausbrechen. Als sie versuchte, ihre Standard-Antwort abzuspulen, mußte sie die vertrauten Worte beinahe hervorzwingen.

»Gut, ähm, eine der Hauptattraktionen des Films, denke ich, ist ursprünglich – die ursprüngliche Attraktion und was, äh...« Ihre Stimme schien von ganz weit her zu kommen. Sie fuhr sich durchs Haar und versuchte sich mit dieser vertrauten Geste zu beruhigen. »... neu an diesem Film ist, daß es zum ersten Mal in, äh, der Filmgeschichte, glaube ich, eine Frau als Heldin gibt. In dieser Hinsicht ist es eine Heldin, die dieser Art von traditioneller Mythologie folgt. Sie folgt dieser Struktur.«

Sie rang nach Luft und schluckte.

»Es gibt eine schreckliche Krankheit, an der, ähm, die Menschen sterben. Der junge Krieger geht in den Wald der Erfahrung und begegnet Gnomen und Dämonen und, äh, einer Art mythischer Schrecken und Ängste.«

Allmählich wurde sie wieder warm mit dem Text, wurde ruhiger, und ihre gewohnte Sicherheit kehrte zurück.

»Und indem er seine eigenen Ängste und Kleinheit, seine Unvollkommenheit und sein fehlendes Potential begreift...«

Ihre Stimme verhaspelte sich zwar, aber sie fuhr fort, kämpfte sich durch: »... findet er schließlich den Drachen, tötet ihn, kriegt das Allheilmittel und bringt es zurück ins Dorf. Wo für ihn kein Platz mehr ist.«

Sie holte tief Luft. »Und ... und diese Struktur, diese Art von volkstümlicher Struktur ist noch nie einer Frau anvertraut worden, wenn sie nicht gerade die steroide Version eines Mannes war oder aber eine Frau, die in ihrer Unterwäsche herumrennt, was aber dann mehr ein Opfer als eine Heldin ist.«

»Ich habe noch eine Frage«, rief einer der gierigen Publizisten. Es war eine der klassischen »Wie-fühlen-Sie-sich?«-Fragen, diesmal mit Betonung darauf, daß die Uhr der Preissaison ablaufe.

Alles schien wieder so, als sei nichts geschehen. Jodie Foster ging von echter Erleichterung zu einer leichteren Vorstellung über und antwortete auf die Frage mit einem Ausdruck gespielten Entsetzens.

»Ach, *diese* Uhr«, scherzte sie zur Erheiterung der Presse. »Ich hatte schon einen Moment lang Angst gehabt...«

Der dramatischste Punkt des Pressetermins war unbemerkt verstrichen. Wieder einmal hatte sich Jodie Foster gestellt und hatte ihre Haltung gewahrt, wenn auch nur um Haaresbreite.

Sie antwortete: »Es ist schon Millionen Male gesagt worden, daß die Nominierung selbst eigentlich alles ist...«

Auf die Frage nach der Möglichkeit, das Oscar-Lotto tatsächlich zu gewinnen, zuckte sie nur mit den Schultern: »Daran liegt mir nicht so viel.« Als sie die Bühne verließ, trat Barbra Streisand vor das Mikrofon.

Die angedrohten Störungen und großen Protestaktionen bei der Oscar-Verleihung fanden nicht statt. Vielleicht hatten sich ein paar mehr Demonstranten mit Protestschildern als sowieso üblich eingefunden. Doch blieben sie nur Statisten an den Rändern der großen Fernsehshow.

Das Schweigen der Lämmer erhielt in allen Hauptkategorien eine Auszeichnung.

Die anschließende Party, die von Orion veranstaltet wurde, fand in dem chicen Restaurant Rex Il Ristorante statt und »strahlte Opulenz aus – von einer fast zwei Meter hohen Lamm-Darstellung aus Eis bis zum großzügig fließenden Champagner und einem Menu mit Hummer, Lachs – und gegrilltem Lamm«. (Los Angeles Times, 1. April 1992) Den Gästen gefiel das Fest ausnehmend gut, die Finanzberater von Orion hingegen sahen darin nur ein weiteres Beispiel für die Exzesse, die zum Fall der Firma geführt hatten.

Jodie Foster bewahrte eisern ihr Schweigen über ihr Privatleben, und die Journalisten, die zum Höhepunkt des Outing-Wahns sogar ihr Haus im San Fernando Valley belauert hatten, gaben schließlich auf.

Jodie Foster erhielt ihren zweiten Oscar als Beste Hauptdarstellerin. Als er ihr verliehen wurde, verkündete sie: »Ich möchte diese Ehrung all den Frauen widmen, die vor mir kamen und nie die Chancen erhielten, die ich hatte. Und den Überlebenden und den Pionieren und den Außenseitern ... und all den Leuten in dieser Branche, die meine Entscheidungen respektiert haben und sich nicht vor der Macht und der Würde gefürchtet haben, die mich dazu in die Lage versetzten ... Und meinen Dank an die Academy, die eine so unglaublich starke und schöne Heldin geehrt haben, auf die ich sehr stolz bin.«

Die Dreißigjährige war wieder obenauf. Sie trug an diesem Abend eine weiße, kimonolange Armani-Jacke, mit dem unvermeidlichen AIDS-Schleifchen am Revers, zu einer champagnerfarbenen, mit Perlen bestickten Seidenhose und einer dazu passenden Bluse. Die Statuette hielt sie in Handschuhen aus weißem Satin. Wieder stand sie im Presseraum hinter der Bühne vor dem königsblauen Bühnenvorhang mit dem Oscar-Logo darauf. Tonlos flimmerte daneben ein Fernseher, auf dem man live den Fortgang der Zeremonie beobachten konnte. An diesem Abend würde es keine spitzen Bemerkungen geben.

Auf die Frage, wie sie sich fühle, antwortete sie: »Es ist unglaublich aufregend. Und es ist etwas anders als sonst, weil der ganze Film nominiert worden ist.«

Die nächste Journalistin wollte wissen, was der Film für die Frauenbewegung getan habe. Eine solche Frage gab der Schauspielerin die Gelegenheit, noch einmal ihre Rede über den Heldenmythos zu wiederholen und darzulegen, daß Feminismus nichts als Humanismus sei.

Ob sie eine »Tür« zu Clarice gehabt habe, wollte jemand anschließend von ihr wissen. Jodie lachte.

»Ist das eines jener Juillard-Fremdworte, die ich nicht kenne?« fragte sie gut gelaunt zurück und spielte – vielleicht unbewußt – auf ihre Partnerin aus *Angeklagt*, Kelly McGillis, an, die beruflich genau das Gegenteil von Foster war: eine in Juillard ausgebildete Schauspielerin, die nicht nur auf Knopfdruck weinen, sondern auch noch das Auge dafür aussuchen konnte.

»Ich wußte, daß diese Rolle auf mich zurückschlagen würde«, fügte sie scherzend hinzu. »Ich glaube, das Paßwort, der Zugang, ist, daß sie wirklich fasziniert ist«, fuhr sie fort. »Sie ist auf dieselbe Weise fasziniert wie Hannibal Lecter ... Menschliche Wesen versuchen immer herauszufinden, was ihr psychologischer Plan ist. Dein Leben und deine Arbeit drehen sich nur darum, herauszufinden, was man tun soll ... Clarices Plan war der unglaubliche, in mancher Hinsicht neurotische Plan, Frauen zu retten, gewöhnliche Frauen, vergessene Frauen und ...«

»Drehen Sie sich mal um!«

Plötzlich unterbrach ein Ruf aus dem hinteren Teil des Pressesaals Jodie Fosters Ausführungen.

»Drehen Sie sich um!«

Doch ihr Instinkt befahl ihr weiterzumachen: »... und solche, die immer beiseite geschubst worden ...«

»Drehen Sie sich um! Er hat gewonnen!« erklang es erneut.

Nun endlich drehte sie sich tatsächlich um, zu dem Monitor, auf dem der weitere Verlauf der Preisverleihung übertragen wurde: *Das Schweigen der Lämmer* war gerade zum Besten Film des Jahres ernannt worden und hatte damit den »Grand Slam« der Oscars geschafft.

Der Ausdruck auf Jodie Fosters Gesicht war unbeschreiblich, man erkannte die schiere Freude. Impulsiv beugte sie sich nach vorne, so als wolle sie zu einem Luftsprung ausholen.

»DAS GIBT ES NICHT!« rief sie und stampfte begeistert mit den Füßen auf dem Boden. Dann richtete sie sich aber sofort wieder auf, schob ihr Haar zurück und drehte sich zum Mikrofon. »Das haben bisher nur zwei Filme geschafft«, verkündete sie und strahlte vor Aufregung. »Ich kann es einfach nicht glauben!«

Es gab weitere kurze Fragen an diesem Abend.

»Ich finde, Protest ist gut«, antwortete sie mit einer ihrer akkuraten Standardformulierungen auf eine vorsichtige Frage. »Das ist amerikanisch und nicht gegen das Gesetz ... Kritik hilft Leuten zu lernen ... aber alles andere fällt in die Kategorie ›Unwürdig‹.«

Nach der Zukunft befragt, erklärte die junge Schauspielerin, die immer noch vor Glück strahlte, daß sie davon träumte, fortzugehen und »vier Tage lang« in einem heißen Bad zu sitzen und daß, wenngleich sie die Schauspielerei nie aufgeben würde, »Regie führen mehr mit meiner wirklichen Persönlichkeit zu tun hat«.

Dann wurde sie zu einem schnellen Foto mit »Tony« Hopkins gerufen.

Aber wenn dies ein Film gewesen wäre und nicht das reale Leben (und all dem oberflächlichen Glitter und dem Management hinter der Bühne zum Trotz war es das doch), dann hätte ihre Geschichte mit diesem Standbild geendet:

»DAS GIBT ES NICHT! «

Die triumphierende Jodie Foster.

9

Hollywoods Maverick

AM SELBEN TAG IM OKTOBER 1992, als sich der Bankrott von Orion Pictures, wo Foster ihre Produktionsfirma Egg Pictures untergebracht und unter dessen Ägide sie ihr Regiedebüt gemacht und ihren zweiten Oscar gewonnen hatte, endgültig herausstellte, verkündete sie, einen Drei-Jahres-Produktionsvertrag mit Polygram Filmed Entertainment geschlossen zu haben.

PFE war die neu gegründete Produktions- und Verleihabteilung von Polygram, der mächtigen Londoner Musikfirma, die wiederum zu achtzig Prozent dem holländischen Elektro-Giganten Philips gehörte. Zu Beginn des Jahres 1995 war PFE für etwa zehn Prozent der Einnahmen seiner Mutterfirma verantwortlich.

Das Programm umfaßte eine Anzahl kleiner ambitionierter Filme, deren Einspielergebnisse oft nur schlecht bis mäßig waren, zum Beispiel *Posse, Kalifornia, Romeo Is Bleeding, Kleine Morde unter Freunden* und *Priscilla*. Der größte Erfolg der Firma war bisher *Vier Hochzeiten und ein Todesfall* gewesen, eine viereinhalb Millionen Dollar teure romantische Komödie, die als Bester Film nominiert wurde und weltweit fast 250 Millionen Dollar eingespielt hat. PFE hatte sich auf Produktionen mit kleinem Budget für den internationalen Markt spezialisiert und baute seine Präsenz auf dem nordamerikanischen Markt durch Verträge mit halbautonomen, künstlerisch-orientierten Produktionsfirmen wie Propaganda, Working Title, Interscope und Fosters Egg aus. Bedenkt man darüber hinaus die internationalen Verbindungen und den Ruf der Firma, sehr regisseurfreundlich zu sein, so erschien PFE als naheliegender Partner für Jodie Fosters Vorstellungen. Ganz abgesehen davon, daß sie mehr als ein Jahrzehnt zuvor eine ihrer besten Teenager-Rollen in einer Produktion des PFE-Vorgängers Polygram Pictures gespielt hatte – in *Jeanies Clique*.

Der neue Vertrag gab Foster die langersehnte Macht, bis zu sechs ihrer eigenen von Polygram finanzierten Filme (im Rahmen der üblichen Aufwand/Ertrags-Rechnung) zu genehmigen, mit einem Gesamtbudget von 120 Millionen Dollar, zu denen noch einige Millionen für Marketingmaßnahmen hinzukämen. Diese Abmachung katapultierte die Dreißigjährige auf der Stelle unter die mächtigsten Frauen Hollywoods und machte aus ihr die einflußreichste Schauspielerin des Showbusiness.

Der Vertrag besagte, daß sie »exklusiv« an PFE gebunden sei, solange sie »Material kontrolliere«. In allen anderen Fällen, das heißt, wenn sie als Schauspielerin oder Regisseurin gegen Gage arbeite, könne sie hingehen, wohin sie wollte. Eine solche Vereinbarung gebe ihr mehr Kontrolle über das eigene Schicksal, erklärte Foster in einem Interview. »Ich möchte Filme machen, die meine Handschrift tragen. Und die Kosten sollen dem Film angemessen sein. Mich haben Inhalte immer mehr interessiert als Kosten.« (Daily Variety, 21. Oktober 1992)

Solche Produktionsarrangements, mit denen sich die Firmen Rechte an prominenten oder gefragten Schauspielern als unabhängige Produzenten sichern, sind in Hollywood keine Seltenheit und werden regelmäßig mit großem Presseaufwand verkündet. Doch in den meisten Fällen handelt es sich dabei nur um sogenannte Haushaltungs-Deals, bei denen das Geld, das für die Dienste des Produzenten veranschlagt wird, für luxuriöse Büros, die Gehälter für die jeweilige Entourage und andere Dinge, die mehr der Eitelkeit als dem Film dienen, ausgegeben wird. Der Präsident von Polygram Filmed Entertainment ging in einer Bekanntmachung auf genau diesen Punkt ein und bemerkte, daß »wenn man sich auf den Studiogeländen umsieht, den unabhängigen Produzenten viel Geld hinterhergeworfen wird, was aber letztlich für immens hohe Nebenkosten draufgeht. Für das Filmemachen bleibt am Ende dann nichts mehr übrig.« Nicht so bei

Jodie Foster. Die Ausgaben von Egg Pictures wurden aus einem Fonds bestritten, der strikt getrennt war von der Summe, die für die Produktion ihrer Filme zur Verfügung stand. Mit dieser Regelung signalisierte sie ihre Ernsthaftigkeit als Produzentin, und außerdem verlieh es ihr zusätzliche Macht. Auch ihr Büro war nicht mit den palastartigen Gemächern ihrer Kollegen zu vergleichen. Die Einrichtung war von ihrer Schwester Connie entworfen worden, geräumig, lässig und mit einem Computer ausgestattet (einem Mac LCIII), »Erinnerungsstücke sind auf ein Minimum beschränkt«. (In Style, September 1993)

Auf die Filme *Wunderkind Tate* und *Das Schweigen der Lämmer* folgte 1993 der Start von *Sommersby*, einer ergreifenden Geschichte, die genau die tragische Unausweichlichkeit der von Jodie Foster so geschätzten homerischen Mythen besaß.

Der Film wurde unter Regie von Jon Amiel mit den beiden Hauptdarstellern Richard Gere (der zugleich einer der beiden Executive Producers von *Sommersby* war) und Jodie Foster in Virginia gedreht. Es handelte sich um eine Koproduktion mit Le Studio Canal, einer französischen Produktionsfirma. Daß Jodie Foster einer der beiden Stars des Films war, dürfte dem Studio sehr entgegengekommen sein, da die Schauspielerin nicht nur fließend französisch sprach, sondern in Frankreich seit dem Filmfestival von Cannes 1976 dazu auch ein Kassenmagnet war.

Das Drehbuch zu dem Film stammt von Nicholas Meyer und Sarah Kernochan und wurde nach einer Geschichte von Meyer und Anthon Shaffer geschrieben. *Sommersby* ist ein gelungenes Remake des brillant erzählten und herrlich fotografierten französischen Films *Die Wiederkehr des Martin Guerre* aus dem Jahr 1982, der im Europa des 16. Jahrhunderts spielt.

Beide Filme erzählen eigentlich dieselbe Geschichte: Nach vielen Jahren im Krieg kehrt ein Mann in ein kleines Dorf zurück und behauptet, er sei der seit langem verschollene Mann einer schönen, jungen Dorfbewohnerin. Obwohl die Frau selbst nicht glaubt, daß es sich tatsächlich um ihren Ehemann handelt, widerspricht sie der

Behauptung nicht, nimmt den Mann bei sich auf und verliebt sich schließlich in ihn. Den Höhepunkt der Story bildet ein Prozeß, bei dem der Mann sich nur vor dem Tode retten kann, wenn er seine neue Identität und sein neues Leben widerruft.

Als die Anhänger von *Die Wiederkehr des Martin Guerre* von der geplanten Neuverfilmung des Stoffes erfuhren, befürchtete man zunächst ein Hollywood-Fiasko. Doch nicht zuletzt durch seine beiden Hauptdarsteller wurde *Sommersby* ein gut gemachtes romantisches Melodram. Aber wieder einmal übertrafen die Kritiken für Jodie Fosters schauspielerische Leistung die für den Film selbst. »Sie bleibt im Gedächtnis«, schrieb ein Kritiker, »und schafft es, eine Kombination von Süße, Feuer und reifer Schönheit auszustrahlen, der man unmöglich widerstehen kann.« (Los Angeles Times, 5. Februar 1993)

Nach sechs Jahren kehrt Jack Sommersby (Richard Gere) in das karge und heruntergekommene Dorf Vane Hill in Tennessee zurück. Der Bürgerkrieg ist gerade zu Ende, die Häuser sind von den siegreichen Yankees geplündert worden, und das Land ist ausgedörrt und zum Baumwollanbau nicht mehr zu gebrauchen.

»Hier ist nichts mehr übrig außer hartem Boden, und es ist keiner da, um ihn zu bepflanzen«, berichtet ihm eine Dorfbewohnerin, die sich dem Trupp der Dorfbewohner angeschlossen hat, um den zurückgekehrten Jack zu dem großen Haus seiner Frau Laurel (Jodie Foster) zu begleiten.

Ein kleiner Junge wird vorausgeschickt, um Laurel auf die Rückkehr ihres Mannes vorzubereiten. Die junge Frau ist gerade dabei, das überwucherte Feld vor ihrem Haus zu mähen. Sie trägt einen alten Mantel und einen braunen Männerhut.

Als sie die Neuigkeit hört, packt sie hastig ihren Sohn Robert, eilt in das Haus und zieht ein burgunderfarbenes Kleid an. Dann geht sie hinunter, um Sommersby auf der Türschwelle zu begrüßen. Jack begrüßt als erstes den Jungen, blickt dann schüchtern zu Boden und nimmt zärtlich Laurels Hand. »Ich habe vergessen, wie schön du bist«, flüstert er und schaut ihr ins Gesicht. Die beiden umarmen sich. Auf

Laurels Gesicht sieht man jedoch die Andeutung eines wissenden Lächelns. Die Dörfler, die die Wiedervereinigung des Ehepaares wie ein griechischer Chor mit Beifall und zahlreichen »Ohs« und »Ahs« kommentieren, ahnen davon nichts, doch dem Zuschauer schwant bereits etwas: Das kleine Blinzeln ihrer Augen verrät, daß Laurel nicht von der Identität ihres Ehemannes überzeugt ist.

Jodie Fosters Laurel Sommersby ist eine Frau, die einerseits abwägende Überlegungen anstellt, andererseits voller verborgener Emotionen steckt. Die junge Frau will einfach glauben, daß dieser Mann ihr Ehemann ist. Doch im Grunde weiß sie, daß das nicht stimmt. Denn dieser Jack Sommersby ist kein Trunkenbold, kein Tyrann, der seine Frau entweder ignoriert oder aber sogar mißbraucht, so wie es der Mann tat, mit dem sie vor dem Krieg drei Jahre lang zusammengelebt hat. Dieser Jack Sommersby ist nicht nur ein zärtlicher Liebhaber, sondern auch ein guter Vater, der Robert aus Homer vorliest und zudem einen Plan entwirft, wie das Dorf wiederzubeleben wäre.

Den Dorfbewohnern kommen zum ersten Mal Zweifel an seiner Identität, als er bei dem Fest zu Ehren seiner Rückkehr einer Gruppe schwarzer Arbeiter etwas zu essen anbietet. Auch Laurel beobachtet ihren Mann an diesem Tag skeptisch, ist aber trotz ihrer Vorahnungen glücklich.

Jack und Laurel gelingt es, die Dorfbewohner zum Anbau von Tabak – einer neuen vielversprechenden Pflanze – zu überreden. Nach einiger Zeit zieht auch tatsächlich wieder etwas Wohlstand in das Dorf. Und es kommt der Tag, an dem die starke Südstaatlerin Laurel endlich ihren Gefühlen nachgibt: Sie läßt den neuen Jack Sommersby endgültig in ihr Herz. Und sie bekommen ein gemeinsames Kind – eine Tochter.

Doch bei der Taufe wird Sommersby wegen Mordes verhaftet und nach Nashville gebracht. Seine Familie und das halbe Dorf bilden einen Zug aus Pferdewagen und Kutschen, um Jack zu seiner Verhandlung zu begleiten. Laurel hätte die Möglichkeit, den Geliebten vor dem Galgen zu bewahren, wenn sie gesteht, daß der Mann, mit dem sie zusammenlebt, nicht der wahre Jack Sommersby und damit auch nicht der wirkliche Mörder ist. Doch »Jack« verbietet ihr das, er will lieber als der angesehene Sommersby sterben statt als »Yellow« Horace Townsend weiterzuleben, der Feigling, der er einst gewesen ist.

Um zu verhindern, daß die Wahrheit doch noch ans Licht kommt, entläßt er sogar seinen Anwalt und nimmt Laurel selbst ins Kreuzverhör. Zuerst läßt sie sich nicht umstimmen. Immerhin versucht sie, den Mann, den sie liebt, zu retten.

»Mein Gott, bist du eine sturköpfige Frau, Laurel«, stöhnt Jack in wachsender Verzweiflung.

»Und du bist ein verdammter Idiot«, entgegnet sie vom Zeugenstand aus. Dann senkt Foster ihre Stimme zu dem berühmten heiseren Flüstern. »Du bist nicht Jack Sommersby, warum gibst du weiterhin vor, es zu sein?«

Wütend brüllt er: »Woher willst du wissen, daß ich es nicht bin?«

»Ich weiß es, weil...«

Noch lauter stachelt er sie auf: »Woher willst du das wissen, Laurel?«

»Ich weiß es, weil...«

»WOHER WEISST DU DAS?«

»Ich weiß es, weil ich *ihn* nie geliebt habe.« Plötzlich spricht sie viel langsamer, zwischen zwei Atemzügen wird ihre Rede zu einem zärtlichen, emotionalen Bekenntnis. »Nie so wie dich.«

Einen kurzen Moment lang ist Laurel selbst erstaunt über ihre Worte. Diese Szene, die auch für den Werbe-Trailer verwendet wurde, ist eine der intensivsten in dem ganzen Film und zeigt zwei Schauspieler auf der Höhe ihrer Kunst.

Aber Fosters beste und anrührendste Darstellung in *Sommersby* folgt noch. Es ist die Szene in der Gefängniszelle, als »Jack« darauf wartet, zum Galgen geführt zu werden. Hier erzählt er Laurel endlich, wie es dazu kam, daß er Jack Sommersbys Platz einnehmen konnte und warum er nicht zu seiner früheren Identität zurückkehren kann. Doch als er Laurel jetzt in die Arme nehmen will, entzieht sie sich ihm.

»Du willst mich halten? Dann halte mich heute und von da an alle Tage.« Ihre Stimme klingt beinahe hysterisch. »Du behauptest, daß du mich liebst? Dann zeig es mir! Dann sei ein Vater und werde gemeinsam mit mir alt. Das ist wahre Liebe.«

In den Interviews, die sie zu *Sommersby* gab, betonte Jodie Foster immer wieder, der Film handle von »unkonventionellen Menschen, die mit einer sehr konventionellen und verwirrenden Zeit kämpfen«.

Über die Figur der Laurel, die sich im Verlauf der Geschichte von einer hoffnungslosen zu einer starken Frau wandelt, meinte die Schauspielerin: »Das ist eine ziemlich aufwühlende Reise für eine Frau, die in so einer Zeit lebt.« (The Hollywood Reporter, 8. Februar 1993)

Keine zwei Monate nach dem Start von *Sommersby* erschien Foster wieder bei der Oscar-Verleihung. Diesmal kam die damalige Beste Schauspielerin, um die begehrte Auszeichnung ihrer Nachfolgerin zu überreichen. »Die anmutige Jodie Foster kam herein und sah aus wie einer der klassischen Stars der fünfziger Jahre«, berichtete ein Modejournalist über ihren Auftritt, »in einem sexy schwarzen Armani-Kleid mit wehenden Stoffbahnen und einem Gürtel aus lauter Rosetten.« (Los Angeles Times, 30. März 1993)

Foster befand sich inzwischen in einer interessanten paradoxen Situation: Zum einen war sie eine seriöse Schauspielerin, die – besonders durch die Kunstfilme, die sie in den achtziger Jahren gedreht hatte – zu Hollywoods Outsidern gehörte, weil sie bei ihrer Arbeit Ziele verfolgte, die anspruchsvoller waren als der schiere Kommerz. Andererseits war Foster eine absolute Branchen-Insiderin – eine große Produzentin mit der finanziellen Kraft, ihre Projekte genau ihren Vorstellungen entsprechend auf die Leinwand zu bringen.

Als Foster 1991 nach Plänen für ihre nächste Regiearbeit befragt worden war, hatte sie verkündet, daß der Film, den sie nach *Wunderkind Tate* inszenieren wolle, von nichts Geringerem handle als Sex. »Ich möchte einen Film machen über ... meine Generation und Sexualität. Es ist an der Zeit, daß es freimütige Filme gibt, in denen Sexualität aufrichtig behandelt wird, wo Frauen sexuelle Wesen sind, anstatt immer nur auf irgendeinem asexuellen Podest zu stehen.« (Sunday London Times, 12. Mai 1991)

Obwohl ein Film zu diesem Thema, inszeniert von Jodie Foster, ihre Anhänger garantiert in Scharen in die Kinos locken würde, ist aus dieser Idee bisher noch nichts geworden. Doch das ist nicht unbedingt überraschend, da in Hollywood Filmideen oft erst jahrelang die Runde machen, bevor sie tatsächlich realisiert werden. Oliver Stones *Platoon* beispielsweise entwickelte sich über einen Zeitraum von etwa zehn Jahren, die *Forrest Gump*-Story zirkulierte neun Jahre lang in den Studios. In dieser Zeit machen die Projekte meist regelrechte Metamorphosen durch. So war *Beverly Hills Cop* mit Eddie Murphy ursprünglich als ein Projekt für Sylvester Stallone geplant gewesen.

Zu einem der typischen Spiele in Hollywood gehört es auch, in der Presse, besonders in den Branchenblättern, Schauspieler-»Wunschlisten« zu lancieren – eine beliebte Methode, um Aufmerksamkeit (und Geld) auf ein Projekt zu ziehen. Unter Umständen entwickelt ein Schauspieler erst dann Interesse, wenn man ihn schon im Zusammenhang mit einem Film erwähnt, der vielleicht gemacht wird – oder auch nicht. Seit *Taxi Driver* tauchte Jodie Foster regelmäßig in diesen Pressemeldungen auf. Natürlich muß man auch hier zwischen den Zeilen lesen. Zum Beispiel hieß es nur wenige Tage, ehe sie ihren zweiten Oscar bekam, sie bereite einen Film namens *The Bum* vor, eine »Liebesgeschichte zwischen einer frisch geschiedenen Hausfrau aus Malibu und einem Strandpenner, in dem die Schauspielerin Ende des Jahres mitzuspielen hofft«. (Daily Variety, 14. Februar 1992)

Für gelernte Branchenblatt-Leser war durch das Wort »hofft« und die Einschränkung am Ende des Artikels, daß weder Foster noch ihre Agentin »für Stellungnahmen zur Verfügung gestanden haben«, klar, daß der ganze Artikel nur ein Signal war, wahrscheinlich vom Produzenten des geplanten Films an die Schauspielerin selbst, an andere Darsteller oder an potentielle Geldgeber.

Etwa ein Jahr später konnte man in zahlreichen Blättern lesen, Jodie Foster mache jetzt *Trackdown*, einen Katastrophenfilm, in dem sie eine amerikanische Ingenieurin spiele, »die ein Zugunglück im Tunnel zwischen England und Frankreich zu verhindern versucht.

Das Projekt ist nur eines von mehreren geplanten Actionfilmen über den sogenannten Chunnel.« (Screen International, 21. Mai 1993) Keines der erwähnten Projekte sah allerdings je das sprichwörtliche Licht der Welt.

Der Branche Signale zu geben war ein Spiel, auf das sich auch Foster mit ihrer Firma Egg Pictures gut verstand. Einer Mitteilung aus dem Jahr 1993 zufolge (Daily Variety, 15. März 1993) sollte das erste Egg-Projekt entweder *Jonathan Wild* sein, ein im London des 18. Jahrhunderts angesiedelter Krimi, bei dem Neil Jordan (*Crying Game, Interview mit einem Vampir*) Regie führen sollte, oder aber eine Biographie der Schauspielerin Jean Seberg, in der Foster selbst die Titelrolle übernehmen wolle.

In der Ankündigung des Films über Jean Seberg, die vor allem durch Jean Luc Godards Nouvelle vague-Klassiker *Außer Atem* berühmt geworden ist, erklärte Foster, es sei »die rastlose Sucherin in Jean«, die sie fasziniere. »Diese Eigenschaft hat sie in Situationen gebracht, vor denen ich mich bewahrt habe … Es wirkt so, als sei sie zwischen ihrem öffentlichen und ihrem privaten Selbst völlig zerrissen gewesen, zwischen der Ikone und dem ungeformten Kleinstadt-Mädchen, zwischen ihren Erwartungen und der Realität.« (The Hollywood Reporter, 20. April 1992)

Die Ankündigung von *Maverick* war ein Signal, eine Botschaft von Jodie Foster an die Mächte Hollywoods: Die Entscheidung zu diesem Film machte deutlich, daß sie – die Outsiderin unter den Insidern – bei ihren Egg Pictures-Produktionen zwischen Filmen mit persönlicher Handschrift und Kassenschlagern mit dickem Budget für große Studios hin- und herwechseln würde.

Das entsprach der berühmten Eastwood-Strategie, benannt nach jenem anderen Kassen-Star, der seine schauspielerische Anziehungskraft in kommerziellen Filmen wie *Dirty Harry* letztendlich auch finanziell dazu nutzte, kleine, anspruchsvollere Filme wie *Bronco Billy* oder *Weißer Jäger, schwarzes Herz* zu produzieren, zu inszenieren und selbst auch noch mitzuspielen. Indem er kommerzielle Erfolge mit ambitionierteren Filmen abwechselte, hatte Clint Eastwood sowohl seine Anziehungskraft an der Kasse als auch seine Autonomie bewahrt, um diese beiden unterschiedlichen Strömungen seiner Karriere in den mehrfach preisgekrönten Film *Erbarmungslos* münden zu lassen.

Im Showbusiness steht die Abkürzung NATO für eine mächtige Organisation, hinter der sich jedoch kein militärischer Apparat verbirgt, sondern die National Association of Theatre Owners. Dieser Zusammenschluß der Kinobesitzer verlieh Jodie Foster 1994 – auf der jährlichen ShowEast-Versammlung, die in diesem Jahr im sogenannten Trump Taj Mahal in Atlantic City abgehalten wurde – den George Eastman-Award und würdigte damit ihren »enormen Beitrag als Schauspielerin, Regisseurin und Produzentin für die Industrie«. Sie bekam den Preis fast genau zwei Jahre nach der Meldung des Polygram-Deals und fast zwei Monate vor der Premiere von *Nell*, dem ersten Egg Picture-Film, der in die Kinos kam.

Jodie Foster hatte sich in ihrem Leben bisher kaum zu Komödien hingezogen gefühlt. Ihre Mutter Brandy hingegen, die so viel unternommen hatte, um den Filmgeschmack ihrer Tochter zu prägen, hatte schon sehr früh Jodies komisches Talent entdeckt. Aber es dauerte dann immer noch fast zwei Jahrzehnte, bis die Zuschauer sich selbst ein Urteil darüber bilden konnten.

Die Gelegenheit dazu bot *Maverick*, ein 40-Millionen-Dollar-Sommer-Blockbuster, in dem sie mit Mel Gibson und seinem *Lethal Weapon*-Regisseur Richard Donner zusammenarbeitete. Den Gerüchten zufolge erhielt sie für ihre Rolle fünf Millionen Dollar Gage, das Doppelte dessen, was sie bisher bekommen hatte. (Zum Vergleich: Demi Moore soll für *Striptease* zehn bis zwölf Millionen bekommen haben.)

Für Hollywood-Insider war Fosters Auftritt in *Maverick* so, als ob Katharine Hepburn in *Der Schatz der Sierra Madre* mitgespielt hätte. Doch Jodie Foster fiel die Entscheidung, ob sie die Rolle der Sally annehmen wollte, nicht schwer: »Sie haben mir das Drehbuch an einem Donnerstag geschickt … Ich habe es am Donnerstag nachmittag gelesen, habe am Freitag zugesagt und hatte am Samstag

Kostümprobe. Ich habe gesagt: ›Yeah, ich kann es kaum erwarten … und ändert bloß nichts!‹« (Vanity Fair, Mai 1994)

Wie schon beim *Schweigen der Lämmer* war Foster auch bei diesem Film nicht die erste Wahl für die weibliche Hauptrolle gewesen: Gibson und Donner wollten eigentlich Meg Ryan (*Harry und Sally, I.Q., French Kiss*) für die Rolle der Sally, der Trickspielerin aus den Südstaaten, die Maverick in seinem eigenen Spiel schlägt. Aber die Schauspielerin hatte gerade ein Baby bekommen und mußte daher absagen. Auch James Garner hatte nicht von vornherein auf der Besetzungsliste gestanden – ursprünglich sollte Paul Newman die Rolle übernehmen.

Obwohl das von ihr so bewunderte Drehbuch von William Goldman jeder Menge Improvisationen Platz machen mußte, und obwohl Mel Gibson und Richard Donner sich angeblich wie zwei große Jungs im Sandkasten aufführten, traf Foster von vornherein genau den Punkt. Schon in der ersten Szene improvisierte sie einen Sturz, mit dem gleich ein Akzent ihrer Rolle festgelegt wurde – Geschicklichkeit gepaart mit Ungeschicklichkeit.

»Soviel habe ich von Komödien begriffen«, sagte Jodie Foster nach Abschluß der Dreharbeiten. »Letztlich kommt es gar nicht so sehr darauf an, wie etwas genau aussieht, und auch nicht, ob alles genau zusammenpaßt. Es ist auch egal, was man anhat und ob alles tatsächlich einen Sinn hat. Das einzige, worauf es wirklich ankommt, ist, daß der Funke überspringt.« (Vanity Fair, Mai 1994) Und was die alles entscheidende Beziehung zu ihrem Partner und dessen Lieblingsregisseur betraf, so war der Funke definitiv übergesprungen.

Richard Donner, der ursprünglich gegen ihre Besetzung gewesen war, sagte: »Sie ist wirklich sexy und süß und spaßig, sie ist ein darling litte thing.« (Premiere, Juni 1994) Wahrscheinlich spielte er damit auf Jodie Fosters von ihr selbst gepflegtes Image an. Jahrelang hatte sie immer wieder stolz erzählt, daß ihre Freunde sie BLT, Bossy Little Thing, nennen würden, oder Miss Autoritiva.

Das »niedliche kleine Ding« nahm Richard Donners altmodische Regieanweisungen bei den Dreharbeiten zu *Maverick* zuerst mit einer Art verletztem Berufsstolz entgegen: »Wenn ich in einem anderen

Film mitten in einer Szene gewesen wäre und er hätte gesagt: ›Dreh dich nach rechts! Mach den Mund auf! Mach schon!‹, dann hätte ich ihm den Hals umgedreht. Aber für den Film, den wir gedreht haben, war es tatsächlich das richtige.« (Premiere, Juni 1994)

Die Geschichte von *Maverick* konzentrierte sich auf die ungewöhnliche Freundschaft zwischen der sehr properen Miss Foster und dem schulterschlagenden Mad Mel, und man munkelte, die beiden hätten sich auch lange nach den Dreharbeiten zu *Maverick* noch sehr nahe gestanden. (So tauchte der Schauspieler im Dezember 1994 auch bei der Premiere von *Nell* auf, Jodie Fosters Debüt im Rahmen ihres Vertrages mit Polygram.)

Diese engere Beziehung der beiden, aber auch schon allein die simple Tatsache, daß Jodie Foster zusammen mit Mel Gibson spielte, brachte ihr erneut den Zorn vieler homosexueller Aktionsgruppen ein. Mel Gibson hatte vor längerer Zeit in einer mexikanischen Veröffentlichung abfällige Bemerkungen über Homosexuelle gemacht (die er später widerrief) und wurde seitdem als Schwulenhasser angeklagt. Trotz des Fehlens jeglicher Bestätigung zählten die schwulen und lesbischen Vereinigungen Jodie Foster nach wie vor zu den Ihren und maßen sie an ihren Maßstäben.

Maverick war nicht der erste Film, bei dem Jodie Foster und ihr Partner indiskreten Anspielungen ausgesetzt wurden. Schon in *Sommersby* hatten die beiden Hauptdarsteller sich ständig Andeutungen gefallen lassen müssen, mit Vorliebe solche, daß ihr Kollege Richard Gere ebenfalls ein heimlicher Schwuler sei.

Jodie Foster hat die beiden Leinwandhelden einmal auf aufschlußreiche Weise miteinander verglichen: »Ich kann mir keine zwei unterschiedlicheren Menschen vorstellen, obwohl beide gutaussehende Männer sind, auf die jede Frau positiv reagiert. Richard ist auf seine Weise völlig introvertiert. Er nimmt nichts von dem wahr, was um ihn herum vorgeht. Aber dann strahlt er dich mit einem Mal an, und man fühlt sich unter allen Menschen der Erde auserwählt, weil er dich für einen Moment ›zu sich hereingebeten‹ hat. Viele Menschen würden für diesen Blick sterben, sie würden wie Dominosteine umfallen. Mel dagegen ruht nicht stark in sich selbst. Er ist ständig damit beschäftigt, den Leuten Zaubertricks vorzuführen, sie zu erschrecken oder ähnliches zu machen. Seine Art zuzuhören wirkt auf eine gewisse Weise unschuldig. Er entwaffnet einen manchmal geradezu, weil er so wenig bedrohlich ist – er ist sofort der beste Kumpel von einem ... Richard wirkt eher gefährlich, wie ein Spinnennetz, in dem man hängenbleiben könnte ... Mel ist ein Kind.« (Vanity Fair, Mai 1994)

Während Foster weiterhin zu jedem Thema, das ihr Privat- und vor allem Sexualleben berührte, beharrlich schwieg, äußerte sich Richard Gere sehr direkt zu den Gerüchten über seine angebliche Homosexualität: »Es interessiert mich einen Scheißdreck, ob die Leute denken, daß ich schwul bin oder nicht.« (Square Peg, März/April 1993)

Was Jodie Foster anging, fuhr die Presse unverändert damit fort, Andeutungen zu lancieren, die jeder, der sich in dem typischen Pressejargon Hollywoods auskennt, sehr wohl verstehen konnte. Michael Shnayersons Porträt der Schauspielerin, das im Mai 1994 in Vanity Fair erschien, ist ein exzellentes Beispiel dafür, wie man zwischen den Zeilen lesen muß: Er bezeichnet sie als »schon legendär reserviert, was ihr Privatleben angeht«, und fragt dann in gespielt inquisitorischem Stil: »Miss Foster, gibt es irgend etwas, was Sie zum Thema Beziehungen sagen möchten?«

»Nein«, entgegnet sie entschieden und fügte hinzu, daß ihr das Privatleben wichtiger sei, als »die Neugiermaschine zu füttern«.

Der Autor nennt ihre Zurückhaltung daraufhin »in gewisser Weise verdrießlich«, betont aber gleichzeitig das »Erstaunliche« an Fosters Fähigkeit, nie »eine Affäre eingestanden zu haben« oder »mit einem Beau fotografiert worden zu sein«. Indem er auf einen »Beau« oder Liebhaber männlichen Geschlechts anspielt, verhält sich der Autor natürlich bereits unredlich und leistet den einschlägigen Gerüchten weiteren Vorschub.

Ganz direkt, ohne jede verdeckte Anspielung, thematisierte das Los Angeles Magazine dann diesen heiklen Punkt. Der Autor ließ sich über Jodie Fosters »enorme Abwehr« aus, was alle Fragen zu ihrem Privatleben anbelangt, und behauptete im Anschluß daran, daß die Schauspielerin seit Jahren damit drohe, Interviews abzubrechen, sobald »bestimmte Themen« angeschnitten würden. Eines davon sei das versuchte Attentat von John Hinckley. »Das andere heikle Thema: die Gerüchte, sie sei eine Lesbe.«

Nachdem das Thema nun im Raum stand, reagierte Foster mit Aplomb und bestritt, je damit gedroht zu haben, ein Print-Interview abzubrechen. Und mit dieser Beschränkung auf Zeitungen und Zeitschriften konnte ihr auch nicht die Absage eines Interviews mit »Good Morning America« angelastet werden. Der Produzent wollte damals ihrer Forderung, das Thema John Hinckley auszulassen, nicht nachkommen. Strenggenommen handelte es sich also gar nicht um einen Abbruch. Dasselbe galt auch für ihre Absage an »Today«, die während der Promotion-Tour für *Little Man Tate* ein Interview mit ihr machen und in der Einführung auf jeden Fall das Attentat erwähnen wollten.

In Anbetracht der Vorwürfe fuhr die Schauspielerin fort: »Es ist mir wirklich egal, was die Leute sagen werden. Das ist ein typisch amerikanisches Phänomen, daß die Leute glauben, sie würden den Prominenten näherkommen, wenn sie sie über Leid reden hören. Sie denken dann, daß sie sie kennen würden. Aber das ist Schwachsinn.« (Los Angeles Times Magazine, 11. Dezember 1994)

Natürlich hatte sie recht mit ihrer Beobachtung, und es ist anzunehmen, daß sie mit der Formulierung »über Leid reden« ganz generell meinte, in Interviews das Innerste nach außen zu kehren. Doch gleichzeitig war sie Teil dieses hollywoodeigenen Image-Geschäfts (was sie selbst am besten wußte), und das schloß eben nicht nur das Filmemachen, sondern auch den Umgang mit Publicity ein. Auch wenn sie sich eine Zeitlang über jedes Image, das ihr zugeschrieben wurde, ärgerte – das von ihr selbst kreierte der intelligenten Elitecollege-Absolventin eingeschlossen. »Natürlich weiß ich, warum mir dieses Image anhaftet«, erklärte sie nach der Verleihung ihres zweiten Oscars. »Denn das ist die Seite von mir, die ich den Journalisten zeige. Ich rede sehr gerne über meine Arbeit und denke viel darüber nach. Deshalb ist dieses Image auch nicht falsch. Aber es ist doch seltsam, daß ... meine Arbeit auf der Leinwand emotional immer zugänglicher wird.« (Entertainment Weekly, 2. April 1993)

In dem ersten Film, den sie mit ihrer Firma produzierte, spielt Jodie Foster eine Waise, die allein in der Wildnis aufgewachsen ist. Sie spricht eine Sprache, die sie selbst kreiert hat und die die anderen Figuren in dem Film wie auch die Zuschauer erst zu entziffern lernen müssen.

Aber sie haben sie entziffert. Der erste Egg-Film, eine 22-Millionen-Dollar-Produktion, trägt eindeutig Jodie Fosters Handschrift. Fast ein Jahr lag zwischen dem Moment, als der Film offiziell als Koproduktion zwischen PFE und Twentieth Century Fox angekündigt wurde, und seiner Premiere im Samuel Goldwyn Theater in Beverly Hills, zu der die junge Produzentin von einem Fox-Manager begleitet wurde. Zu diesem Zeitpunkt hatte die Kampagne für ihren dritten Oscar jedoch schon längst begonnen.

Und als die Filmkritiker des Landes *Nell* endlich auf der Leinwand sahen, waren sie sich fast ausnahmslos einig, daß die Schauspielerin Jodie Foster hier erneut einen Triumph feiern würde. Unentschieden waren sie hingegen, was die melodramatische Geschichte selbst anging. Weil Jodie Foster die Produzentin und der Film so unverkennbar ein Starvehikel war, beanstandeten die Kritiker zu Recht die sentimentalen und ziemlich klischeehaften Wendungen der Story. Dies betraf vor allem das Finale vor Gericht, das viele eine »Verbeugung vor kommerziellen Zwängen« nannten, »die nicht einlösen, was bis dahin geschehen ist, und die Wirkung des Films eher einschränken«. (Los Angeles Reader, 16. Dezember 1994) Jodie Foster erwiderte auf den Vorwurf, *Nell* sei ein »Starvehikel«, immer wieder, daß der Film »ein dreihändiges Stück« sei und: »Ich kann vierzig verschiedene Klischees nennen, und zwar ziemlich geschmacklose Klischees, die ich hätte spielen können; aber ich habe mich gegen sie entschieden.«

Ein Kritiker der New York Times merkte an, die Tatsache, daß die Produzentin und Hauptdarstellerin ebenso wie ihre Filmfigur »eine unabhängige Frau ist, die zu ihrer eigenen Musik tanzt«, hätte hoffen lassen, »*Nell* würde subtiler und riskanter als die übliche Ware sein ... Um so bemerkenswerter ist es, wie selten der Film diese Erwartungen einlöst.« (New York Times, 14. Dezember 1994)

Doch *Nell* löste sicherlich ein anderes Versprechen seiner Produzentin ein – nämlich das, Geld einzuspielen. Bevor Jodie Foster für diesen Film erneut zur Besten Schauspielerin nominiert wurde, hatte der Film in den USA bereits mehr als 30 Millionen Dollar eingespielt, was nach Auskunft der Branchenblätter mehr als »durchschnittlich« war.

Die Regie hatte Michael Apted (*Nashville Lady, Gorillas im Nebel, Blink*) geführt, Basis für das Drehbuch, das von William Nicholson und Mark Handley stammte, ist Handleys Theaterstück *Idioglossia*, ein Titel, der soviel wie »eine eigene oder eine gesonderte Sprache« bedeutet.

Über die 54tägigen Dreharbeiten äußerte sich Michael Apted sehr angetan: »Ich habe noch nie Regie über einen Regisseur geführt, aber Jodie hatte nie etwas Besserwisserisches an sich. Es war eine angenehm nüchterne Atmosphäre, ohne jeden Hollywood-Scheiß.« (The Hollywood Reporter, 6.–8. Januar 1995)

Nell (Jodie Foster) ist ein junge Frau aus den Appalachen, die seit dem Tod ihrer Mutter allein in einer abgelegenen Hütte lebt und eine völlig einzigartige Sprache entwickelt hat, die keiner versteht. Eines Tages wird sie von Jerome Lovell (Liam Neeson), dem Arzt der Gegend, entdeckt. Nell kennt weder Strom noch fließendes Wasser, kein gekochtes Essen (Foster hat für diese Rolle mehr als sechs Kilo mit einer makrobiotischen Diät abgenommen) und auch nicht den Rest der modernen Welt. Sie fürchtet sich vor anderen Menschen und verläßt nur nachts ihr Haus.

Als der Arzt zusammen mit dem Sheriff die Hütte durchsucht, finden sie Nell, die zusammengekauert in der Ecke sitzt. Und sie entdecken eine Bibel, in der die verstorbene Mutter eine Nachricht hinterlassen hat: »Der Herr hat sie hergeführt, Fremder« liest man da in kritzeliger Handschrift. »Behütet meine Nell.«

»Offiziell existiert diese Kreatur gar nicht«, berichtet der Sheriff kurz darauf dem Arzt, der herauszufinden versucht, wer Nell ist. Das einzige, was Lovell findet, ist ein alter Zeitungsausschnitt über eine lang zurückliegende Vergewaltigung von Nells Mutter. Doch bald darauf bekommt Nell eine »offizielle« Existenz: Sie erregt die Aufmerksamkeit von Paula Olsen (Natasha Richardson), einer Psychologin aus Charlotte. Die Wissenschaftler dort sind ganz begeistert von der Vorstellung, ein echtes »Wolfskind« beobachten und an ihm solche grundlegenden Fragen wie »Wo kommen Geschlechterrollen her?« untersuchen zu können.

Und weil dies ein Jodie Foster-Film ist, werden auch noch andere Fragen gestellt: Was macht eine Familie aus? Was ist der Unterschied zwischen »Besonders« und »Normal«? Und wie kann jemand, zumal ein Mensch wie Nell, so etwas wie ein Privatleben führen in einer Welt, die von Talk-Stars wie Oprah Winfrey und Geraldo Riviera regiert zu werden scheint? Nells traumatisierende Begegnung mit der Presse, die sie mit Blitzlichtern und Hubschraubern jagt, wirkt wie ein Echo der Ängste ihrer Darstellerin. Einer der Verhaltensforscher aus Charlotte prophezeit schon früh Nells unvermeidliche Entdeckung durch die Öffentlichkeit: »Sie wird, ehe sie sich versieht, einen Anwalt, einen Agenten und drei Bodyguards angeheuert haben – glaubst du, sie wird damit fertig?«

Als *Nell* in den Kinos anlief, zeigte sich Jodie Foster auch wieder in zahlreichen Sendungen auf dem Bildschirm, um den Film zu promoten. Es gab allerdings keine dummen Spielchen in Late-Night-Shows. Die Schauspielerin trat sogar in *Eye to Eye with Connie Chung* auf, einer Sendung, die zur Hauptsendezeit ausgestrahlt wird – und dann doch in der Frühstücksfernsehen-Show *Good Morning America*. An einem Tag empfing sie auch die Journalisten von größeren Zeitschriften und Fernsehteams in einem sorgsam ausgeleuchteten Hotelraum. In der Regel finden solche Ereignisse im Beverly Hilton, dem Century Plaza oder den Four Seasons statt, da sie zu den wenigen Beverly Hills-Hotels gehören, die sich auf das Catering von Studio-Kampagnen und die Bewirtung der Entertainment-Presse spezialisiert haben. Die Fernsehteams und Reporter hatten jeweils ein paar Minuten zur Verfügung, um Jodie Foster zu interviewen. Unter solchen Umständen blieb kaum Zeit, andere Fragen zu stellen als jene, die auch alle anderen an die Schauspielerin richteten.

Das ist auch der Grund, warum alle Zitate und Berichte von diesem Pressetermin einander so ähnlich sind; warum Jodie auf den Fotos oder TV-Mitschnitten fast immer dieselben Sachen trägt (denselben lose umgebundenen, Paisley-gemusterten Schal, den sie auch bei den meisten *Sommersby*-Interviews getragen hatte, über einem Seidenhemd; die Jeans waren allerdings meist nicht im Bild) und warum sie fast immer in derselben Einstellung zu sehen ist. Und für gewöhnlich hatte sie von Interview zu Interview auch dieselben Sachen zu sagen.

Sie sei, sagte Foster meistens mit einem kleinen Lächeln, »ein modernes Großstadtkind, das Fernsehen guckt, zynisch ist und sich keinen Lampenschirm aufsetzt, wenn sie zu einer Party geht. Ich will damit sagen, daß ich viele meiner Gefühle zu unterdrücken versuche ... Von daher war es für mich ein großes Ereignis, als ich entdeckte, daß es mir gar nicht so schwer fällt, emotional zugänglicher zu sein ... Ich meine damit«, Jodie Foster lächelte noch einmal, »daß man in der wirklichen Welt vielleicht tatsächlich etwas mehr von sich zeigen kann, ohne dafür Schläge einstecken zu müssen.«

Ob es sich nun um Jodie Foster handelt und ihre berüchtigte Liste dessen, was man fragen darf und was nicht, oder überhaupt um Prominente, die zwar Öffentlichkeit suchen, aber zugleich die Kontrolle behalten wollen – die Angehörigen der Unterhaltungspresse, die schließlich alle um einen modus vivendi im Umgang mit Studios und Stars bemüht sind, haben gelernt, daß auch sie Schläge riskieren, wenn sie bestimmte Themen anschneiden.

Zum Beispiel fragte Connie Chung mit der typischen bedeutungsschwangeren Stimme einer Star-Interviewerin Jodie Foster: »Was ist es denn, was an der Wahrung der Intimsphäre so wichtig ist?« Jodie Foster antwortete nur: Die Arbeit sei ohnehin eine »Ganztagsbeschäftigung«, warum sollte sie sie auch noch mit nach Hause nehmen wollen? Die Schauspielerin hatte die »Eye to Eye«-Crew bei sich im Büro und in ihrem Wagen drehen lassen und war dem Team sogar so weit entgegengekommen, daß es einen Teil der Aufnahmen in Connie Chungs Studio in Los Angeles erledigen konnte (weil »sie davon geträumt hat, Nachrichtensprecherin zu werden«, erzählte

Connie, »dachten wir, es würde ihr vielleicht gefallen, bei uns hinter die Kulissen zu blicken«). Doch es gibt ganz eindeutig eine Grenze für Jodie Foster: »Ich könnte niemals eine dieser Zeitschriftengeschichten machen, wo sie zu einem nach Hause kommen und Aufnahmen machen ... Ich würde vor Scham sterben.«

Ein paar Tage später erklärt sie vor einer falschen weihnachtlichen Kaminfeuer-Kulisse in New York, warum es so schwer sei, *Nell* festzulegen: »Es ist eines der großen Bedürfnisse des Menschen, Dinge mit Etiketten zu versehen, sie in Schubladen zu stecken. Wir fühlen uns erst dann besser, wenn wir etwas anderes kategorisieren können ...«

Natürlich spielt sie dabei auch auf die Neugier an, mit der die Presse Einblicke in ihr Privatleben sucht. Und im Verlauf dieses Interviews wird sie auch gefragt, ob es etwas gibt, womit die Person Jodie Foster, nicht die Schauspielerin, freimütiger umgehen sollte?

»Na ja«, antwortet sie mit einem Achselzucken. »Ich denke, ja. Zum Beispiel sollte ich meine Verletzlichkeit eingestehen. Das wäre sicher ein Punkt. Ich sage immer: ›Nein, nein. Alles in Ordnung, mir geht es gut.‹ Ich bin nicht der Typ, der zugibt, daß es ihm schlechtgeht oder daß Leute mich verletzt haben. Ich tue immer so, als stünde ich darüber.« Wieder ein Achselzucken. »Ich schätze, das gehört dazu, wenn man in der Öffentlichkeit steht, wo die Leute praktisch alles über einen sagen können und man sich eine Art Rüstung zulegen muß.«

Als Mitte 1992 unter 2 500 Mädchen vom Kindergarten bis zur zwölften Klasse eine Umfrage nach der Frau des Jahres gestartet wurde, stand Jodie Foster bei den Frauen im Showbusiness an erster Stelle, noch vor Madonna. Sie kam gleich hinter Anita Hill, Mutter Teresa, der Eiskunstläuferin Kristi Yamaguchi, Barbara Bush und – natürlich ganz vorne vor den Berühmtheiten aus dem öffentlichen Leben – »Mom«. (Los Angeles Times, 15. Juni 1992) Jodie Fosters direkte Kolleginnen, Hollywoods Schauspielerinnen zwischen Zwanzig und Vierzig, äußern sich ebenfalls bewundernd über sie; für sie ist Foster fast schon eine ehrfurchtgebietende Figur. Jennifer Jason

Leigh (*Mrs. Parker und ihr lasterhafter Kreis, Last Exit Brooklyn, Miami Blues*) nennt sie beispielsweise »eine brillante Schauspielerin und eine kluge Frau«. Für Rosanna Arquette (*Susan ... verzweifelt gesucht, Silverado, Pulp Fiction*) ist Jodie »eine meiner Heldinnen ... Sie ist so unglaublich intelligent ... Wenn man die meisten Kinderstars ansieht, dann werden sie entweder drogensüchtig oder begehen Selbstmord oder leiden unter irgendeiner anderen Tragödie. Jodie Foster ist jemand, der gebildet ist, die wegen ihrer Ausbildung sogar ihre Karriere unterbrochen hat. Sie ist einfach ein ernsthafter Mensch. Ich würde gerne mit ihr als Regisseurin arbeiten.«

Hollywoods Erwartungen an Jodie Foster sind hoch. Schon in den frühen Neunzigern gehörte sie zum »Club«, wie der verstorbene Paul Rosenfield das Hollywood-Establishment in seinem überaus lesenswerten Buch *The Club Rules* (Warner Books, 1992) genannt hat. »Der Club bewundert sie«, schrieb er, »weil sie im John Hinckley-Chaos nicht untergegangen ist. Und weil bei Trivial Pursuit sogar eine Frage nach ihr gestellt wird. Außerdem schätzt man ihre direkte Art.«

Jodie Fosters Name befindet sich auf allen Listen, auf denen die einflußreichsten Personen der Filmwelt aufgeführt sind. Als Entertainment Weekly 1994 die 101 mächtigsten Leute Hollywoods auflistete, wurde sie an 55. Stelle genannt, zwei Plätze hinter Julia Roberts, 14 hinter Mel Gibson, 18 hinter Clint Eastwood, 24 hinter Barbra Streisand, 33 hinter Tom Cruise und 39 hinter Tom Hanks. (Entertainment Weekly, 28. Oktober 1994)

Übrigens sind Jodie Foster und ihre gut zwei Jahrzehnte ältere Kollegin Barbra Streisand die beiden einzigen weiblichen Schauspielerinnen auf der ganzen Liste, die zugleich auch noch Regisseurinnen und Produzentinnen sind. Eine derartig mächtige Position ist von keiner anderen Frau und auch nur von wenigen Männern bisher erreicht worden.

Mit neun Jahren hatte Jodie Foster bei der Promotion für *Paper Moon* erzählt, daß sie »wie jedes Mädchen« in Robert Redford verliebt sei. (Los Angeles Herald-Examiner, 26. September 1974) Gut zwei Jahrzehnte später, Mitte 1994, stieg sie nur wenige Tage vor Beginn der

Dreharbeiten aus einem Filmprojekt aus, in dem sie beide gemeinsam vor der Kamera gestanden hätten. Ihre Pressesprecherin begründete die Entscheidung mit Drehbuchschwierigkeiten, andere »Quellen« behaupteten, ihre Rolle sei reduziert worden. (Daily Variety, 14. Juli 1994) Jodie Foster ist schon seit langem für ihre Kritik an zahlreichen Drehbüchern bekannt – die sicherlich berechtigt ist, wenn man an Hollywoods oft sehr dünkelhafte Einstellung in Sachen Plot oder Charakterisierung denkt. *Nell* wurde beispielsweise achtmal umgeschrieben.

Der Film, aus dem sie so plötzlich ausgestiegen war, hieß *Crisis in the Hot Zone* und basierte auf einem Artikel, der 1992 im New Yorker erschienen war. Es ist eine Art Horrorgeschichte über den Ausbruch des tödlichen Ebola-Virus in den Vereinigten Staaten. Doch gleich zu Beginn hatte *Crisis in the Hot Zone* selbst eine Krise in Hollywood ausgelöst. Das zentrale Motiv, die Killerviren, war nämlich von einem rivalisierenden Projekt ebenfalls aufgegriffen worden. Es handelte sich um den Film *Outbreak*, in dem die an die Realität angelehnte *Hot Zone*-Geschichte fiktionalisiert wurde. Konkurrierende Autorenteams beeilten sich, ihre Drehbücher fertigzustellen, während konkurrierende Produzenten – unter anderem Lynda Obst für Twentieth Century Fox' *Hot Zone* und Arnold Kopelson für Warner Brothers' *Outbreak* – in aller Eile Stars und Regisseure unter Vertrag nahmen.

Jodie Fosters Rückzieher brachte jedoch das Projekt ins Wanken, und kurz darauf stieg auch Robert Redford aus. Seinen »besseren« Empfehlungen zum Trotz (es war das Original und basierte auf einer wahren Geschichte) wurde das *Hot Zone*-Projekt, bei dem Ridley Scott Regie führen sollte, schließlich abgebrochen. Jetzt war die Bahn für den konkurrierenden Film mit Dustin Hoffman, gedreht von Wolfgang Petersen, frei, der dann 1995 in die Kinos kam.

Im Herbst 1994 kursierte in Hollywood die Nachricht, daß Lynda Obst für Warner den nächsten Film mit Jodie Foster produzieren würde: *Contact*, nach dem Science Fiction-Bestseller von Carl Sagan. Regie sollte George Miller (*Mad Max, Lorenzos Öl*) führen, und Foster würde eine Astronomin spielen, die daran glaubt, mit außerirdischen Wesen Kontakt aufnehmen zu können. (Inzwischen hat sich dieses

Gerücht bewahrheitet: 1997 wird der Film voraussichtlich in den europäischen Kinos anlaufen. Regie führt allerdings Robert Zemekkis.)

Über Jodie Fosters geplante Jean Seberg-Biographie wurde nicht mehr geredet, statt dessen hörte man von einem vielleicht noch faszinierenderen Projekt: einem Film über Leni Riefenstahl, der deutschen Schauspielerin der dreißiger Jahre, die es als Hitlers Lieblingsregisseurin zu zweifelhaftem Ruhm gebracht hatte. Ihr bekanntester Film war *Triumph des Willens*, der zu einem »Klassiker« des Propagandafilms geworden ist. Als Jodie Foster während der Dreharbeiten von *Nell* in ihrem Wohnwagen auf Video eine Riefenstahl-Dokumentation ansah, spekulierte sie darüber, ob die Regisseurin es wohl jemals bereut habe, nicht nach Hollywood gegangen zu sein, als sie in den dreißiger Jahren die Chance dazu gehabt hatte. (Premiere, Januar 1995)

Nachdem der Auftritt in *Nell* ihr die erwartete Oscar-Nominierung eingebracht hatte, schlug eine zufriedene und zugleich gespannte Jodie Foster Anfang des Jahres 1995 ihre Zelte in Baltimore auf. Mit der Hauptdarstellerin Holly Hunter, die 1993 einen Oscar für ihre Rolle in *The Piano* erhalten hatte, begannen jetzt die Dreharbeiten zu *Familienfest und andere Schwierigkeiten (Home for the Holidays)*. Der Film handelt »von einer Restaurateurin am Abend des schlimmsten Tages in ihrem Leben, und dann muß sie noch zu einem Thanksgiving-Fest in der Hölle fahren«, resümierte Jodie Foster den Film. (Philadelphia Inquirer, 25. Dezember 1994)

In der Publicity, die dem Film vorausging, sagte ein Studiomanager über den Mangel an guten Frauenrollen: »Holly Hunter wird für die gleichen Rollen in Betracht gezogen wie Jodie Foster, aber nachdem Jodie Foster ein Star ist: Wen hätten Sie lieber in ihrem Film?« (Los Angeles Times, 14. November 1993)

Neben Holly Hunter in der Hauptrolle spielen Anne Bancroft und Charles Durning als ihre Eltern, Claire Danes als ihre Tochter, Cynthia Stevenson und Robert Downey jr. als ihre Geschwister, Steve Guttenberg als ihr Schwager und Dylan McDermott als ein Freund ihres schwulen Bruders und zugleich ein möglicher Liebhaber für die Hauptdarstellerin in *Familienfest* mit.

Der Film wurde nach einem Buch von W. D. Richter (*Brubaker*) gedreht und sollte ursprünglich in Boston spielen. Doch während man schon nach einem geeigneten Drehort suchte, gab die Maryland Film Commission im Hafen von Los Angeles auf der Jacht *Pride of Baltimore* eine Party für 16 000 Dollar. Jodie Foster war von dem Schiff begeistert, und laut der Produzentin Peggy Rajski hat das Schiff »sicherlich eine Rolle gespielt« bei der Entscheidung, das »Thanksgiving in der Hölle« nach Baltimore zu verlegen. (Baltimore Sun, 13. Februar 1995)

Anfang des Jahres wurden dann die Büros angemietet, in einer alten Feuerwache, wo auch die Fernsehserie *Homicide* untergekommen war. Und bald darauf konnten die erstaunten Bewohner der Stadt Jodie Foster persönlich in Cafés sitzen sehen und miterleben, wie sie bei einer Party im National Aquarium sogar auf Sharon Stone traf, deren Freund ebenfalls zur *Familienfest*-Crew gehörte.

Jodie Foster hat sich bei ihrer Arbeit immer als eine pragmatische, bodenständige Handwerkerin ausgezeichnet, sie ist das völlige Gegenteil einer bühnenverliebten Schauspielerin. Und man kann sie sich gut auf dem Set von *Familienfest* vorstellen – wie sie Entscheidungen trifft und selbst spät nachts nach der Mustervorführung noch Zeit findet, in Büchern über Physik und Radarastronomie für *Contact* zu lesen. Ultraorganisiert und irrsinnig gut vorbereitet.

Und glücklich. Filmsets, sagte sie 1994, sind »das Fundament meines Lebens, sie sind der einzige Ort, an dem ich mich wirklich voller Zuversicht fühle«. (New York Times, 12. Dezember 1994) Über ihre Firma Egg Pictures hat sie mehrfach gesagt, daß sie ein »Zentrum sein soll für junge Filmemacher und für eine neue Art des Filmemachens, das viel mehr Rücksicht auf die Arbeit des Regisseurs nimmt«.

Im Alter von 31 Jahren hat Foster den ersten Akt ihres öffentlichen und außergewöhnlichen Lebens hinter sich: Sie kann auf eine Karriere zurückblicken, die so lang ist, daß sie theoretisch eine doppelt so alte Schauspielerin sein könnte. Sie kann für eine Rolle in großen

Studiofilmen eine Gage von mindestens sechs Millionen Dollar verlangen. (Harper's Bazaar, Januar 1995) Und befindet sich in einer Position, die es ihr erlaubt, Sachen zu machen, die noch nie zuvor gemacht wurden, und zwar sowohl auf der Leinwand als auch innerhalb der gesamten Filmbranche, die sie genau durchschaut hat. Man kann beim besten Willen nicht mehr sagen, als daß die Eastwood-Strategie ganz gut zu funktionieren scheint. In der mythologischen Entwicklung des Helden beginnt nun die zweite Szene des zweiten Aktes.

Nachwort

WIE SCHON SO OFT ERWARTETE MAN auch bei der Oscar-Verleihung Ende März 1995 keine großen Überraschungen. Dieses Mal hatten alle auf den Film *Forrest Gump* und auf seinen Regisseur Robert Zemeckis gesetzt, so wie im Jahr zuvor auf *Schindlers Liste* und Steven Spielberg. Tom Hanks galt als der Favorit für seine Darstellung von Amerikas Lieblingstölpel und würde damit nach *Philadelphia* seinen zweiten Oscar in Folge bekommen.

Nur bei den Auszeichnungen für die Beste Schauspielerin war es noch spannend. Jessica Lange galt zwar als Favoritin für ihre Rolle in *Blue Sky* (dem Film von Tony Richardson, der seit dem Bankrott von Orion erst einmal für längere Zeit in einem Banktresor aufbewahrt worden war). Doch im Unterschied zu *Forrest Gump* als Bestem Film, Tom Hanks als Bestem Schauspieler und Robert Zemeckis als Bestem Regisseur hatte Jessica Lange bei den zahlreichen Vorläufern der Oscar-Verleihung, von den Globes bis zur Auszeichnung der Screen Actors' Guild, nicht *überall* einen Preis bekommen.

Ein paar Tage vor Hollywoods großer Oscar-Nacht hatte Jodie Foster, während sie noch in Baltimore *Familienfest* drehte, von der Screen Actors Guild den »Actor« erhalten. Und weil diese Ehrung von ihren Kollegen kam, gab es Anlaß zu der Hoffnung, daß vielleicht doch Foster den Preis bekommen würde – aber letztlich war es Jessica Lange, die die begehrte Auszeichnung in den Händen hielt, so wie es die Buchmacher von London bis Las Vegas vorausgesagt hatten. Noch völlig überwältigt, dankte die Schauspielerin in ihrer kurzen Rede ihren Kindern und Orion Pictures.

Trotz der Vorhersehbarkeit der Sieger war diese Show die meistgesehene Oscar-Übertragung seit 1983: Allein dreißig Millionen amerikanische Haushalte verfolgten vor ihren Bildschirmen die Live-Sendung. Die Oscar-Verleihung gilt als das Ereignis mit den weltweit zweithöchsten Einschaltquoten, übertroffen werden sie nur noch von den alle vier Jahre stattfindenden Fußballweltmeisterschaften. Und nur bei der alljährlichen Übertragung des Super Bowl kann eine höhere Summe für einen dreißigsekündigen Werbespot verlangt werden als die 685 000 Dollar, die der Sender gerüchteweise während der Oscar-Nacht pro Einspielung bekommt.

Jodie Foster hatte sich für die Oscar-Verleihung (und die Independent Spirit Awards, bei denen sie zwei Tage zuvor in Santa Monica als Jurorin aufgetreten war) ein paar Tage Urlaub von den Dreharbeiten zu ihrem zweiten eigenen Film genommen. Jetzt saß sie im Publikum und lächelte, wenn auch nur schwach. Denn wenn man selbst nominiert ist, wird es immer ein langer Abend.

Oft hatte sie in früheren Jahren Preisverleihungen und damit Hollywoods Hang zum Eigenlob kritisiert. Doch jetzt war sie selbst in großem Stil daran beteiligt, und deshalb wurden auch gewisse Dinge von ihr erwartet. Wie die vielen anderen anwesenden Stars (darunter auch ihre Hauptdarstellerin Holly Hunter, Beste Schauspielerin des vorangegangenen Jahres), die im Grunde nichts als ein illustrer Hintergrund für die Fernsehkameras waren, mußte auch sie jetzt geduldig ausharren. Und womöglich hat sie an diesem Abend auch mehr als den Anschein höflich amüsierten Interesses gewahrt. Denn Randy Stone, ein guter Freund von ihr, der sie an diesem Abend auch begleitete, war für einen Oscar nominiert worden.

Die beiden hatten sich am frühen Nachmittag auf dem roten Teppich gemeinsam ihren Weg durch das Spalier der Journalisten gebahnt, begleitet von Jodie Fosters langjähriger Pressereferentin, die genau wußte, an welchen Stellen sie haltmachen mußte. Die Schauspielerin, elegant in einen perlenbestickten Armani-Umhang gekleidet, beantwortete dann die Fragen der Reporter und erklärte beispielsweise, sie sei »nicht besonders daran interessiert«, in den Filmen, bei denen sie Regie führe, auch selbst mitzuspielen. Ihr Begleiter stand dann meistens hinter ihr und legte seine Hand manchmal vertraut auf ihre Hüfte, in einer Art, die beiläufig Intimität vermittelte.

Beide fanden sich dann auch sofort in der nächsten Ausgabe von The Advocate wieder, dem wahrscheinlich verbreitetsten Schwulen-Magazin, allerdings in zwei verschiedenen Artikeln.

Jodie Foster war gemeinsam mit John Travolta auf dem Cover abgebildet. Die Titelgeschichte nahm die Gerüchte über die angeblichen homosexuellen Neigungen der beiden Schauspieler (ebenso wie die von Richard Gere und Tom Cruise) als Aufhänger, um Hollywood »die letzte Grenze, was Schwulsein angeht«, zu nennen und die rhetorische Frage zu stellen: »Wer wird die Filmindustrie auf die Probe stellen, indem er sich outet?« (The Advocate, 4. April 1995)

In der Kolumne »The Buzz« wurde der Film *Trevor* gepriesen, der für den Oscar als Bester Kurzfilm nominiert worden war. Dabei handelt es sich um eine »Coming-out-Geschichte, die von Peggy Rajski und Randy Stone produziert worden war ... und die das mitunter schmerzhafte Leben eines homosexuellen Teenagers schildert«. Was weder dieser Text noch die Titelgeschichte vermerkten, waren Jodie Fosters Verbindungen zu den beiden Produzenten dieses vielgepriesenen 18minütigen pro-schwulen Films. Denn Peggy Rajski produzierte auch Jodie Fosters *Familienfest*. Und als *Trevor* tatsächlich die begehrte Auszeichnung erhielt (gemeinsam mit dem drollig-witzigen, schottischen Kurzfilm *Franz Kafka's It's a Wonderful Life*), bedankte sich ein strahlender Randy Stone in seiner Rede auch bei seiner »besten Freundin Jodie Foster« und fügte hinzu: »Sie unterstützt uns beide. Peggy produziert Jodies nächsten Film, und ich bin ihr Begleiter. Sie hat mir Glück gebracht.« Doch Randy Stone ist nicht nur ihr Begleiter, sondern auch ein mit einem Emmy ausgezeichneter Casting-Regisseur (*Bill, Adam* und *Switched at Birth* sind nur einige seiner vielen Fernsehfilme), und er ist Executive Producer bei *Tate* gewesen.

Nachdem die jährliche Übung in Durchhaltevermögen endlich vorbei war, machten Jodie und Randy die Runde auf den zahlreichen Feiern, die an diesem Abend veranstaltet wurden. Zuerst tauchten sie beim Governors Ball im Shrine Auditorium auf, wo kurz zuvor die Preisverleihung stattgefunden hatte und die Eintrittskarte 500 Dollar kostete. Dann ging es zur *Pulp Fiction*-Party, die im ehrwürdigen

Chasen's abgehalten wurde, das bekannt dafür ist, daß Ronald Reagan ganz verrückt auf das Chili des Hauses war. Nach über einem halben Jahrhundert in West Hollywood mußte das Lokal jedoch vor kurzem seine Türen schließen, um einem Einkaufszentrum Platz zu machen.

Die Party bei Chasen's war ein Paradies für Fotografen. Madonna posierte mit dem Filmemacher Quentin Tarantino, Courtney Love ließ sich mit ihrer Doppelgängerin, der Schauspielerin Amanda de Cadanet (die sie als »meine lesbische Freundin« vorstellte), knipsen. Unter den über tausend Gästen befanden sich auch John Travolta, Samuel L. Jackson, Sharon Stone (die einen kurzen Aufruhr verursachte, weil sie darauf bestand, daß ihr bewaffneter Bodyguard ebenfalls eingelassen wurde), Angela Bassett, Holly Hunter, Jay Leno, Julie Delpy und Ellen Barkin.

Ein Fotograf machte eine Aufnahme von Jodie Foster und Randy Stone, wie sie beide seinen Oscar in der Hand halten: Die Schauspielerin ist sich, wie üblich, der Kamera sehr bewußt, lächelt und blickt direkt in die Linse, während ihr Begleiter sich über sie beugt und sie zärtlich auf den Kopf küßt.

Ein weiteres Jahr, ein weiteres Armani-Outfit, eine weitere Oscar-Nacht. Was hat Jodie Foster wohl gedacht, als sie im Publikum saß und höflich einer vorhersehbaren Rede nach der anderen applaudierte und den offenbar unvermeidlichen Tanzeinlagen zusah, die sich seit den fünfziger Jahren nicht geändert zu haben scheinen? Wahrscheinlich bedarf es dabei keiner großen Gedankenleserei: Nach fast sechs Wochen Produktion und Dreharbeiten zu *Familienfest* konnten ihr die befriedigenden Details, mit denen sich ein Regisseur täglich beschäftigen muß – wie man zum Beispiel den Flughafen von Baltimore wie den von Chicago aussehen läßt –, kaum aus dem Kopf gegangen sein. Dafür ist sie viel zu sehr Perfektionistin. Außerdem hatte sich die Regisseurin gerade um die Mitgliedschaft in der Directors Guild of America (DGA) beworben, nachdem diese eine Kampagne gestartet hatte, Gewerkschafts-»Anwärter« wie Quentin Tarantino und Spike Lee zu akzeptieren. (The Hollywood Reporter,

6. März 1995) Ihr Dreh in Baltimore fand unter Vertrag mit der DGA statt. Ihr Antrag auf Mitgliedschaft war zur selben Zeit bekannt geworden, als sie einen Verleihvertrag mit Paramount Pictures unterzeichnet hatte, das wie alle großen Studios ein DGA-Unterzeichner war. Diesem Vertrag zufolge würde Paramount ihren Film in Nord- und Südamerika verleihen, geplanter Kinostart war November 1995. Polygram Filmed Entertainment, die auch Fosters Egg Pictures finanzierten, verfügte dagegen über die internationalen Verleihrechte und die Video- und Pay-TV-Rechte. Die Paramount-Vorsitzende Sherry Lansing, die damals *Angeklagt* produziert hatte, gilt als der »ausschlaggebende Faktor« in der *Familienfest*-Entscheidung, die zugleich Paramounts ersten Verleihvertrag mit Polygram darstellte. (Variety, 8. März 1995)

Wie könnte Foster nicht auch das Thema Homosexualität durch den Kopf gegangen sein? Ein paar Tage vor den Oscar-Verleihungen hatte die Ermordung eines Schwulen durch einen heterosexuellen Talkshow-Gast, der sich öffentlich »gedemütigt« fühlte, weil der Schwule ihm seine Liebe gestanden hatte, eine Diskussion über »Überfalls-Journalismus« und sorglose Talkshow-Gags entzündet. Und aus diesem Anlaß hatte die Kontroverse über die Homosexuellen, »die das Outing mehr verabscheuen, als daß sie die Heimlichkeit verdammen«, wieder neue Nahrung erhalten. »Wenn Lesben und Schwule darauf warten, daß Heterosexuelle eine sichere Gesellschaft erschaffen, ehe sie ihre Identität akzeptieren, ist ein Ereignis wie das vorgefallene das Resultat«, hieß es in einem leidenschaftlichen Brief, der am 27. März, dem Tag der Oscar-Verleihung, in der Los Angeles Times veröffentlicht worden war.

Die ganze glitzernde Nacht muß für Jodie Foster mit der Gefahr persönlicher Konfrontation und drohender »Enthüllung« verbunden gewesen sein – zumindest seit der großen Outing-Kampagne des Jahres 1992. Und konnte Jodie Foster den Gedanken an die manchmal gefährliche Liebe ihrer leidenschaftlicheren Fans während dieser langen Nacht des Idole- und Mythenschaffens verdrängen? Denn es gab immer immer noch Hinckley.

Sie mußte sich mit der Möglichkeit befassen, daß dieser Mann ein Buch schreiben würde, eventuell sogar, daß ein Film oder eine Serie über seine Lebensgeschichte gedreht würde. Nur einen Monat zuvor hatten seine Anwälte eine Regelung mit dem früheren Präsidentensprecher James S. Brady und den beiden Polizisten, die bei dem Attentat 1981 verletzt worden waren, ausgehandelt. Demzufolge übereignete Hinckley »alle Rechte an seiner Lebensgeschichte einem Trust, der von den drei Männern kontrolliert wurde, die er verwundet hatte«. (Los Angeles Times, 24. Februar 1995) Auf diese Weise war er potentiell dazu in der Lage, für die vereinbarten 2,9 Millionen Dollar Schmerzensgeld aufzukommen – eine Summe, die der geplante Verkauf der »Rechte« an seinem Buch sicherlich einbringen würde, auch wenn es noch keinen konkreten Buch- oder Film-Deal gab. Aber der Weg war durch diese Vereinbarung frei geworden. Der persönliche Gewinn für Hinckley an allen zukünftigen Verträgen wurde allerdings festgelegt auf 3 000 Dollar pro Jahr während seiner Gefängnisstrafe und auf 12 000 Dollar jährlich, sollte er jemals aus der Irrenanstalt entlassen werden, in der er die letzten anderthalb Jahrzehnte verbracht hatte.

Und es gab auch noch einen erschreckenden Vorfall, den es in dieser glanzvollen Nacht zu bedenken galt, einen, über den nie geschrieben wurde, obwohl große Teile der Presse zugegen waren.

Zwei Tage vor der großen Oscar-Nacht hatte die Verleihung der IFP/West Independent Spirit Awards stattgefunden. Das Ziel dieser Veranstaltung ist es, unabhängige Filme und Filmemacher zu ehren und die Aufmerksamkeit auf sie zu lenken. An dem strahlenden, windigen Samstagnachmittag hatten sich mehrere hundert Leute unter einem wogenden weißen Zelt versammelt – eine Hommage an die goldene Ära Hollywoods, als es noch keine Air Condition gab und die eleganten Partys unter freiem Himmel gefeiert wurden. Die Feier fand auf einem Parkplatz direkt am Ozean statt, und die Gäste erwartete ein großes Buffet. Darüber hinaus sollte es Reden geben, die nicht von einem Timer und einem blinkenden roten Licht unterbrochen werden – und natürlich die Spirit Awards selbst. Neben den zu erwartenden Siegern – vor allem die Schauspieler, der Regisseur und der Produzent des großen Überraschungserfolges *Pulp Fiction* sowie Linda Fiorentino, die als Beste Schauspielerin für ihre knisternde

Rolle in *Die letzte Verführung* ausgezeichnet wurde – waren auch ausgewiesene Mainstream-Stars wie Kim Basinger und Alec Baldwin anwesend. Dieser Umstand ist ganz bezeichnend für die Entwicklung, die dieser Preis in den zehn Jahren seines Bestehens durchgemacht hat.

Einst hatten alle »unabhängigen« Gäste locker in ein Restaurant auf dem Sunset Boulevard gepaßt, die Einladungen rieten, sich »bunt« anzuziehen, und einige der Filmemacher dürften nur den eingefleischtesten Cineasten bekannt gewesen sein. Inzwischen ist das Ansehen der Spirit Awards so groß geworden, daß sich selbst Filme mit großen Namen und bekannten Schauspielern um den Preis rissen. Studios und Agenturen zahlten bis zu 10 000 Dollar, um einen Tisch bei der Veranstaltung zu bekommen, und zahlreiche Filmstars tauchten dort auf, nur um dabeizusein. Selbst die Fernsehsender sind inzwischen an dieser Veranstaltung interessiert. All dieses spiegelte die Schizophrenie des »unabhängigen« Filmemachens Mitte der Neunziger wider. Denn die Erfolge solcher Filme haben schon lange die Aufmerksamkeit – und das Geld – großer Studios auf sich gezogen. Bereits 1995 waren die besten und strahlendsten der »unabhängigen« Firmen (Miramax, Fine Line, Jersey) alle im Besitz von so großen Studios wie Disney, Turner und Tri-Star oder wurden von ihnen finanziert. Wer in dieser Szene wirklich noch unabhängig ist und wer nicht, läßt sich nicht mehr so einfach sagen. Es ist nicht weiter verwunderlich, daß Jodie Foster, die Außenseiterin unter den Insidern, seit langem schon mit diesen Filmemachern, die jetzt mit ihrer Identitätskrise beschäftigt waren, verbunden war. Aber wie stets wußte sie, wohin sie ging. Oder wie es der Filmkritiker Roger Ebert darstellte: »Ich glaube, sie hat eine Strategie. Sie ist fest entschlossen, nicht weibliche Hauptdarstellerin in männlichen Filmen zu werden – eine Laufbahn, die so viele Schauspielerinnen, ob sie wollen oder nicht, verfolgen ... Ich habe immer den Eindruck gehabt, daß sie früher oder später ein Studio leiten würde. Sie wird nie den Beruf wechseln, aber sie wird wohl nur nach Regeln spielen, die sich mit ihrer bisherigen Karriere vertragen.«

In diesem Jahr kehrte Jodie Foster als Ehrenvorsitzende zu den

Spirit Awards zurück, denen sie 1992 schon einmal vorgesessen hatte und wo sie 1989 für *Five Corners* als Beste Schauspielerin ausgezeichnet worden war. Wie früher war ihre Ansprache auch diesmal kurz, pointiert – und durchaus zweischneidig, wenn sie als eine Frau, die von all ihren Kollegen sicher am ehesten jemals selbst ein Studio leiten wird, sagt, daß es das Ziel dieser jährlichen Veranstaltung sei, »gnadenlos die ekelhaften Studios zu verstopfen«. Und während andere Redner und Sieger sich noch mit der widersprüchlichen Definition von »Hollywood und Unabhängigkeit« beschäftigten, entwischte Jodie Foster, nachdem sie ihre Pflicht erfüllt und ihren Auftritt hinter sich hatte.

Anders als bei den großen Preisverleihungen in Hollywood wird der Zutritt der Fans, die Sicherheit und das Maß an Formalität bei den Spirit Awards noch eher locker gehandhabt.

Bei der Oscar-Show geht es um Limousinen, rote Teppiche und Designer-Kleider. Der Zugang wird streng kontrolliert, und die Sicherheitsvorkehrungen sind nur noch mit denen von Präsidentenauftritten zu vergleichen. Im Unterschied dazu kam Keanu Reeves zu den Spirit Awards beispielsweise auf dem Motorrad, und die meisten anderen Berühmtheiten fuhren in ihren eigenen Autos vor. Zwar gab es auch bei dieser Veranstaltung eine Security – rund um das Zelt auf dem Parkplatz patrouillierten einige junge Leute, die alle schwarze Hosen und weiße T-Shirts trugen, und bewachten das Areal, das nur mit geknoteten Seilen abgesperrt war, wie man es aus Kino-Foyers kennt. Aber jenseits dieser eher symbolischen Abgrenzung herrschte das normale Strandleben, wie es an einem sonnigen Samstag in Santa Monica in all seinem mediterranen Glanz üblich ist. Die Sonnenanbeter lagen am Strand in Sichtweite der ankommenden und abfahrenden Stars, Rollerbladers sausten vorbei, und Gruppen von sonnenölglänzenden Touristen, mit Kameras und Kühlboxen beladen, trotteten zum Strand.

Als die Schauspielerin Amanda Plummer eine Zigarette rauchen wollte und die Abgrenzung um das Zelt verließ, konnten daher auch zwei junge Männer ungehindert auf sie zugehen und sie um ein Autogramm auf einem *Pulp Fiction*-Poster bitten. »Bitte, unterschreiben Sie es mit Honey Bunny«, bat er. Während sie seinen Wunsch erfüllte und das Poster signierte, legte er plötzlich den Arm um ihre Schultern, zog sie an sich heran und setzte ein breites Grinsen auf. Blitzschnell zog sein Kumpel eine kleine Kamera aus der Tasche und knipste. Erst in diesem Moment kamen zwei Sicherheitsleute heran, aber die beiden Fans waren schon weg, zum Abschied riefen sie noch: »Danke, Honey Bunny.«

Als Jodie Foster das Zelt verließ, war die Preisverleihung noch mitten im Gange. Ganz allein überquerte sie den Parkplatz in Richtung ihres Wagens. Ein Polizist schob die Schuld später auf die Paparazzi, aber die Fotografen sagten, sie hätten damit nichts zu tun gehabt: es seien die nervösen Sicherheitsleute gewesen ... und die Fans.

»Als sie aus dem großen Zelt herauskam, gab es überhaupt keine Aufseher«, sagt der altgediente Prominenten-Fotograf Gary Boas, der mit seinen Kollegen vor Ort war. »Sie fielen über sie her.«

Zuerst waren nur ein paar ungläubige Fans auf sie zugekommen, dann wurden es jedoch mehr ... und mehr. Bald war die Schauspielerin inmitten einer Zusammenrottung von Menschen verloren, die von Sekunde zu Sekunde größer wurde. Menschen riefen ihren Namen, machten Fotos von ihr und hielten ihr Stift und Papier unter die Nase. Schnell bahnten sich auch die professionellen Fotografen einen Weg durchs Chaos. Als Jodie Foster weiterzugehen versuchte, bewegte sich die Meute mit ihr, während die Fotografen sich dagegenstemmten und weiterknipsten.

Da trat Jodie Fosters Presseagentin aus dem Zelt und kam sofort hinzugelaufen. Sie drängelte sich zu ihr durch und legte beschützend den Arm um ihre Schultern. Zusammen traten sie, immer noch inmitten der Menge, den Rückzug an, zurück zum Zelt, dann von einer Seite des Parkplatzes zur anderen und versuchten zwischen den Reihen der parkenden Autos durchzukommen. Am Rande stolperten aufgeregte Menschen und stürzten, aber die Meute hielt mit dem Star und ihrer Agentin Schritt. Ein paar Aufpasser im weißen T-Shirt sahen den Aufruhr und bahnten sich den Weg zu ihnen durch.

Endlich hatten Jodie Foster und ihre Agentin es bis zum Wagen, einem dunkelgrünen Bronco, geschafft, der mitten auf dem Parkplatz stand. Hastig sprangen sie hinein, Jodie hinters Steuer. Doch das Auto war von den Fans und Fotografen umstellt. Nach einiger Zeit tauchte noch ein Dutzend weiterer Aufseher auf, doch die Menge stand weiterhin so dicht um den Wagen, daß man ihn weder vor- noch zurücksetzen konnte.

»Sie ist von den Fans überfallen worden«, erzählt Boas weiter, der wie alle guten Profis in so einer Situation immer dorthin läuft, wo auch die Fans hinlaufen. Er hatte mit seiner Ausrüstung neben dem Eingang zum Zelt gesessen und darauf gewartet, daß Prominente das Zelt verlassen. »Die Fans haben sie zuerst gesehen. Sobald ich sie laufen sah, bin ich aufgestanden. Ich weiß aus früheren Jahren, daß Jodie meistens geht, sobald sie fertig ist. Und da kam sie … Sie gab Auto- gramme«, fährt der Fotograf fort, »aber alle haben ein großes Aufhe- bens darum gemacht. Plötzlich kam ihre Presseagentin und fing an, sie fortzuziehen, und dann kamen die Aufseher und fingen an, die bei- den fortzuziehen … Ich bin sicher, daß es für sie schrecklich war.«

Schließlich gelang es den Sicherheitsleuten, die Menge von dem Wagen wegzuschieben. Die Presseagentin sprang jetzt wieder heraus, und Jodie, die hinter dem großen Steuer kaum sichtbar war, trat aufs Gas und raste vom Parkplatz, die Zugangsstraße zur Santa Monica Street hinaus. Bald war sie verschwunden.

Die Preisverleihung in dem großen Zelt ging weiter.

Während er den Wagen im dichten Uferstraßenverkehr verschwin- den sah, schüttelte einer der Sicherheitsleute ungläubig den Kopf. »Sie kam ohne Schutz raus, und die Fans sind über sie hergefallen«, sagte er aufgeregt. »Wir hätten sie doch zum Wagen begleitet, aber uns wurde nichts gesagt. Sie kam einfach raus. Es war ziemlich beäng- stigend. Ich wette, daß sie das nie wieder macht.«

Vielleicht. Aber andererseits handelte es sich um Jodie Foster, die sich schon immer nach so etwas wie Normalität sehnte und die von klein auf entschlossen war, auch in ihrem eigenen Leben Regie zu füh- ren.

Filmographie

DIE FOLGENDE AUFSTELLUNG DER FILME, in denen Jodie Foster mitgespielt oder Regie geführt hat, beschränkt sich – bis auf einige Ausnahmen – auf die Nennung von Kinoproduktionen. Nicht extra aufgeführt werden ihre frühen Auftritte im Fernsehen, die drei »ABC Afternoon Specials« und *Smile, Jenny, You're Dead*. Ebenso wie *The Fisherman and His Wife*, ein Trickfilm, für den sie die Erzählerstimme gesprochen hat, und *It Was a Wonderful Life*, eine Dokumentation über obdachlose Frauen, für die sie ebenfalls gesprochen hat.

Die Angaben zum jeweiligen Jahr der Uraufführung beziehen sich auf die USA.

1972 Flucht in die Wildnis (Napoleon and Samantha)
1972 Round Up (Kansas City Bomber)
1973 Tom Sawyers Abenteuer (Tom Sawyer)
1973 Ein Kamel im Wilden Westen (One Little Indian)
1974 Alice lebt hier nicht mehr (Alice Doesn't Live Here Anymore)
1976 Echos eines Sommers (Echoes of a Summer)
1976 Taxi Driver (Taxi Driver)
1976 Bugsy Malone (Bugsy Malone)
1976 Das Mädchen am Ende der Straße (The Little Girl Who Lives
     Down the Lane)
1977 Ein ganz verrückter Freitag (Freaky Friday)
1977 Abenteuer auf Schloß Candleshoe (Candleshoe)
1977 Strandgeflüster (Il Casotto)
1977 Liebeserwachen/Fetzig, frei und endlich high/Stunde der Zärt-
     lichkeit (Moi, Fleur Bleue)
1980 Jeanies Clique (Foxes)

1980 Jahrmarkt (Carny)

1982 O'Hara's Wife

1983 Obsession – Die dunkle Seite des Ruhms (Svengali)

1984 Hotel New Hampshire (The Hotel New Hampshire)

1984 Le Sang des Autres/The Blood of Others

1986 In guten wie in schlechten Zeiten (Mesmerized)
  (auch Co-Produzentin)

1987 Siesta (Siesta)

1988 Five Corners/Pinguine in der Bronx (Five Corners)

1988 Katies Sehnsucht (Stealing Home)

1988 Angeklagt (The Accused)

1990 Backtrack (Gekürzte Fassung: Catchfire)
  (Uraufführung in London)

1991 Das Schweigen der Lämmer (The Silence of the Lambs)

1991 Das Wunderkind Tate (Little Man Tate)
  (auch Regie)

1992 Schatten und Nebel (Shadows and Fog)

1993 Sommersby (Sommersby)

1994 Maverick (Maverick)

1994 Nell (Nell)
  (auch Produzentin)

1995 Familienfest und andere Schwierigkeiten (Home for the Holidays) (nur Regie und Produktion)
  Contact (in Vorbereitung, Start in Deutschland: voraussichtlich 1997)

Register